Leitura e escrita
como aprender com êxito por meio da pedagogia por projetos

Maria Cecília de Oliveira Micotti
(org.)

Leitura e escrita
como aprender com êxito por meio da pedagogia por projetos

editoracontexto

Montagem de capa
Gustavo S. Vilas Boas

Diagramação
Kenosis Design

Preparação de textos
Maria Elisa Bifano

Revisão
Lilian Aquino

Dados Internacionais de Catalogação na Publicação (CIP)
(Câmara Brasileira do Livro, SP, Brasil)

Leitura e escrita : como aprender com êxito por meio da pedagogia por projetos / Maria Cecília de Oliveira Micotti (org.) ; prefácio de Josette Jolibert. – São Paulo : Contexto, 2009.

Vários autores.
ISBN: 978 85 7244 453-8

1. Alfabetização 2. Escrita 3. Leitura 4. Pedagogia 5. Prática de ensino 6. Sala de aula – Direção I. Micotti, Maria Cecília de Oliveira. II. Jolibert, Josette.

09-09433 CDD-370.1523

Índices para catálogo sistemático:
1. Aprendizagem : Leitura e escrita : Pedagogia : Educação 370.1523

2009

EDITORA CONTEXTO
Diretor editorial: *Jaime Pinsky*

Rua Dr. José Elias, 520 – Alto da Lapa
05083-030 – São Paulo – SP
PABX: (11) 3832 5838
contexto@editoracontexto.com.br
www.editoracontexto.com.br

Agradecemos a colaboração para os serviços técnicos de Marisa Alves Galli, integrante do Grupo de Pesquisa Alfabetização e técnica de Apoio Acadêmico junto ao Departamento de Educação do Instituto de Biociências de Rio Claro – Unesp.

Sumário

Apresentação 9
Maria Cecília de Oliveira Micotti

Prefácio 17
Josette Jolibert

O ensino fundamental:
políticas públicas e práticas pedagógicas 25
Maria Cecília de Oliveira Micotti

Crianças pequenas e o acesso à escrita 45
Lígia Sciarra Bissoli

A alfabetização e a produção de textos poéticos 65
Karin Casarin

Pinóquio e o processo de construção da leitura e escrita 93
Maria Augusta H. W. Ribeiro
Rosemeire Ribeiro Archangelo

Um projeto pedagógico a partir dos Contos de Grimm 113
Maria Helena Schuveter

A continuidade do processo de alfabetização 131
Adriana Aparecida Barnabé Possatti

Do tradicional para pedagogia de projetos 169
Ângela Druzian da Silva

Alfabetização: um processo para a vida 187
Rosemary Ap. Vaz Gonçalves
Vanessa Bueno Arnosti

Os projetos, o aprendizado e a formação dos alunos 205
Márcia Schuveter

Práticas com a pedagogia por projetos 223
Rosana Torquato da Silva
Vanessa Bueno Arnosti

Escrevendo cartas "para valer" 243
Sônia Lopes Lanzoni

A formação continuada de professores 263
Maria Cecília de Oliveira Micotti

As autoras 283

Apresentação

Maria Cecília de Oliveira Micotti

Leitura e escrita: como aprender com êxito por meio da pedagogia por projetos enfoca as perspectivas para o desenvolvimento do processo de ensino e aprendizagem bem-sucedido no cotidiano de nossas escolas. Esta obra concentra-se no trabalho docente. Inicia-se com o estudo de aspectos significativos do contexto em que este trabalho se desenvolve, o impacto do construtivismo e do ciclo básico no ensino, por exemplo. Compõe-se do relato, feito pelas professoras, dos caminhos que percorreram buscando novos horizontes para as atividades do dia a dia, visando a solucionar problemas que afetam a educação escolar, sobretudo o ensino da leitura e da escrita. Em seus percursos, elas destacam o encontro com a proposta da pedagogia por projetos de Jolibert e colaboradores. O livro encerra-se com o exame dos significados das diversas trajetórias para a formação continuada dos professores.

Fruto de trabalhos que se estendem no tempo, esta obra enraíza-se em pesquisas que, tendo o processo de alfabetização por objeto de estudo, abarcam as dimensões teóricas e práticas, o ensino e o aprendizado da leitura e da escrita. Ao visar à integração entre teorias e práticas pedagógicas, essas atividades encontram na formação de professores, inicial e continuada, seu lócus privilegiado; ao longo do tempo, elas diversificam-se e evoluem com a colaboração de novos parceiros, multiplicando suas perspectivas de atuação. Suas origens situam-se nos anos 1960, em teses defendidas na Faculdade de Filosofia, Ciências e Letras de Rio Claro. Em percursos atravessados por ações de fortes poderes, já nos anos 1980, essas atividades passaram a ser realizadas junto ao Departamento de Educação do Instituto de Biociências de Rio Claro – Universidade Estadual Paulista (Unesp).

Em 1995, com a valiosa colaboração de professores desse departamento, tem início o curso de especialização "Alfabetização", que com sucessivas turmas perdurou até o ano de 2004. As produções desse curso viabilizaram a publicação pelo Instituto de Biociências de Rio Claro de uma série de nove coletâneas de trabalhos de professoras e concluintes, sobretudo docentes do ensino fundamental e médio.

Neste processo, tomamos conhecimento das publicações de Josette Jolibert e colaboradores, nas quais encontramos novas propostas de atuação pedagógica e perspectivas a serem exploradas para o fazer docente. O enfoque da realidade escolar brasileira à luz das ideias veiculadas nessas obras muito contribuiu para a consecução de um dos objetivos mais importantes de nosso curso: a integração entre as teorias e a ação de professores e alunos em sala de aula, especialmente no que diz respeito ao enfoque do construtivismo como prática pedagógica.

Em 2003, as atividades do Grupo de Pesquisa Alfabetização passaram a integrar o Programa de Pós-Graduação em Educação do Instituto de Biociências de Rio Claro. Em 2005, esse grupo iniciou em Oaxaca, México, os intercâmbios com pesquisadores e profissionais da educação de outros países, entre eles Josette Jolibert. Da atuação com a RED Latinoamericana para la Transformación de Formación Docente em Lenguaje resultou a organização de um grupo aberto à participação de todos os professores interessados em acolher e proporcionar um ensino mais eficiente às crianças, seja qual for a sua origem social. Foram desenvolvidas, então, junto à Unesp, em Rio Claro, atividades voltadas para a troca de experiências pedagógicas e a formação continuada de professores, visando a melhorar a educação escolar, sobretudo com referência ao ensino da leitura e da escrita, mediante práticas socioconstrutivistas.

Os resultados do trabalho em equipe favoreceram a criação do Projeto Raios de Sol para o desenvolvimento da alfabetização, da cultura escrita e da leitura; neste projeto, os professores e outros profissionais do ensino, interessados em modificar a sua atuação, reúnem-se para estudar, relatar vivências pedagógicas, compartilhar e discutir as práticas que desenvolvem em sala de aula. Práticas guiadas pela intenção de alumiar o caminho de todos, como os raios de sol.

Os motivos que conduzem os professores ao projeto são muitos, entre eles encontram-se:

- a vontade de sair da mesmice, de experimentar novas práticas;
- a busca de diálogos com os pares sobre suas expectativas profissionais e sobre estratégias para a ação pedagógica;

- a busca de alternativas diante de uma classe que apesar de avançar na escolaridade ainda não sabe ler, nem escrever;
- a vontade de desenvolver a própria formação;
- a necessidade de encontrar modos de agir com classes "indisciplinadas";
- a vontade de vivenciar o enfoque da própria prática segundo a perspectiva das teorias pedagógicas.

Nas reuniões do projeto, os intercâmbios entre os saberes estabelecem-se espontaneamente; os professores relatam suas vivências em sala de aula, gerando reflexões e trocas de pontos de vista. As práticas são analisadas à luz das teorias e estas são focalizadas à luz dos saberes da prática. Como a pedagogia por projetos não comporta receitas prontas, nem procedimentos definidos ou presos a posições geográficas, mas se constitui apoiando-se nas necessidades e interesses reais que os alunos manifestam na sala de aula, os professores trabalham com os recursos disponíveis nos textos que fazem parte da vida diária do entorno social. Tais procedimentos estimulam todos a fazerem novas leituras de sua realidade de trabalho, a ver com outros olhares o cotidiano escolar, a traçar novas perspectivas de trabalho com os seus alunos, a analisar de modo diferente os seus problemas, as suas dificuldades e a ressaltar as suas possibilidades.

Muitas vezes, para mudar, basta começar. Os resultados positivos da iniciativa ajudam a manter a decisão inicial, mas com frequência, as próprias crianças solicitam à professora que continue a trabalhar com os projetos.

Os resultados obtidos pelos participantes do Projeto Raios de Sol com suas práticas mediante a pedagogia por projetos impulsionaram a decisão de publicar esta coletânea, com a participação de várias professoras, integrantes do grupo que guiadas pela intenção de contribuir para a melhoria do ensino, sobretudo nas escolas públicas, procuram práticas para promover o êxito na alfabetização.

Neste livro, com prefácio de Josette Jolibert, são relatados trabalhos desenvolvidos em sala de aula que abrangem aspectos relevantes de graves problemas de nossa educação escolar. Trabalhos que permitem identificar novos caminhos para a ação docente; identificar alternativas pedagógicas para a democratização do ensino, como acesso ao saber, não restrita ao acesso aos bancos escolares, como vem acontecendo entre nós.

Para contextualizar a contribuição que a pedagogia por projetos pode proporcionar ao ensino e à aprendizagem da leitura e da escrita – e à solução de dificuldades que, atualmente, desafiam o nosso sistema escolar –, apresentamos o texto “O ensino fundamental: políticas públicas e práticas pedagógicas”. São destacados os aspectos da dinâmica da vida escolar, cujas distorções têm afetado o trabalho de professores e alunos, como:

- a defasagem entre o acesso à escola, evidenciado pelo aumento quantitativo das matrículas nas escolas, e a falta de oportunidades de acesso ao saber sistematizado que se inicia com os insucessos da alfabetização;
- as diferenças quanto às experiências com a leitura e a escrita apresentadas pelas crianças e o trabalho do professor;
- a participação dos alunos nas atividades escolares – a questão da (in) disciplina e a relação com o saber no contexto da pedagogia dos projetos;
- a realização do ensino sequencial: as mudanças curriculares (os ciclos, a progressão continuada *versus* ensino seriado);
- a articulação da educação infantil com o ensino fundamental: ensino-aprendizado da leitura e da escrita no contexto da “escola de 9 anos” com a antecipação do início da escolaridade obrigatória para os 6 anos de idade.

A seguir são apresentados relatos de práticas pedagógicas, organizadas segundo a proposta de Jolibert e colaboradores. Práticas fundamentadas no socioconstrutivismo, que trabalham os vários aspectos dos conteúdos curriculares, incluindo a participação dos alunos em seu desenvolvimento.

Com o título “Crianças pequenas e o acesso à escrita”, Lígia Sciarra Bissoli relata seus trabalhos de leitura e escrita, feitos em sala de aula, no pré-I, com crianças na faixa etária dos 2,5 anos aos 3,5 anos; no pré-II, com crianças cuja idade varia dos 3,5 anos aos 5 anos e, no pré-III, com crianças cuja idade varia de 5 a 6,5 anos, aproximadamente. Com essas classes, são trabalhados diferentes textos (listas, fichas prescritivas, narrativas, cartazes). Ênfase é dada à interação das crianças com os textos e à organização das práticas pedagógicas – a trama de preparação feita pela professora, o desenrolar das atividades em situações reais de comunicação, a socialização do trabalho feito etc.

Karin Casarin em “A alfabetização e a produção de textos poéticos”, relata suas estratégias de ensino de leitura e escrita de diversos gêneros textuais, as explorações de escritos para chegar ao sentido do texto, feitas por crianças que ainda não dominam o código alfabético; o acesso a esse código;

a organização do trabalho de apoio; a construção de saberes pelas crianças; as atividades de metacognição; a produção de textos poéticos; a inserção da leitura e da escrita em projetos e a evolução dos conhecimentos das crianças no decorrer do ano letivo.

Maria Augusta H. W. Ribeiro e Rosemeire Ribeiro Archangelo relatam, em "Pinóquio e o processo de construção da leitura e escrita", as práticas de alfabetização das crianças que ainda não leem nem escrevem de modo convencional pela interação com o texto clássico da literatura infantil; mostram as peripécias infantis no acesso à escrita e a formação de leitores; focalizam o trabalho com a narrativa – a silhueta do texto, a leitura por indícios, a produção textual. São descritas, também, na dinâmica dos desdobramentos do trabalho inicial, as interações com outros gêneros textuais. O êxito das interações da escola com os pais, no âmbito do Projeto Pinóquio, é confirmado com a socialização do trabalho realizado.

Sob o título "Um projeto pedagógico a partir dos contos de Grimm", Maria Helena Schuveter descreve o trabalho com textos realizado por alunos de 1ª série do ensino fundamental. As analogias que as crianças estabelecem entre textos consagrados na literatura infantil e a vida, ao inventarem histórias com base nos textos explorados em sala de aula, constituem o eixo desse trabalho; a exploração e compreensão de textos por crianças que conhecem e pelas que ainda desconhecem o código alfabético integram o relato; as produções textuais realizadas no cotidiano em sala de aula são descritas e exemplificadas, permitindo ao leitor perceber os avanços feitos pelas crianças na construção da escrita, *pari passu* com a produção textual.

Com o título "A continuidade do processo de alfabetização", Adriana Aparecida Barnabé Possatti descreve o percurso de alunos provenientes de classes populares, matriculados na 2ª série do ensino fundamental, na apropriação da escrita. Apresenta o desenvolvimento de atividades inseridas nos projetos escolhidos para o ano letivo com a participação das crianças; destaca a realização de entrevistas com vários profissionais e de escrita poética, além de outros projetos que constituem as atividades escolhidas pelas crianças para conhecer as diferentes profissões e aprender a escrever poemas. São atividades que envolvem a escrita e requerem, por exemplo, o registro de roteiros e o relatório de entrevistas feitas em sala de aula. Nesse projeto, como em outros, ocorre o acesso à escrita pelos alunos que, no começo do ano, apesar de estarem matriculados na 2ª série, não conseguiam ler e escrever.

Em texto intitulado “Do tradicional para pedagogia por projetos”, Ângela Druzian da Silva relata suas práticas pedagógicas destacando o desinteresse de seus alunos quando solicitados a ler e a escrever. Em seguida, descreve as mudanças que ocorreram nos desempenhos e nas condutas das crianças ao inserir a leitura e a escrita em projetos escolhidos e organizados com a participação de todas as crianças da classe.

Em seu texto “Alfabetização: um processo para a vida”, Rosemary Ap. Vaz Gonçalves e Vanessa Bueno Arnosti relatam as atividades desenvolvidas no decorrer de dois anos letivos com um mesmo grupo-classe do ensino fundamental. No início da 2ª série, a maioria das crianças apresentava pouco conhecimento da escrita, faltava muito e, quando presente, manifestava desinteresse, saía da sala para perambular pelo pátio da escola. Com a solicitação de envolvimento em decisões sobre o trabalho a ser feito e com a realização de discussões sobre as opiniões apresentadas, a participação nas aulas aumentou gradativamente. Esse trabalho continuou no ano seguinte, quando os alunos já estavam matriculados na 3ª série. Para concretizar o que é previsto nos projetos, são feitas a leitura e a escrita de diversos gêneros textuais, o que propiciou o desenvolvimento do aprendizado da escrita. As autoras apresentam a organização do trabalho didático, as ferramentas utilizadas para a leitura e a escrita, bem como outros aspectos do trabalho em sala de aula. São comparadas as produções textuais das crianças no início e no final da 3ª série.

Em “Os projetos, o aprendizado e a formação dos alunos”, Márcia Schuveter relata seu trabalho com classe de 3ª série do ensino fundamental, composta de crianças que ainda não sabiam ler e escrever. Na busca pelo desenvolvimento da autonomia de pensamento e ação por parte dos estudantes são desenvolvidos projetos em cuja escolha e organização há a participação dos alunos. Esses projetos constituem o motor que provoca a mobilização de energias para a realização de atividades de leitura e de escrita por crianças que haviam desistido de aprender. Com a necessidade de ler e de escrever para realizar os objetivos que alimentam os projetos, as crianças se envolvem no trabalho pedagógico e avançam no aprendizado da escrita e na convivência “pacífica” em sala de aula.

Rosana Torquato da Silva e Vanessa Bueno Arnosti, no texto “Práticas com a pedagogia por projetos”, descrevem o trabalho realizado com uma classe de 3ª série do ensino fundamental que se desenvolveu a partir do momento em que os alunos solicitaram à professora que realizasse com mais frequência a “Hora da história”. Essa atividade, que a princípio consistia na leitura e no preenchimento de uma ficha com informações sobre o texto, deu origem ao projeto de escrita e representação teatral de um conto da literatura infantil. As autoras descrevem as atividades de leitura e de escrita postas em marcha para a concretização do projeto. Descrevem, também, as práticas pedagógicas utilizadas para a melhoria da produção textual e a interação com os familiares dos alunos.

Sônia Lopes Lanzoni em "Escrevendo cartas 'para valer'", relata que, com a colaboração de uma colega, foram realizadas a escrita e as trocas de cartas entre alunos de duas classes de 4ª série do ensino fundamental. Diante do desejo dos alunos de realizar um campeonato de queimada, a correspondência foi incrementada, e a partir daí foram trabalhadas as regras do jogo e a organização do campeonato. Nas descrições das atividades realizadas por alunos e professoras nesse processo, são destacados os avanços conseguidos no aprendizado da produção textual escrita e no desenvolvimento de condutas sociais mais adequadas ao ambiente escolar por parte dos estudantes.

Finalmente, em capítulo intitulado "A formação continuada de professores", focalizamos, mediante a análise das experiências relatadas pelas participantes, o desenvolvimento de saberes pedagógicos referentes ao fazer docente, orientado pela pedagogia por projetos.

São esses capítulos que apresentamos ao público leitor com a expectativa de que promovam reflexões e tragam contribuições para as práticas do aprendizado da leitura e da escrita.

Prefácio

A pedagogia por projetos como alavanca para as aprendizagens

Josette Jolibert

Em setembro de 2007, tive o privilégio de ser convidada para um seminário no decorrer do qual jovens professoras brasileiras apresentaram com modéstia e entusiasmo os projetos que realizaram em suas classes e as aprendizagens, desenvolvidas por seus alunos em leitura e produção de textos. Em suas apresentações, que se apoiavam em diaporamas, elas mostravam os contratos de projetos, as produções das crianças e dos adolescentes, as atividades de aprendizagem linguística, efetuadas nessas circunstâncias, e que eram complementadas com resultados de avaliações muito estimulantes. O anfiteatro do Instituto de Biociências de Rio Claro-Unesp estava lotado de professores e estudantes de Pedagogia, interessados em entender "por que" e "como" os projetos são realizados. De tudo isso e do trabalho com a formação continuada de professores que é desenvolvido há muitos anos em Rio Claro, resultou esta obra que é colocada à disposição dos colegas.

A conclusão desse seminário foi a de que "a pedagogia por projetos é uma estratégia educativa, que realmente propicia a realização das aspirações de sucesso escolar tanto por parte das crianças como por parte dos educadores." Conclusão que os leitores desta obra poderão avaliar.

Afinal, o que os educadores, os professores e os pais esperam da escola? Resumindo, poderíamos dizer que eles esperam para as crianças uma formação ao mesmo tempo humanista e eficaz, isto é, uma formação favorável ao desenvolvimento de personalidades fortes, harmoniosas e diversificadas, que tenham senso de responsabilidade e de iniciativa, capazes de enfrentar as lutas da vida, sendo tolerantes e solidárias; e que seja favorável à construção por TODAS as crianças de aprendizagens fundamentais necessárias à vida presente e futura, como são definidas nos programas de estudos.

O que significa exatamente o conceito de pedagogia por projetos?

Comecemos por precisar o que não é pedagogia por projetos:

- A pedagogia por projetos não é utopia generosa, mas irrealista. Ela se apoia em fontes teóricas sérias (em particular, no socioconstrutivismo e nas ciências cognitivas) e em experiências pedagógicas estimulantes, realizadas ao longo do tempo, cujos resultados são convincentes. Juntamente com diversas equipes com as quais eu trabalho, é praticada há mais de 25 anos no quadro de diversas pesquisas-ações, tanto na França como em diversos países da América Latina (ver Bibliografia). O trabalho da equipe de Rio Claro, apresentado nesta obra, faz parte das realizações que reforçam essa longa e complexa experiência.
- A pedagogia por projetos não é um simples "modismo" pedagógico. Ela corresponde, historicamente, a uma verdadeira mutação da representação das crianças e de suas potencialidades que se produziu no campo das ciências humanas no decorrer das últimas décadas. É igualmente uma atualização da visão otimista e generosa dos grandes educadores dos séculos precedentes (ver "O ensino fundamental: políticas públicas e práticas pedagógicas") que pensavam que todas as crianças desejam e são capazes de aprender, desde que disponham de meios para isso.
- A pedagogia por projetos não é uma simples atividade lúdica, proposta aos alunos uma vez a cada trimestre, além ou à margem das atividades escolares "normais" (por exemplo, montar um espetáculo para o Natal, preparar uma visita ao zoológico etc.) e destinada a "motivá-los", porque a escola causa-lhes tédio no restante do tempo. (Não se trata da "colher de mel que é servida para ajudar a engolir um remédio amargo"). Não se trata de fazer um projeto de vez em quando, mas de práticas regulares do desenvolvimento da ação pedagógica mediante projetos que se renovam sem cessar. É uma estratégia permanente de formação rigorosa e exigente.

- Outra especificação importante: a pedagogia por projetos não é uma pedagogia por temas.
  Na pedagogia por temas, é o professor quem escolhe (com muita consciência profissional, não é isso que é questionado) um tema de trabalho que em seu entender seja de interesse das crianças; é ele quem explica como esse tema será trabalhado e o que elas podem encontrar, onde podem encontrar as informações, como, em seguida, poderão fazer uma exposição etc. Na pedagogia por projetos, a grande diferença é que são as crianças que propõem, decidem, põem em prática e avaliam os projetos que desejam realizar e as tarefas que estes envolvem. Aqui, o objeto de cada projeto é uma ação, uma realização e, com o professor, as crianças identificam as aprendizagens já efetuadas sobre as quais vão poder se apoiar e aquelas que ainda necessitam realizar para concretizar o projeto.
- Enfim, a pedagogia por projetos não é a aplicação passiva em uma classe de projetos institucionais elaborados fora dessa classe (diretrizes ministeriais, projeto do estabelecimento escolar ou proposição de um livro didático).
  A ocorrência de articulação com os projetos autênticos, propostos pelo ambiente próximo, é desejável; é possível extrair ideias de projetos interessantes do entorno, mas um projeto não funciona se não for decidido pelos seus protagonistas.
  É cada grupo de seres humanos (aqui, cada classe) que no decorrer de sua vida cotidiana analisa seus desejos, suas necessidades e seus recursos para planejar e avaliar seus projetos.

O que nós entendemos por uma pedagogia por projetos e em que ela implica

A pedagogia por projetos apresenta-se como uma estratégia educativa global que consiste em dar SENTIDO a todas as horas que os aprendizes passam na escola, confiando neles e permitindo-lhes propor, decidir, gerenciar e avaliar os projetos que correspondem aos seus desejos, às suas necessidades e aos recursos materiais ou humanos disponíveis.

É ao mesmo tempo, e indissociavelmente, a construção das competências de que eles necessitam para executar estes projetos e que correspondem, precisamente, às aprendizagens definidas pelos programas.

Uma das melhores maneiras para ver como isso acontece, concretamente, no cotidiano em sala de aula, é verificar o conjunto das vivências apresentadas neste livro (por alunos em diferentes idades).

De fato, a prática dessa pedagogia inicia-se com uma questão fundamental: "O que nós vamos fazer juntos neste ano?".

Com efeito, desde o dia do reinício das aulas, as crianças dessas classes sentam-se de modo que possam olhar-se no rosto (em vez ficar olhando apenas para a nuca dos colegas, como geralmente acontece em outras classes), e seu professor pergunta efetivamente: "Neste ano, o que iremos fazer juntos?" Mais tarde, segundo o contexto, o professor ou um aluno perguntará: "O que iremos fazer este mês?" ou "O que faremos esta semana?" ou "O que faremos juntos hoje?".

Sem dúvida, basta imaginar a situação acima descrita para se dar conta de tudo o que é preciso mudar nas práticas cotidianas atuais da maioria das aulas para chegar lá.

Trata-se nada menos de:

- transformar profundamente o *status* das crianças, considerá-las seres inteligentes, capazes de se projetar no futuro imediato, de propor, argumentar, decidir, gerir e avaliar suas atividades escolares; e, para os adultos, trata-se de transformar a representação que eles, geralmente, fazem das potencialidades das crianças;
- repensar o conceito de atividade (no singular) e distingui-la da tarefa de manter simplesmente as crianças ocupadas e das falsas motivações (por exemplo, as atividades escolares consideradas passatempo); fazer que as crianças estejam mentalmente ativas, não apenas com as suas mãos ocupadas com os seus lápis; isto é, distinguir a atividade intelectual propriamente dita de uma simples tarefa para executar;
- atualizar, realmente, o conceito de aprendizagem, apoiando-se no socioconstrutivismo e nas ciências cognitivas: são os próprios aprendizes que constroem suas aprendizagen, o que é feito com a ajuda de outros, isto é, graças particularmente às interações com seus pares e à mediação de seus professores. Essa concepção de aprendizagem corresponde também à aprendizagem de vida cotidiana, da linguagem, dos comportamentos sociais e culturais assim como às aprendizagens disciplinares;

- instaurar nas classes condições para uma verdadeira vida cooperativa, apoiando-se nas interações que ela gera para estimular o desenvolvimento de personalidades e construir as aprendizagens, o que requer destinação de tempo para debates semanais, reuniões regulares de conselhos cooperativos destinadas a avaliar os projetos e as aprendizagens etc.

Assim, a pedagogia por projetos preenche as condições prévias imprescindíveis e favoráveis a toda aprendizagem. Mas condiz, particularmente, com a aprendizagem da leitura e da produção de escritos porque cria situações autênticas de comunicação com interlocutores verdadeiros (ver quadro a seguir), sendo necessário, para dar conta dessas situações, aprender a ler e a escrever.

Pedagogia por projetos e a aprendizagem da leitura e da produção de escritos

Um projeto abre, de fato, possibilidades infinitas de prática da linguagem, pois todo projeto de ação implica:

- comunicar-se oralmente: dialogando, discutindo, expondo, argumentando, descrevendo, analisando, resumindo, sintetizando etc.;
- comunicar-se por escrito: lendo e escrevendo (cartas, artigos de informação, fichas técnicas, cartazes, contos e romances, poemas etc.);
- relacionar-se com interlocutores – pertencentes não apenas à própria classe, mas ao estabelecimento escolar – com pais, com outras escolas, vizinhança, comunidade, região, país, até atingir o que as crianças chamam "o vasto mundo".

O esquema a seguir, elaborado por uma classe, representa, com círculos cada vez maiores, os possíveis destinatários dos escritos produzidos pelos alunos e os possíveis autores dos diversos textos que eles leem.

OS POSSÍVEIS PARCEIROS DOS ESCRITOS DAS CRIANÇAS,
AUTORES dos textos que eles leem ou DESTINATÁRIOS de suas produções
(Ler começando pelo centro)

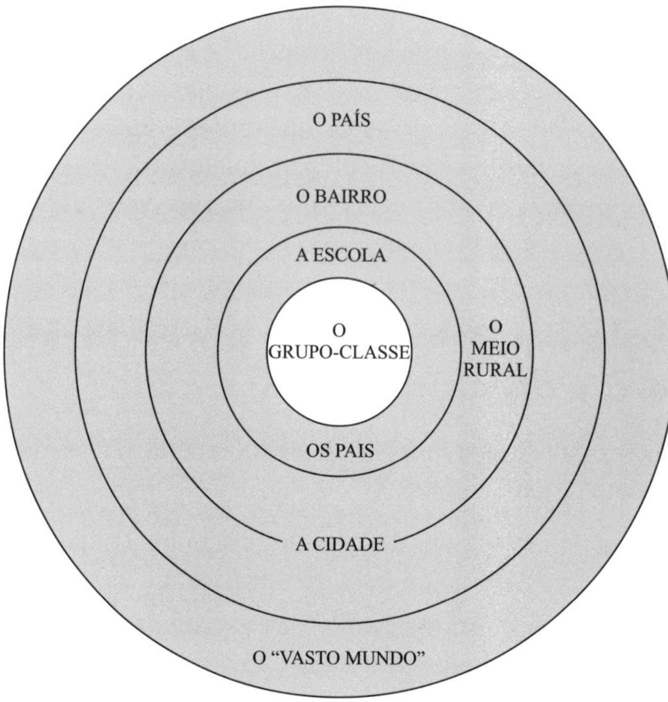

O escrito constrói assim "uma ponte entre os alunos e a comunidade" (Jolibert, 2006a). Para enviar todos esses tipos de textos a alguém ou recebê-los de todos os possíveis interlocutores, é preciso *aprender* a ler e a produzir esses textos.

Vai-se, assim, aprender a ler ou produzir uma carta ou uma ficha técnica ou um conto, não porque isso está na página X do manual da classe ou porque faz parte dos conteúdos curriculares e dos programas do ano em curso, mas *porque isso é necessário para executar o projeto em andamento.*

Todos os conteúdos de aprendizagem preconizados nas recomendações oficiais para o ensino são "trabalhados" no decorrer do ano letivo, fazendo parte do *quadro* dos projetos neles incluídos, em vez de serem trabalhados *a parte* ou *além* dos projetos.

Não serão trabalhados de modo artificial, como em um resumo de livro didático, mas *em função de necessidades* e, portanto, em uma progressão em espiral, ao invés de uma estreita progressão linear.

Que aprendizagens?

Não entraremos em detalhes aqui, mas podemos precisar que se trata:

- de aprender a ler e a produzir *textos*, ou melhor, vários *tipos* de texto, contextualizados, com destinatários e autores verdadeiros, e não de uma *língua* escrita artificial, padronizada e descontextualizada;
- de aprender a ler e a produzir textos considerando, de maneira integrada, *todos os níveis linguísticos* próprios do texto escrito em pauta, além de seu contexto e sua superestrutura de conjunto até suas últimas microestruturas, ao invés de se limitar à sintaxe da frase e à ortografia das palavras.

Naturalmente, isso supõe uma formação inicial e contínua dos professores coerente com essas orientações, articulando teoria e prática, ou seja, possibilitando aos professores em formação as vivências de projetos, a identificação dos diferentes processos mentais que se encontram no ato de ler ou de produzir textos e a iniciação nas práticas com os diversos aspectos de linguística textual.

Conclusão

Como os leitores deste livro poderão averiguar, a pedagogia por projetos permite:

- a *todas* as crianças encontrar a motivação e a energia necessárias para aprender realmente a ler e a escrever e construir, assim, competências flexíveis, adaptáveis e evolutivas;
- transformar a situação dos estudantes, crianças ou adolescentes, em que predominam a baixa autoestima e a falta de perspectivas em uma situação em que predomina a confiança nas próprias possibilidades para aprender e para desenvolver-se, isto é, seres que sentem que os adultos

(professores e pais) confiam neles, em suas potencialidades, em sua vontade de vencer e que estão dispostos a ajudá-los com perseverança e tenacidade. Crianças ou adolescentes operantes e ativos, que encontram permanentemente sentido em seu "ofício de estudante";

- formar cidadãos, isto é, crianças e/ou adolescentes que vivenciaram, ao longo de sua escolaridade, as práticas de uma vida cooperativa nas quais refletem e identificam os papéis a desempenhar e as responsabilidades a assumir. Formar pessoas que preferem resolver os conflitos pela argumentação, não pela violência dos insultos e dos socos. A pedagogia por projetos contribui para afastar a violência da escola.

Prezados leitores, que as experiências aqui descritas os animem a praticar a pedagogia por projetos com seus alunos. Na medida do possível, trabalhem em equipe com os colegas. Assim, poderão ver que, com frequência, as próprias crianças – ao perceberem os efeitos positivos em seu aprendizado das práticas da pedagogia por projetos – convencem seus professores das vantagens da mudança de suas estratégias de ensino.

Tradução: Maria Cecília de Oliveira Micotti

Bibliografia

JOLIBERT, J. *Formando crianças leitores de textos* Porto Alegre: Artmed, 1994.

________. *Formando crianças produtoras de textos*. Porto Alegre: Artmed, 1994.

________. *Formando crianças leitores*. Porto: Edições Asa, 1989.

________; CABRERA, A.I.; INOSTROZA, G. *Transformar la formación docente inicial*: propuesta en didáctica de lengua materna. Bogotá: Magisterio, 2004.

________; SRAÏKI, C. *Des enfants lecteurs et producteurs de textes*. Paris: Hachette, 2006b.

________. *Além dos muros da escola:* a escrita como ponte entre alunos e comunidade. Porto Alegre: Artmed, 2006a.

________. *Transformando a formação docente:* uma proposta didática em pesquisa-ação. Porto Alegre: Artmed, 2007.

________; SRAÏKI, C. *Caminhos para aprender a ler e escrever*. São Paulo: Contexto, 2008.

O ensino fundamental: políticas públicas e práticas pedagógicas

Maria Cecília de Oliveira Micotti

Resumo

Hoje, muitos problemas afetam o ensino e propõem aos educadores e ao público em geral várias indagações: por que há estudantes que avançam na escolaridade sem saber ler e escrever? Por que o ensino se encontra assim? É possível resolver esses problemas? Neste texto, focalizamos a busca de respostas para tais questões, destacando as perspectivas que a pedagogia por projetos proporciona ao trabalho de professores e alunos.

Atualmente, a problemática educacional brasileira apresenta-se muito complexa em decorrência de vários fatores. As pesquisas, as publicações especializadas e a mídia mostram a ocorrência de graves dificuldades, sobretudo no ensino fundamental, e uma nova lei federal determina que a escolarização obrigatória tenha início aos 6 anos de idade.

No contexto dos conflitos sociais mais amplos, gerados fora da escola, inserem-se aqueles acontecidos nas próprias escolas, entre os quais se encontram os embates das intervenções governamentais com os saberes docentes.

Os problemas que marcam a vida em sociedade marcam também o cotidiano escolar. São manifestações de graves tensões sociais – as desigualdades, a pobreza, as misérias, a fome, as doenças, a violência, a violência doméstica que atinge particularmente as mulheres, os velhos e as crianças, as drogas, a infância abandonada e violentada cada vez mais.

Concentra-se nos estabelecimentos educacionais o que lá fora está espalhado, ganhando mais visibilidade porque aí esses conflitos interagem com outros, prejudicando, ou mesmo inviabilizando, o cumprimento da finalidade precípua da instituição – promover o aprendizado.

Todas essas tensões afetam os responsáveis pelo ensino, manifestando-se pelo mal-estar docente, pelas doenças e falta de assiduidade dos professores que se queixam das dificuldades da profissão e dos salários. Eles se referem aos pais que não se importam com a vida escolar dos filhos e aos alunos, assinalando o desinteresse pelos estudos, a falta dos conhecimentos necessários para "acompanhar" o ensino, a ausência de aprendizado.

Assim, a frequência às aulas não corresponde a reais oportunidades de acesso aos saberes.

A maioria de jovens e crianças tem acesso à escola, mas há estudantes que não encontram o apoio necessário para aprender a ler e a escrever, problema que ganha hoje mais visibilidade com os resultados das avaliações, que mostram níveis de desempenho em leitura e escrita incompatíveis com os estágios avançados de escolaridade dos avaliados, revelando o analfabetismo escolarizado. Há jovens que terminam o ensino fundamental semianalfabetos. Muitos, após permanecerem marginalizados dentro das salas de aula, acabam integrando os contingentes dos analfabetos ou dos analfabetos funcionais da população.

A ampliação do número de vagas ou de matrículas, apesar de ser condição necessária, não é suficiente para democratizar a educação. Nesse processo, os insucessos relativos à alfabetização ocupam lugar de destaque, como ocuparam também no passado em outros contextos escolares. A diferença é que hoje os alunos permanecem na escola, não mais são excluídos após sucessivas reprovações.

Por vezes, os insucessos do ensino são atribuídos, em raciocínios baseados no senso comum, à progressão continuada, à organização curricular em ciclos, ao construtivismo. Mas esse modo de pensar pressupõe que tais propostas pedagógicas tenham sido realmente aplicadas, o que é questionável.

O presente quadro mostra a necessidade de entender o que está acontecendo nas escolas, suscitando reflexões que conduzem à formulação de duas grandes indagações: "Por que o ensino não conduz ao aprendizado?" e " É possível melhorar o ensino?".

Tentando responder às questões e identificar saídas para a situação atual, neste texto focalizamos as tensões que marcam o ensino da leitura e da escrita, geradas nos embates de algumas políticas públicas com as práticas pedagógicas e os saberes docentes; focalizamos, também, a pedagogia por projetos como perspectiva a ser explorada, na busca de resposta para as questões em pauta.

As políticas públicas e o ensino

Os problemas referentes ao desempenho dos estudantes brasileiros acompanham a educação escolar ao longo do tempo. No passado, esses problemas manifestavam-se com as altas taxas de repetência e de evasão. Sobre o assunto veja-se Texeira (1957). Diante desses problemas, são feitas intervenções oficiais cada vez mais diretas no ensino. Políticas públicas, algumas, formuladas unilateralmente, são apresentadas às escolas por meio de leis ou de normas regulamentares.

Do ponto de vista pedagógico, as políticas públicas adotadas para enfrentar os problemas da educação escolar, no estado de São Paulo, envolvem sobretudo as reorganizações do currículo e as mudanças didáticas. O ensino e o aprendizado da leitura e da escrita, especialmente o processo de alfabetização, ocupam posição crucial nesse processo. Como os problemas sobrevêm às intervenções, outras medidas são adotadas, mas os resultados obtidos não são os esperados.

Muitas providências foram e continuam a ser adotadas. Tomando-se por critério de análise a repercussão das políticas públicas nos meios escolares, no decorrer das últimas décadas, as iniciativas mais marcantes são: o ensino em ciclos – o ciclo básico – e o construtivismo.

O ensino em ciclos

O ciclo básico (CB), formado pela união das duas séries iniciais do ensino de primeiro grau, foi instituído nas escolas públicas do Estado de São Paulo após o governo militar. A inovação é justificada pela necessidade de assegurar o ensino para todas as crianças, constituindo-se em mudança necessária à democratização do ensino.

Essa medida visa à diminuição das diferenças entre os desempenhos dos alunos, com o ensino respeitando o ritmo de cada um; visa, também, a proporcionar mais flexibilidade para o trabalho escolar.

Ao permitir dedicar mais tempo ao processo de alfabetização, a mudança atendia a um pedido, difundido no sistema de ensino, feito por professores que consideravam um ano tempo insuficiente para realizar esse processo. Com a nova estrutura curricular, esperava-se combater a repetência, que atingia, aproximadamente, a metade das crianças na passagem da 1ª para a 2ª série.

O ciclo básico, por vezes, é interpretado como resposta política para a repetência e evasão que tendiam a aumentar com o acesso à educação escolar de parcelas da população que antes permaneciam alijadas das escolas públicas. Mas não podemos ignorar o aspecto pedagógico da questão: *a busca de alternativas para a solução de um dos maiores problemas do sistema de ensino, que são os insucessos na alfabetização.*

A proposta construtivista

Pouco tempo após a instituição do ciclo básico, o construtivismo foi, oficialmente, adotado para orientar o trabalho pedagógico referente à alfabetização.

O ensino em ciclos requer um novo olhar sobre a alfabetização e o construtivismo viabiliza esse olhar. Ao considerar a continuidade entre as experiências do indivíduo e as novas aquisições como fundamental na construção de conhecimentos, essa abordagem pedagógica constitui importante ferramenta para que o processo de ensino e aprendizado, iniciado no primeiro ano, tenha sequência no ano seguinte.

A proposta também é justificada pela necessidade de democratizar o ensino, como realçam as publicações da Secretaria de Estado da Educação, em afirmações, tais como:

> Após mais de dez anos de reforma introduzida pela Lei n. 5692/71, continuamos a sustentar o fracasso escolar com uma reprovação de mais de 40 % das crianças na 1ª série. [...] Abrindo-se para as classes populares, a escola não se reformulou para atender a uma clientela diferente da que estava acostumada a receber. (São Paulo, SE/CENP, 1988)

Como fundamentos da proposta construtivista, são destacadas as pesquisas de Ferreiro e colaboradores, nas quais sobressai a perspectiva teórica cognitivista-piagetiana. Destacam-se também as ideias de Vygotsky sobre a escrita como prática cultural, reforçando as críticas sobre o ensino limitado às técnicas de decifração mecânica. Nas orientações relativas à proposta, o enfoque da escrita como sistema de representação de significados é contraposto ao seu enfoque como código de transcrição gráfica de sons. Ênfase é dada à utilização social da escrita, às leituras de textos, às oportunidades de as crianças viverem experiências como leitores e escritores. É recomendada a diversificação dos textos utilizados em sala de aula (São Paulo, SE/CENP, 1988).

A aplicação dessa proposta envolve uma reviravolta no ensino, modifica-se a visão das capacidades da criança na realização do trabalho escolar. Ela deixa de ser considerada receptor de conhecimentos para ser reconhecida como ser pensante, capaz de atribuir significado aos dados da experiência em suas relações com o meio ambiente e de transformar essas informações em conhecimentos.

Os construtivistas consideram os conhecimentos relativos às apropriações que a criança faz das práticas socioculturais da escrita como fundamentais para entender e orientar sua aquisição. Reconhecem que o principiante não age como um leitor experiente, mas procura, a seu modo, compreender e expressar significados. As interações da criança com os escritos constituem o eixo do trabalho pedagógico. Nas aulas são valorizadas as atividades e as produções infantis, mesmo quando elas se distanciam das convencionais.

A antecipação da matrícula obrigatória no ensino fundamental

Recentemente, nova mudança é especificada na Lei Federal n. 11.274 de 2006. Essa lei – artigos da Lei n. 9.394 que estabelece as diretrizes e bases da educação nacional – antecipou a matrícula obrigatória para os 6 anos de idade e aumentou a duração do ensino fundamental obrigatório para 9 anos.

A nova lei é considerada significativa do ponto de vista social e educacional por antecipar a inclusão de maior número de crianças no sistema de ensino, uma vez que nem todas participam da educação infantil. Assim, por viabilizar o acesso ao mundo letrado para essas crianças, é vista como fator de êxito no aprendizado escolar e êxito na alfabetização.

Não são recentes as discussões sobre o ensino da leitura e da escrita para crianças pequenas e sobre a inclusão desse processo na educação infantil. No entanto, entre nós, fora algumas iniciativas, essa medida permaneceu mais no terreno das intenções do que no das ações.

Algumas experiências bem-sucedidas reforçam a ideia de que estender o tempo dedicado à alfabetização, antecipando o início do ensino fundamental, pode conduzir ao êxito no aprendizado escolar. Mas a ocorrência de algumas experiências bem-sucedidas de alfabetização aos 6 anos não significa, necessariamente, passaporte para o êxito, nem que essa medida por si só possa resolver os problemas da alfabetização no país.

A rigor, aqui, mais uma vez nos encontramos com a extensão do tempo dedicado à alfabetização, questão ainda não bem resolvida na implantação de outras inovações.

Fazer que as crianças iniciem mais cedo a interação com a cultura escolar, na qual a escrita desempenha papel muito importante, pode favorecer o aprendizado, mas isso depende do trabalho que as escolas irão desenvolver com as crianças, ou seja, depende da leitura da nova lei que será feita na prática pedagógica.

Sobre a matrícula obrigatória aos 6 anos, Santos e Vieira (2006), considerando a implantação dessa antecipação em Minas Gerais, desde 2004, observam que:

> O processo de implementação, além dos problemas de infraestrutura, de currículo e formação docente, torna-se mais complexo, devido ao processo de apropriação pelos sujeitos envolvidos, dos significados desta política, ou seja, a interpretação dos dispositivos legais não é unívoca. Este fato é evidenciado por depoimentos colhidos em seminários e encontros com dirigentes e professoras, sejam da rede estadual, sejam das redes municipais de ensino, em Minas e em todo o país, onde várias questões e dúvidas são levantadas, merecendo, além de respostas, reflexões e pesquisas.

Essas manifestações sobre as mudanças em pauta confirmam a complexidade da aplicação da nova lei e a interferência dos envolvidos nesse processo. No caso da Lei n. 11.274, atuam, nesse processo, outros fatores que podem afetar todo o funcionamento do sistema de ensino; entre eles destacam-se os segmentos da escolaridade atingidos pelas mudanças – o final da educação infantil e o início do ensino fundamental – e a situação em que se encontra a educação escolar no país, sobretudo no que diz respeito à alfabetização.

Embates das políticas públicas com os saberes docentes

As medidas tomadas por instâncias superiores para intervir no sistema de ensino passam pelo crivo da cultura escolar antes de serem postas em prática. Na realidade, as mudanças dependem das interpretações dessas medidas, feitas no cotidiano escolar. Esse processo pode gerar diferentes reações, algumas prejudiciais ao aprendizado.

Numa situação de mudança pedagógica, estabelece-se um jogo de forças entre as novas e as antigas ideias. Nesse processo, intervêm as concepções, as crenças, as resistências e os saberes já construídos pelos professores. Em consequência disso, as inovações instituídas correm riscos. Elas podem ser aceitas, mas também rejeitadas, aplicadas parcialmente, anuladas, diluídas na prática habitual ou interpretadas de modo, inicialmente, imprevisto (Micotti, 1998).

As interpretações dadas à proposta pela cultura escolar podem afastar-se da proposta inicial e conduzir a resultados inesperados ou opostos aos previstos.

O ensino em ciclos e a seriação

Ao focalizar as interpretações dadas à estruturação curricular em ciclos, cabe lembrarmos que os ciclos contrapõem-se ao trabalho tradicional e habitualmente realizado nas escolas. Nestas, o ciclo básico foi visto como uma imposição por muitos professores, e a unificação do trabalho dos dois anos iniciais quase não ocorreu. A continuidade dos estudos no segundo ano de escolaridade, a 2ª série, foi praticamente descartada.

Em investigação feita com as professoras de escolas públicas de cidade do interior paulista, Arcaro e colaboradores (1997: 51-68) verificaram que apenas 4 entre 24 professoras manifestavam-se favoravelmente à continuidade do ensino; as demais não mencionavam a continuidade ao falarem sobre seu próprio trabalho, focalizavam o ciclo básico, como se esse implicasse que as crianças já estivessem alfabetizadas no final do primeiro ano de escolaridade.

A rejeição da continuidade implica ignorar os conhecimentos desenvolvidos pelas crianças no decorrer de um ano letivo. Nas escolas, a rejeição ao ciclo básico conduz à composição de classes com aqueles alunos que ainda não completaram a alfabetização no primeiro ano. Geralmente, nessas classes, o trabalho é feito como se os alunos fossem repetentes; as mesmas atividades do ano anterior são feitas outra vez pelas crianças. Isso, por um lado, ocasiona a perda de tempo, pois essas atividades não se mostraram no ano anterior compatíveis com as necessidades de aprendizagem desses alunos; por outro lado, ocasiona a perda de interesse pelas aulas. Outras vezes, esses alunos são espalhados em diferentes turmas e, com frequência, são excluídos das atividades realizadas pelos colegas nas aulas.

Atitudes como essas agravam os problemas do ensino. Muitos professores do primeiro ano, considerando os ciclos e a progressão continuada, lecionam pressupondo que a alfabetização continuará no ano seguinte. Mas isso nem sempre acontece, sobretudo se o projeto pedagógico da escola não prevê medidas para assegurar a integração dos trabalhos dos dois anos iniciais do curso fundamental.

Raramente, todas as crianças de uma turma se alfabetizam no primeiro ano. E isso não é considerado por muitos professores do ano seguinte, que se apegam ao regime seriado. Nesse caso, o ensino pressupõe que as crianças já disponham dos conhecimentos básicos de leitura e escrita, ao passo que, na 1ª série, o trabalho se processou sem o forte compromisso com o desenvolvimento dessas competências.

Na prática, há incoerências pedagógicas; resquícios da seriação misturam-se a procedimentos mais flexíveis, correspondentes aos ciclos. Ao mesmo tempo, as bases de sustentação do regime seriado não recebem mais o mesmo tratamento que recebiam no passado, por exemplo, as avaliações e o compromisso com o cumprimento de programas ou planos.

Nesse caso, não apenas os ciclos e a progressão continuada são ignorados: exigências do ensino tradicional também são deixadas de lado. Vários problemas são gerados por essas lacunas do ensino. Após a 1ª série, a alfabetização raramente é trabalhada desse modo. Em geral, quem não aprendeu até o final do primeiro ano, dificilmente terá outra oportunidade para aprender a ler.

As crianças que não foram bem-sucedidas na 1ª série avançam na escolaridade sem terem aprendido a ler e a escrever. Do ponto de vista escolar, a leitura e a escrita são atividades necessárias à continuidade dos estudos e à aquisição de outros conhecimentos. Por isso a existência de alunos que avançam na escolaridade sem saberem ler e escrever surpreende. Avançar na escolaridade sem os conhecimentos correspondentes a esse avanço gera outros problemas, como a baixa autoestima do estudante e o não investimento no seu próprio aprendizado.

O construtivismo e o ensino tradicional

Nos meios escolares, a aplicação das ideias construtivistas é objeto de questionamentos por parte dos professores, sobretudo com referência aos métodos de alfabetização.

Ocorre que o enfoque do aprendiz como capaz de construir seus conhecimentos, inclusive os linguísticos, corresponde a diminuição do poder da intervenção externa no aprendizado, desmistificando a importância atribuída à ação do professor em que se baseia o ensino tradicional, predominante nos estudos e na formação inicial dos docentes.

Os professores, em geral, foram alfabetizados e aprenderam a alfabetizar mediante cópia, ditado e leitura em voz alta, com material estruturado para facilitar a associação entre elementos da língua oral e escrita. Isso faz que olhem a proposta através das lentes da didática tradicional. Nesse caso, o ensino se desenvolve com essa didática, com alguns procedimentos pontuais, vistos nos meios escolares como construtivistas.

Como o acesso à escrita demora, não acontece nas primeiras interações das crianças com os textos, os professores acabam tentando interferir diretamente nesse processo; não esperam o desenrolar do processo, recorrem à repetição de respostas decoradas. Esquecem que esse aprendizado envolve construções e reconstruções e, por isso, sua duração depende do desenvolvimento de cada criança.

As resistências de professores e até de pais às mudanças que se opõem à didática tradicional são assinaladas por Arcaro e colaboradores (1997: 53-54):

> Passados anos da implantação do CB, cuja proposta engloba novas concepções de alfabetização e de avaliação, percebe-se que o ensino democrático, de melhor qualidade e contínuo é meta a ser atingida. Para tanto, muitas dificuldades e resistências devem ser superadas. Estas interferem no trabalho em sala de aula, pois, os pais de alunos comparam o trabalho de ensino tradicional (ensino centrado no professor com ênfase na memorização, nas regras disciplinares, na repetição e em exercícios mecânicos) com os de classes onde há tentativas de desenvolver a prática pedagógica fundamentada numa proposta construtivista.
>
> Como fruto desta comparação os pais e também professores persistem em *valorizar* quantidades de atividades em detrimento daquelas que levam em conta a construção do conhecimento. Num mesma escola, há práticas diferentes de ensino que não favorecem a alfabetização como processo contínuo [...].

Afirmações como essas indicam que subjacentes às interpretações feitas da proposta construtivista se encontram as concepções epistemológicas implicitas nas diferentes orientações pedagógicas. Na didática tradicional, o professor apresenta os elementos do código escrito e os seus correspondentes sonoros. Mostra como juntar as sílabas para formar palavras. Solicita respostas repetitivas, as respostas diferentes são descartadas.

A leitura é focalizada como processo em sequência. O leitor reconhece no texto os segmentos da escrita e os reproduz em voz alta – focaliza as sílabas e as combina em palavras para passar às frases e chegar à compreensão.

Em contraposição à epistemologia empirista, em que se baseia a didática tradicional, o enfoque apriorista do conhecimento se faz presente em algumas tentativas de aplicação do construtivismo. Isso acontece, quando essa abordagem é interpretada como se os saberes relativos à leitura e à escrita se encontrassem prontos na bagagem genética do indivíduo. Em decorrência disso, o ensino restringe-se ao oferecimento de um ambiente cheio de escritos, sem que haja trabalho pedagógico para propiciar a interação das crianças com a escrita. As crianças ficam entregues a si mesmas.

Nesses casos, a aplicação da proposta não acontece realmente e os insucessos no aprendizado continuam como antes ou se agravam.

Alguns professores, apegados a essas ópticas, consideram um mistério a transformação em práticas pedagógicas da afirmação: *as crianças aprendem a ler lendo*. E perguntam: mas isso pode acontecer se a criança ainda não sabe ler? Muitos discordam de qualquer resposta positiva, sobretudo aqueles que se prendem ao conceito de leitura como decifração, como processo sequencial.

A observação do que, em geral, acontece revela que nas raízes das dificuldades dos professores para identificar as práticas favoráveis à interação da criança com a escrita encontram-se questões relativas às concepções epistemológicas e aos conceitos de leitura em que se fundamentam as diversas orientações pedagógicas.

Muitas vezes, a dificuldade para incluir a interação das crianças com a escrita no trabalho didático deriva-se da expectativa de que para ler, *antes* é preciso conhecer o código alfabético; disso decorrem atitudes e procedimentos pedagógicos diversos – ensinar o código por silabação ou aguardar que a criança por si mesma o descubra.

A silabação dificulta o aprendizado para muitas crianças – envolve uma abordagem da informação que contraria o seu estilo cognitivo e solicita um nível de concentração de atenção do qual nem todas dispõem; não corresponde ao estilo de vida da maioria dos alunos, pois tanto a rua como os computadores oferecem mais atrações. O acesso à decifração não acontece e quando acontece não conduz à compreensão, e os professores encontram dificuldade para trabalhar a interação das crianças com textos. Mas eles encontram também dificuldades para ensinar de outro modo.

Diante de tal situação, muitos professores se veem perdidos quanto ao encaminhamento a ser dado à prática pedagógica de com uma proposta que contraria sua experiência.

Esse impasse aliado aos problemas relativos ao ensino em ciclos faz com que muitas crianças cheguem à 5ª série sem saber ler e escrever.

A matrícula obrigatória aos 6 anos e as práticas pedagógicas

A antecipação da matrícula pode agravar a problemática educacional, caso se resuma na transposição, para as crianças mais novas, do trabalho pedagógico tradicionalmente feito com alunos de 7 anos ou mais.

A aplicação da nova lei pode ter resultados contrários aos previstos, se trouxer mais cedo para as crianças as experiências de frustração que acompanham os insucessos no aprendizado.

As crianças em dificuldades começam a acreditar que são incapazes de aprender e perdem o interesse pelas aulas e pela leitura. Por outro lado, a imagem que a professora forma das capacidades de cada uma interfere em suas interações com elas, o que também afeta o aprendizado.

Os professores percebem as dificuldades das crianças no início do ensino, mas, as interpretam como falta de condições para "acompanhar" a turma e participar das aulas. Na prática, como o trabalho é centrado no ensino, as providências, quando são tomadas, consistem apenas na solicitação de cópias ou "aulas de reforço" que repetem as atividades já realizadas, sem os resultados esperados. A diversificação do trabalho raramente acontece.

Os alunos que não se alfabetizam, no início do curso fundamental, são candidatos a compor o contingente de desinteressados e perturbadores que chegam ao final do curso sem saber ler e escrever. Para eles, a escola passa a ser um lugar de convívio social e a sala de aula, local de conversas, jogos e brincadeiras, para desespero dos professores e dos colegas que querem estudar.

A nova lei propõe desafios à educação escolar: resta saber se sua aplicação vai gerar mais conflitos ou contribuir para a melhoria do ensino.

Desafios propostos pela atual problemática educacional

Hoje, o ensino depara-se com o desafio de desenvolver práticas favoráveis à compreensão e à apropriação do mundo letrado e de seus procedimentos pelas crianças, inclusive por aquelas que, até chegarem à escola, tiveram poucas experiências com esse mundo. Nesse processo emerge a necessidade de organizar, nas aulas, dispositivos pedagógicos que incluam a interação com a escrita desde o início da escolaridade.

Enfim, na análise da atual problemática, emergem aspectos do processo de ensino e aprendizagem que concentram tensões e colocam injunções ao trabalho escolar:

- propiciar a participação e o envolvimento dos alunos nas atividades curriculares;
- viabilizar o processo de aprendizagem para todos os alunos;
- propiciar de fato o desenvolvimento dos conhecimentos básicos de leitura e escrita no início do ensino fundamental;
- adotar medidas para assegurar a continuidade do processo de aprendizagem;
- incluir experiências reais, vividas pelos alunos no trabalho pedagógico;
- articular a educação infantil com o ensino fundamental.

Essas providências por parte da escola têm como correlato o envolvimento dos alunos e de seus familiares no processo educacional, o que por sua vez coloca em jogo o enfoque dado pela escola às necessidades afetivas e sociais dos alunos e às peculiaridades cognitivas que eles manifestam em suas interações com os objetos de estudo.

Segundo Charlot (2003: 23-29), o sucesso no aprendizado vincula-se à correspondência entre a busca de compreensão do mundo que a criança empreende e o que os estudos lhe proporcionam, ou seja, a correspondência entre o sentido que o aluno atribui à sua participação no trabalho escolar e o sentido que a escola atribui a seu próprio trabalho.

Essa maneira de entender o sucesso escolar expõe para os interessados em educação importância da seleção de orientações pedagógicas que levem em consideração o sentido que o aluno atribui à escola, que possibilitem captar esse sentido e viabilizem o fortalecimento das suas ligações com os saberes e o compromisso com o seu próprio aprendizado.

Os projetos e o trabalho pedagógico

A pedagogia por projetos se coloca como alternativa a ser explorada na abordagem dos vários aspectos do ensino nos quais se concentram os problemas da práxis escolar: a questão do sentido que o trabalho pode assumir para professores e estudantes; a inserção das atividades em referenciais da vida prática e o desenvolvimento de atividades que apoiem a continuidade do aprendizado.

A ideia de realização de projetos como recurso pedagógico não é nova

Suas raízes encontram-se na história da pedagogia na obra de grandes pedagogos, entre os quais, cabe-nos lembrar, Decroly, com a proposição dos centros de interesse; Kerchensteiner, com o trabalho em cooperação; Dewey, com a ideia do problema e do aprender fazendo; Freinet com a proposição de efetivação de cooperativas, do texto livre, da imprensa e da correspondência escolar.

A palavra "projeto" dá margem a diferentes interpretações; entre nós, com frequência, é utilizada para designar unidades didáticas com a abordagem de temas já definidos e apresentados prontos em livros didáticos. Esse é um enfoque tradicional do assunto.

As propostas de trabalho pedagógico, denominadas projetos, são diferentes. Segundo Sainz (1939: 27-29), o *El método de proyectos,* segundo seus propositores, constitui instrumento para superar as falhas da didática tradicional, sobretudo quanto à ênfase na memorização, à consideração da própria instrução como finalidade do trabalho pedagógico, à tomada dos princípios como ponto de partida do ensino e o ambiente artificial em que esse se desenvolve. A essas falhas, a proposta de ensino por projetos contrapõe, respectivamente, o raciocínio, a instrução como instrumento, a prioridade do problema e o ambiente natural.

Ao explicar o que é projeto, Huber (1999: 42-43), recorrendo à raiz etimológica da palavra, assinala que projeto vem do latim *projectum*, particípio passado do verbo *projicere* – projetar. Nessa acepção, a palavra envolve as noções de: desejo; intenção de fazer ou realizar (algo) no futuro; plano; ideia mais ou menos elaborada de uma coisa que se propõe a realizar. Quanto ao desenvolvimento dos projetos como prática pedagógica, destaca a contribuição, a partir de 1970, de educadores, entre os quais Paulo Freire, que adotam o enfoque dos projetos com ênfase em seu aspecto socioemancipacionista – educadores que preconizam essa prática pedagógica que permite o do ato pedagógico com o real. Assinala também que a realização de um projeto, ao ser regida por um esquema de ação, ativa os esquemas que o indivíduo já dispõe e propicia a construção de novos esquemas de pensamento e de ação, por isso envolve a autossocioconstrução.

Cabe lembrarmos aqui que as atividades que colocam em jogo esquemas de ação proporcionando seu aperfeiçoamento constituem os denominados exercícios operatórios segundo Aebli (1970). Nesse processo, as atividades do educando desempenham papel muito importante e sua função é a de consolidar e promover o desenvolvimento do pensamento operatório.

A ideia de que a organização do ensino mediante projetos promove o reencontro do ato pedagógico com o real constitui um dos eixos da contribuição que esta opção pode propiciar ao encaminhamento dos problemas educacionais.

A pedagogia por projetos – a proposta de Jolibert e colaboradores

O desenrolar de um projeto compreende realizações de fato, ou seja, ações, inseridas em contextos reais, para concretizar intenções; trata-se, portanto, de práticas pedagógicas que extrapolam as atividades tradicionais (que têm "razão de ser" apenas para os professores e alguns alunos); práticas que ultrapassam os limites do trabalho escolar restrito ao cumprimento de obrigações. Na perspectiva dos projetos, as aulas deixam de ser um mundo de faz de conta para constituir-se em encontro de subjetividades; mediante planos elaborados e executados em conjunto realizam-se intenções, e, nessas intenções, coletivamente propostas, encontram-se os propósitos individuais. Tais realizações que envolvem saberes diversos privilegiam as construções de representações do vivido dentro e fora da escola, ajudando crianças e jovens a identificar e a interpretar os vários aspectos da realidade, o que contribui para a maior compreensão dessa realidade.

A pedagogia por projetos proposta por Jolibert (1994: 11-42) preconiza que ensinar seja ajudar alguém em seus próprios processos de aprendizado. Destaca a importância da participação de todos nas várias escolhas que afetam a vida dentro da instituição, com ênfase na busca da cooperação em sala de aula para organização do tempo, do espaço, das regras de convivência, das atividades e projetos nos quais se inserem as situações de leitura e escrita. Prevê que a vida da aula proporcione situações de leitura efetivas e diversificadas.

Uma das ideias básicas dessa proposta é a de que as crianças aprendem a ler e a escrever em suas interações com a escrita em situações prenhes de significado para elas, ou seja, cada criança realiza essas atividades em situações reais de comunicação, de acordo com os conhecimentos que construiu até o momento, desde a educação infantil.

No entender de Jolibert (2006b: 12)

> Há uma necessidade urgente de fazer todos os alunos entrar na cultura da língua escrita, desde a escola maternal, para que haja:
>
> - a construção de uma representação da escrita, utilizada nas práticas reais de comunicação, que permita utilizar de fato textos e discursos para compreender, para pensar e pensar o mundo;
> - a apropriação progressiva e estruturada do funcionamento da língua escrita, que possibilite a organização de estruturas contextuais, textuais, sintáticas, lexicais e grafo-fonológicas [...].[1]

Essas afirmações ajudam a valorizar a ideia de que antecipar as interações das crianças com a escrita é importante para o aprendizado de sua utilização social, mas envolvem também a ideia de construção das chaves linguísticas necessárias para a participação na cultura da língua escrita, o que requer atenção pedagógica.

Para que as interações com a escrita sejam bem-sucedidas, a criança precisa contar com a ajuda dos pares, do trabalho (organizado) pela professora e consultas aos recursos disponíveis, por exemplo, dicionários, escritos reais que se encontram na sala de aulas, fichas, ferramentas, anteriormente construídas pelos alunos que ajudam a efetuar as atividades.

O princípio que rege o trabalho é *lendo em situações da vida real que nos transformamos em leitores*; como a criança, quando realmente precisa ler um texto, mobiliza as suas competências e elabora novas estratégias para completar a tarefa não se justifica estabelecer a defasagem entre aprender a ler e ler.

A obra do grupo de Jolibert (1994; 2006a, b) chama a atenção pela contribuição que traz para o trabalho dos professores e dos alunos no desenvolvimento do aprendizado da leitura e da escrita. Entre muitos aspectos relevantes dessa contribuição, destacam-se a inserção da leitura e da escrita nos projetos, como instrumentos para a concretização de intenções, propostas pela turma, juntamente com a professora. Destaca-se, também a orientação expressa nos relatos dos trabalhos feitos quanto à organização das situações de leitura e de escrita que facilita a inclusão de todas as crianças nas aulas:

- a leitura silenciosa – exploração de textos – para captar o sentido;
- a coordenação dos intercâmbios coletivos de modo que permita que cada aluno, mesmo aquele que ainda não se alfabetizou, formule, segundo seus conhecimentos, hipóteses sobre o sentido do texto, e confronte essas hipóteses com as de seus pares;

- a escrita de textos mediante procedimentos que permitem o desenvolvimento da organização textual, o aprendizado do código alfabético, da gramática e da ortografia, e assegura a continuidade do ensino;
- as avaliações coletivas e individuais com ênfase na autoavaliação, envolvendo reflexões sobre aspectos característicos do texto trabalhado e do percurso seguido na exploração e na elaboração de textos.

Jolibert e colaboradores (1994: 22) propõem três modalidades de projetos: os referentes ao cotidiano escolar que abrangem decisões relativas à vida na comunidade escolar e compreendem a organização coletiva do tempo, do espaço, das atividades, das responsabilidades, das regras de convivência; projetos empreendimentos que envolvem atividades mais complexas com metas definidas, como organizar o pátio da escola ou o canto dos animais, uma exposição ou excursão etc.; e os projetos de aprendizado em que o professor compartilha a elaboração do plano de trabalho com os aprendizes, mediante explicações adequadas ao seu nível de entendimento. Nesse processo, são focalizados: os conteúdos previstos, oficialmente, para aquele nível de escolaridade; o que cada um deverá construir até o final do ano; as expectativas de cada um. Objetivos formulados são expostos na sala; gradativamente, serão assinalados aqueles que forem sendo alcançados no decorrer do ano. Essa atividade é considerada uma forma de avaliação.

Em atualização dessa proposta, Jolibert e Sraïki (2008: 31-44) apresentam um modelo pedagógico que integra os vários aspectos dos projetos como estratégia permanente de formação com ênfase no processo de desenvolvimento pelas crianças da responsabilidade por sua vida escolar e suas aprendizagens, mediante o trabalho individual e coletivo.

As vivências, orientadas pela pedagogia dos projetos, e a cooperação entre professores e alunos no desenvolvimento do trabalho escolar ajudam a criança a situar-se no dia a dia em sala de aula e, sobretudo a elaborar um sentido para sua vida escolar e para o aprendizado da leitura da escrita. O ensino assim organizado propicia aos alunos o desenvolvimento: da percepção global dos objetivos visados pelo trabalho que é realizado na escola; da organização adequada de atividades para a consecução dos objetos propostos; a consideração dos pontos de vista de pessoas; a construção do contato com a realidade na interação social; da autonomia, (entendendo que uma pessoa pode ajudar, mas ninguém pode percorrer o caminho no lugar do outro; da confiança em si); do saber avaliar-se.

A leitura e a escrita integram cada projeto como atividades individuais e coletivas. Na elaboração do projeto, as metas formuladas, o cronograma, a distribuição de tarefas e encargos são registrados. No desenvolvimento dos projetos, ler e escrever são atividades necessárias para a comunicação com pessoas e instituições, para registrar e documentar as atividades já efetuadas, para socializar as realizações do grupo, isto é, compartilhar os resultados do trabalho feito com colegas, pais, amigos, mediante exposição, relatórios, publicação em jornal etc.

Quanto às situações e aos materiais de leitura, a proposta de Jolibert e colaboradores, ressalta a utilização de vários gêneros textuais em situações significativas para os alunos. Lê-se a todo o momento em função da vida na aula e na escola e da realização dos projetos. Isso significa que as crianças leem e escrevem para valer, por exemplo, sempre que for necessário, para conviver com os outros na sala de aula e na escola, para se comunicar com pessoas ou instituições, para descobrir as informações necessárias à elaboração de um trabalho, para brincar, construir um jogo ou um brinquedo, para desfrutar do prazer que a leitura proporciona, para alimentar e estimular o imaginário, para documentar – por exemplo, fazendo o registro de informações de uma pesquisa em andamento.

As crianças leem e escrevem muito na sala de aula: os escritos que organizam a vida cotidiana – o quadro das presenças e ausências, o cardápio da merenda, o quadro dos ajudantes do dia, as observações meteorológicas, o calendário, as regras de convivência em sala de aula. Leem também os escritos que ajudam a organizar os projetos de trabalho: programação do dia, projetos para a semana ou para o mês, os projetos de aprendizado do ano etc. Além dessas situações, há outras solicitações de leituras diárias, por exemplo:

- as crianças querem saber por que o diretor manda um bilhete aos pais no qual reconhecem a expressão "tem piolhos";
- depois de um acidente no pátio, os alunos redigem um código de recreio que encaminham para as crianças do pré, que tomam conhecimento desse código, discutem e o colocam no mural do pátio;
- os alunos da 3ª série preparam um espetáculo para o Natal e enviam um grande convite aos alunos da educação infantil;
- alguns alunos colocaram no pátio uma convocação à "comissão-jornal" para elaborar a próxima edição;
- leitura da carteirinha da Biblioteca Municipal, antes de visitá-la.

As crianças leem para se comunicar com as famílias, com outras escolas distantes: uma receita de bolo enviada por uma mãe; um convite do Centro Cultural; jornais – de uma outra escola ou um suplemento de jornal de grande circulação; informações encontradas na internet sobre alguns animais que querem "conhecer" melhor. As crianças leem, também, para obter as informações: o cardápio da semana no refeitório; folhetos sobre criação de porquinhos-da-índia; para telefonar, aprendem a consultar a lista telefônica.

As atividades de escrita, assim como as de leitura, inserem-se em situações reais de comunicação. A leitura e escrita são trabalhadas com as mesmas finalidades a elas atribuídas pelos adultos – são realizadas por prazer ou para resolver questões práticas.

Em classe, os alunos escrevem em diferentes situações: um cartão por ocasião do casamento de uma professora ou uma carta solicitando prendas para a quermesse da escola.

Os participantes do projeto "O Aprendizado da Escrita"[2] vibraram com a idéia de produzir cartazes sobre o direito das crianças, para uma exposição comemorativa do Dia da Criança, a ser realizada na escola que frequentam; dedicaram-se muito à produção desses cartazes. Para isso, analisaram a situação de comunicação, as características dos textos contidos, construíram com a professora ferramentas para consultas. Para atingir o objetivo desse projeto, escreveram cartas para a direção da escola, bilhetes, fizeram listas de materiais etc.

Em todas essas atividades, o professor age como facilitador do aprendizado, mediante o processo de sistematização que acompanha todo o trabalho referente à leitura e à escrita, envolvendo simultaneamente a dimensão metalinguística, referente aos elementos linguísticos dos textos, e a dimensão metacognitiva, referente aos caminhos utilizados pelos sujeitos, em suas interações com o texto.

Na sistematização, o professor desenvolve com os alunos atividades metalinguísticas que colocam em evidência as informações textuais relevantes, as descobertas feitas, os resultados de consultas sobre ortografia e gramática, realizadas no decorrer da produção escrita de um texto. Essas descobertas são registradas em cartazes para consultas coletivas e em cadernos para consultas individuais. O professor também orienta e desenvolve com os alunos as atividades metacognitivas que focalizam a trajetória das interações das crianças com o texto – as sequências das descobertas feitas pelo grupo, os apoios que utilizaram para chegar ao sentido do texto. Essas atividades são registradas em fichas ou cadernos para consultas individuais ou coletivas, constituindo-se, portanto, em instrumentos – ferramentas – para as próximas leituras e escritas ao longo do tempo. Sobre o assunto, veja-se Jolibert e Sraïki (2008: 184).

A busca de respostas para as questões inicialmente propostas

Por que o ensino não conduz ao aprendizado? É possível melhorar o ensino?

Nesta seção, focalizamos tensões que marcam o cotidiano escolar, destacando as relativas ao ensino da leitura e da escrita, sobretudo ao processo de alfabetização, apontamos as dificuldades geradas nos embates de algumas políticas públicas com os saberes docentes e focalizamos a pedagogia por projetos, especialmente, a proposta de Jolibert e colaboradores.

Os resultados do cotejo da pedagogia por projetos com os problemas didáticos que marcam o cotidiano escolar indicam que essa pedagogia constitui uma alternativa a ser explorada na busca de solução para tais problemas.

Esse ponto de vista apoia-se no fato de que os aspectos do ensino, nos quais se concentram tensões no convívio escolar e na apropriação da leitura e da escrita (processo crucial que dá margem a vários outros conflitos), requerem, entre outras coisas, procedimentos pedagógicos diversos dos habituais – procedimentos que envolvam a inserção dos alunos no trabalho, que acolham e levem em consideração suas participações, do modo como se apresentarem, portanto, sem pré-requisitos. Procedimentos que permitam a participação de todas as crianças nas aulas – cada uma participando segundo sua maneira de entender o que está acontecendo e tendo a oportunidade de ver sua participação acatada, ou pelo menos examinada e discutida pelo professor e pelos pares.

A inclusão de todos nas aulas, com o envolvimento que se manifesta segundo as possibilidades de cada um, é permitida pela leitura como exploração de textos e não como decifração que pressupõe conhecimentos do código alfabético – que nem todos os alunos têm, por causa da falta de continuidade do ensino ou de outros motivos. Não conseguir dar a resposta esperada pelo professor pode gerar constrangimentos, como geram constrangimentos e até reações negativas nos alunos as iniciativas de alfabetizar com a silabação alunos de 5ª série.

Assim, a pedagogia por projetos constitui um caminho a ser explorado na busca de conciliação ou de reconciliação dos alunos com as atividades escolares. Mas aí vem a pergunta que não se cala: mas isso funciona na prática? Os relatos dos trabalhos, realizados por professoras, apresentados nos próximos capítulos ajudam a responder a essa pergunta.

Notas

[1] Tradução minha.

[2] Projeto financiado pela Proex-Unesp, realizado no Laboratório de Alfabetização do Instituto de Biociências de Rio Claro.

Bibliografia

AEBLI, H. *Didática psicológica*. São Paulo: Cia. Editora Nacional, 1970.

ARCARO, D. et al. Ciclo básico: um olhar por dentro. In: MICOTTI, M.C.O. *Alfabetização*: intenções e ações. Rio Claro: Instituto de Biociências-Unesp, 1997.

CHARLOT, B. O sujeito e a relação com o saber. In: BARBOSA, R.L.L. (org.). *Formação de educadores:* desafios e perspectivas. São Paulo: Unesp, 2003, pp. 23-33.

HUBER, M. *Apprendre en projets*. Lyon: Chronique Social, 1999.

JOLIBERT, J. et al. *Formando crianças leitoras*. Trad. Bruno Magne. Porto Alegre: Artmed, 1994.

________. *Além dos muros da escola*. Porto Alegre: Artmed, 2006a.

________. *Des enfants lecteurs et producteurs de textes*. Paris: Hachette, 2006b.

________; SRAÏKI, C. *Caminhos para aprender a ler e a escrever*. São Paulo: Contexto, 2008.

MICOTTI, M.C.O. O professor e as propostas de mudança didática. In: SERBINO, R.V. et al. (org.). *Formação de professores*. São Paulo: Editora da Unesp, 1998.

________. O aprendizado do ensino. In: MICOTTI, M.C.O. (org.). *Alfabetização*: os caminhos da prática e a formação de professores. Rio Claro: Instituto de Biociências, 2004.

SAINZ, F. *El método de proyectos*. Buenos Aires: Losada, 1939.

SANTOS, L.L.C.P.; VIEIRA, L.M.F. *Agora seu filho entra mais cedo na escola*: a criança de seis anos no ensino fundamental de nove anos em Minas Gerais. *Educação & Sociedade*, v. 27, n.96, Campinas, out. 2006.

SÃO PAULO (Estado). Secretaria da Educação e Coordenadoria de estudos e normas pedagógicas. A reorganização do ensino de 1º grau: Ciclo Básico. In: *Ciclo básico*. São Paulo, SE/CENP,1988, pp.13-22.

TEXEIRA, A. *A educação não é privilégio*. Rio de Janeiro: José Oympio, 1957.

Crianças pequenas e o acesso à escrita

Lígia Sciarra Bissoli

Resumo

As interações que alunos de educação infantil estabelecem com textos são apresentadas com descrições de diálogos travados com a professora a respeito da escrita. Esses diálogos revelam as estratégias infantis utilizadas para ler e para escrever textos. Nesse contexto, destaca-se a evolução dos conhecimentos mediante a orientação da pedagogia por projetos.

O princípio que rege o trabalho aqui relatado é o de modificar a prática desenvolvida em aula, desviando o foco do processo de ensino do professor para os educandos, como especifica a pedagogia por projetos, proposta por Jolibert e colaboradores (1994a, b; 2006).

Na educação infantil, essa mudança implica entender que o processo de alfabetização envolve muitas transformações na relação da criança com o mundo no qual se inserem suas atividades com a leitura e a escrita. Corresponde ao início de um processo de conscientização dos papéis sociais, entre eles o de leitor e o de escritor, com toda a sua carga cultural. Isso implica a ção da escrita para a comunicação em um determinado contexto social.

Do ponto de vista do ensino, esse enfoque de alfabetização pressupõe, entre outras coisas, o reconhecimento da capacidade da criança para participar da organização das atividades escolares, observando e vivenciando o uso social da leitura e da escrita em situações reais de comunicação. Na prática, tanto os objetivos e os encaminhamentos das atividades, como a avaliação devem ser revistos, bem como o papel do professor nesse processo. A ele cabe oferecer apoios e desafios adequados nos momentos em que as crianças interagem com a escrita e a leitura.

O presente relato envolve o trabalho realizado por alunos de uma creche e de uma escola municipal, situadas na periferia de uma cidade do interior paulista. Os projetos político-pedagógicos das duas instituições são semelhantes. Ambos focalizam a participação ativa e crítica da criança em atividades de leitura e escrita e o acesso a diferentes tipos de textos.

Os projetos desenvolveram-se, no decorrer de três anos letivos, com crianças em diferentes idades. Informações sobre as participações das crianças nos projetos são apresentadas no Quadro 1.

Níveis de ensino	Faixa etária	Número de alunos	Ano da participação
Pré-I	3 a 4 anos	25	2007
Pré-II	4 a 5 anos	23	2006
Pré-III	5 a 6 anos	25	2005

Quadro 1 – Distribuição das crianças por nível de ensino, faixa etária e ano de participação.

Os participantes pertencem a famílias de classe média baixa e moram em casas alugadas. A maioria dos pais completou o ensino fundamental e médio, poucos têm diploma de ensino superior; são operários e trabalhadores do comércio.

As atividades de leitura e escrita, desenvolvidas desde o início do ano, inserem-se em projetos e ocorreram em situações reais de comunicação. As manifestações das crianças foram registradas em um diário de campo pela professora. Além disso, também foram fotografados e filmados momentos da dinâmica das aulas.

Projeto "Estações do ano"

Realizado no segundo semestre de 2007 em classe de pré-I.

- **Objetivos referentes às ações.**

O projeto visava, entre outras coisas, à realização de uma "vitamina" (leite batido com frutas) e de uma exposição de todos os trabalhos produzidos pelas crianças da creche com a distribuição de livro de receitas aos visitantes. É pertinente ressaltar que a ideia de fazer a vitamina partiu das próprias crianças.

- **Objetivos referentes ao aprendizado da leitura:**
  - distinção do texto da ficha prescritiva – receita – dos demais;
  - identificação do sentido do texto, valendo-se de indícios, tais como: o contexto social no qual o texto se insere, as figuras e a silhueta;
  - entendimento da função social desempenhada por esse texto;
  - desenvolvimento da utilização de expressões linguísticas adequadas às situações sociais.

- **Objetivos referentes ao aprendizado da escrita.**

Espera-se que, utilizando-se de conhecimentos já adquiridos sobre o texto (receita), as crianças, apesar de ainda não dominarem a leitura e a escrita convencionais, consigam avançar na construção da escrita, produzindo, coletivamente, com a mediação da professora, um texto coerente, destinado a leitores reais. O livro confeccionado pelas crianças incluía receitas de bebidas consumidas no verão.

- **Ações previstas:**
  - produção coletiva, oral, da receita de vitamina;
  - escrita do texto pela professora em papel pardo e a exposição desse cartaz na classe;
  - preparo da vitamina e sua posterior degustação pelas crianças;
  - escrita espontânea desse texto, para o portfólio da criança;
  - digitação da receita pela professora, sendo a cópia inserida no Livro de Receitas;
  - elaboração do convite para a exposição;
  - realização de reflexões sobre a realização do trabalho – metacognição.

- **Textos necessários para a realização do projeto:**
  - lista;
  - receita;
  - bilhete;
  - convite.

O projeto em ação

Realizou-se, inicialmente, um trabalho para verificar quais eram as frutas mais conhecidas pelas crianças. Destas, as três mais indicadas seriam escolhidas para fazer parte da receita de vitamina.

Para escrever o nome das frutas, recorremos a um texto, com o qual as crianças também estavam familiarizadas: a lista. Foi feita uma lista, em papel pardo, das frutas favoritas, em que cada criança apresentava sua escolha; a professora escrevia e desenhava a fruta ao lado da palavra.

Depois, foram escolhidas, entre as frutas, as três mais indicadas – maçã, mamão e banana.

A escrita espontânea foi feita no caderno de desenho. Cada criança fez a sua lista pessoal de frutinhas, desenhando também.

Um aluno, apoiando-se na quantidade de desenhos semelhantes e nas palavras iguais, menciona:

Aluno: A banana... vai ganhar.
Professora: Por que você acha isso?

Figura 1 – Elaboração coletiva de uma lista das frutas preferidas pelas crianças.

Aluno (apontando o cartaz): Olha aqui... Tem muita, mas muita palavra *banana* e desenhos de *banana* aqui.
Professora: Mas como você sabe que está escrito banana em tudo isso?

Aluno: Começa com isso (aponta a letra "b") e termina assim (aponta o "na")... É *banana* sim! E também, *olha* só os *desenho* de bananinhas... tem mais que os outros.

Quando foi anunciada a fruta "banana" como uma das ganhadoras, ele saiu de sua cadeirinha e disse:

Aluno: Viu? Era "banana" tudo aquilo!

O aluno confirmou sua hipótese, embora não soubesse ainda o nome da letra nem da sílaba que apontou. O fato de ver sua hipótese confirmada lhe deu segurança para argumentar. Do exposto depreende-se que não foi necessário "decorar letras", nem "juntar sílabas" para que se chegasse ao sentido. Uma criança de 3,5 anos, utilizando seus conhecimentos prévios e apoiando-se nos indícios do texto e no contexto, atribuiu sentido a uma palavra, inserida em uma atividade real, interessante e com sentido.

Decididas quantas frutas cada criança traria, a professora escreveu um

PREZADOS PAIS,
AMANHÃ, DIA _____ ___ ___, IREMOS FAZER UMA DELICIOSA SALADA DE FRUTAS.
PEDIMOS SUA COLABORAÇÃO NO ENVIO DE ___ (QUANTIDADE E NOME DA FRUTA).
OBRIGADA **(DESENHO DA FRUTA PELA CRIANÇA)**
PRÉ-IB

bilhete para os pais, que foi complementado com o desenho feito pela criança:

Esse bilhete foi lido com as crianças, que, desse modo, levaram para casa um texto cujo conteúdo já conheciam. Muitas "leram" o bilhete para os pais na porta da sala de aula, mostrando com alegria seu conhecimento a respeito do seu assunto.

A escrita da receita, aliada à prática do preparo da vitamina

No dia seguinte, logo no início da aula, procedeu-se à escrita na lousa das atividades previstas, entre as quais estava o preparo da vitamina. A professora questionou onde poderia ser preparada a bebida. Algumas crianças se manifestaram, solicitando que a bebida fosse preparada no local onde "se faz comida", o refeitório da escola. As crianças concordaram ansiosas.

Os ingredientes trazidos pelas crianças foram dispostos na mesa e iniciaram-se os questionamentos:

> Professora: O que vamos fazer agora?
> Aluno: Colocar tudo isso certo na mesinha para a gente ver se faltou alguma coisa, como a gente sempre faz.
> Professora: Vamos escrever a receita? Vou colar a lista grande que fizemos aqui, e conforme eu for falando o ajudante risca para mim. Foi para isso que eu a fiz: para ver se eu não esqueci nada.

A lista de ingredientes foi escrita previamente em papel pardo na aula anterior.

Assim foi feito. Os ingredientes foram enumerados e conferidos pelas crianças; apoiando-se nas figuras e em algumas palavras, elas iam "riscando" na lista o que estava sobre a mesa. A professora continuou destacando os detalhes incluídos na receita.

> Professora: Vamos usar a maçã inteira?
> Aluno: Não, vamos *cortar ela, tia*!
> Aluno: *Tem que* colocar açúcar.
> Aluno: *Tem que* lavar tudo antes.

Verificados os ingredientes, a professora escreveu no cartaz da receita, e as crianças pediram para ilustrar também. Procedeu-se, então, à leitura do modo de fazer.

> Professora: E agora?
> Aluno: Agora é "como vamos fazer", escreve aqui.
> Professora: Eu escrevo isso junto com os ingredientes?
> Aluno: Não, *tem que* dar um pouco de espaço e escrever bem forte.
> Professora: Ah é? Por quê?
> Aluno (apontando outros textos expostos na classe: gelatina e sorvete): Espera um pouco que eu vou mostrar que tem aqui.
> Professora: Então, vou escrever com a caneta vermelha, para aparecer.

A seguir, foram estabelecidos diálogos que visavam ao desenvolvimento linguístico das crianças. A professora dizia:

Professora: Assim não fica melhor? O que fazemos primeiro?
Aluno: Vamos cortar *as fruta.*
Aluno: E lavar para não *pegar bichinho*. Minha mãe falou isso, tia.
Professora: Muito bem, vou escrever na receita e vocês vão falando se acham que ficou bom: "Lavar bem as frutas e depois"...
Aluno: "*Cortar elas.*"
Professora: Cortá-las, não fica mais bonito?
Aluno (vários): Fica.
Professora: E agora?
Aluno: Põe aí: colocar no *lificador* e ligar.
Professora: É uma palavrinha complicada: liquidificador. Vamos lá: "Lavar bem as frutas, cortá-las e colocá-las no liquidificador..." Só isso?
Aluno: Mas tem que colocar o leite e o açúcar junto.
Professora: Ah, então como escrevemos?
Aluno: Não sei, se "escrever feio" as mães *nem vai entender...*
Apontando a receita, a professora recapitula o que foi escrito até o momento, e pede que as crianças observem os cartazes das receitas anteriores.
Professora: Vou ler o que escrevemos até agora.

A professora lê e pergunta se está bom.

Aluno: Está. Agora precisa juntar o resto... colocá-las no *licador misturadinho* e *juntinho* o leite e o açúcar...
Professora: Isso mesmo, você encontrou uma palavrinha bem legal para escrever e dar a ideia de que vamos misturar tudo: junto! Vamos escrever "colocá-las no liquidificador junto com o açúcar e o leite..." Ficou bom?
Aluno: Agora *tá* bom, sim.
Aluno: Tem também: "ligar o *lificador*, depois deixar *um tempo...*"
Professora: Podemos escrever assim: "Ligar o liquidificador e bater durante algum tempo em velocidade alta, até misturar tudo". O que acham?
Aluno: Colocar no copo para tomar.
Aluno (referindo-se ao cartaz de outra receita, que terminava com "agora, é só tomar... HUUUUM!"): Tia, coloca o HUUUM!!
Professora: Podemos colocar o HUUUMM?
Aluno (vários): Fica bom.
Aluno: Porque é gostoso!

Na classe, as crianças foram solicitadas a escrever a receita "do seu jeito", ensaiando algumas letrinhas e montando algumas silhuetas estilizadas inicialmente. A escrita de uma das crianças é apresentada na Figura 2.

Figura 2 – Escrita espontânea da receita feita pelo aluno A (3,5 anos).

Durante a leitura de sua lista para a professora, A demonstrou conhecer a silhueta do texto: o título "ingredientes" (o que vai), o "modo de fazer" (como fazer), a disposição das palavras e até o fechamento (um incentivo), o "huumm!".

- **Socialização do trabalho**

A socialização dos trabalhos realizados culminaram com oferta do livrinho, composto de receitas escritas pelas crianças, aos visitantes da exposição.

Avaliação

Inicialmente, as crianças verbalizavam suas ideias e a professora as anotava na lousa. Esse trabalho compreendeu:

- a verificação dos ingredientes;
- a elaboração conjunta dos passos da receita;
- a reescrita coletiva, em que a professora fazia algumas intervenções mediante diálogos: "Como podemos dizer isso com outras palavras?"; "Não é melhor colocar no lugar dessa palavra outra, para ficar mais bonito e mais fácil de os outros entenderem?".

A busca de uma produção coletiva compreensível requisita do produtor do texto o uso de elementos pertinentes de linguagem e estilo para que esse texto possa ser lido e compreendido por outra pessoa e, depois, utilizado para a confecção do que é proposto.

Na situação descrita, a avaliação do texto foi feita, sobretudo na prática, com as ações das quais resultaram o produto – a bebida vitamina.

Com a receita pronta, ficou fácil executar os passos.

Seguras do conteúdo do texto, uma vez que participaram da sua produção, as crianças executaram passo a passo as instruções do preparo, com o auxílio da professora, e depois apreciaram com prazer a bebida.

Foram desenvolvidas igualmente atividades de metacognição que envolvem reflexões sobre o trabalho feito e o caminho percorrido: O que aprendi? Gostei da atividade? O texto (receita) está compreensível? Por quê? As crianças compreenderam e responderam a essas questões: "Se não escrever direito *a mãe* não vai entender"; "Gostei e minha mãe vai fazer igual *vendo* no livrinho"; "*Tá lindo* eu vou mostrar para a minha mãe".

Projeto "Vamos acabar com a dengue"

Realizado no segundo semestre de 2006 em classe de pré-II.

O projeto insere-se na campanha contra o mosquito da dengue, realizada no bairro onde se fica a escola. Na época, focos de larvas do mosquito transmissor da doença foram encontrados em áreas da região. Órgãos responsáveis por campanhas de prevenção já estavam se mobilizando, o caso foi alvo de notícias nos jornais e as crianças já sabiam que havia algo acontecendo no bairro. Cartazes e folhetos informativos foram trazidos pelo pai de um aluno; a professora, aproveitando o assunto, iniciou a exploração desse texto.

Figura 3 – Folheto apresentado às crianças.

- **Objetivos referentes à leitura:**
  - Desenvolvimento das estratégias de exploração de textos informativos.
- **Textos necessários ao desenvolvimento do projeto:**
  - Cartaz.

O projeto em ação

Cada criança recebeu uma cópia do folheto para fazer a leitura silenciosa. Durante a atividade, notou-se que a leitura não era linear; ao contrário, as crianças realizaram um trabalho de exploração, identificando alguns sinais significativos: as figuras, o visual do escrito, a disposição das palavras e figuras, o tamanho das letras e do papel, as palavras já vistas em outro contexto etc.

Após a leitura silenciosa, iniciamos a confrontação das hipóteses:

Professora: O que esse texto contém?
Aluno: Figuras.
Aluno: Palavras...
Aluno: Letrinhas...
Professora: Quem trouxe esse texto para a classe?
Aluno (vários): Você.
Professora: É xerox?
Aluno: Não acho...é "papel bom".
Professora: É de revista?
Aluno: É papel de revista, mas não é revista, porque não tem o nome, não veio na revista.

A professora pede que a aluna pegue uma revista na biblioteca da classe para comparar os escritos. As crianças discutem entre si e chegam à conclusão de que é um "texto solto", não retirado de uma revista.

Aluno: E é muito *grandão* o que você colou na parede... nem tem revista desse tamanho.
Professora: Mas eu dei um pequeno para cada um... como podemos explicar isso?
Aluno: *Tem pequeno* e grande dele, mas é o mesmo... tem tudo igual.

Aluno compara o cartaz ao folheto menor.

Professora: Sobre o que será que este texto fala?
Aluno: É a história de uma mosca.
Professora: Por que você acha isso?
Aluno: Ah, tem esse mosquito aqui e ele está com cara de bravo, então acho que fala dele.
Aluno: Fala sobre a água, tem a palavra "á-gu-a" e um vaso.
Professora: Mosquito, água e o que mais?
Aluno: Eu acho que é da dengue, porque meu pai tem uma folha que deram para ele e tem essas figuras parecidas...
Professora: O que é mesmo a dengue?
Aluno: É a doença do mosquito.
Aluno: É o mosquito *que pega* na gente.
Professora: Será que é da dengue esse papel?

Aluno (vários): É.
Professora: Será que tem *dengue* escrito aqui?
Aluno (que já conseguia ler, apontou a palavrinha, separando as sílabas com o dedinho... "den-gue"): Tem aqui.
Professora: Tem esse pneu aqui, o que será que está escrito embaixo dele? O que ele tem a ver com o mosquito então?
Aluno: Não sei.
Aluno: Tem que *secar ele*, senão o mosquito entra na água dele.
Professora: Ah, é? Então vamos ver o que o texto diz... tem mais coisas.
Aluno: Aqui tem "não"... Não pode deixar água no vaso, no pneu, *tem que* tapar tudo...
Aluno: Eu li "areia" aqui, acho que tem que tirar a areia do vaso.
Professora: Será que é isso?

Todos ficaram curiosos, um aluno que apresentava dificuldades na leitura, disse:

Aluno: O mosquito *vem na água* e a gente tem que deixar tudo bem sequinho...
Professora (instigando): Então o texto diz que...
Aluno (reproduzindo o *slogan* projeto, e não o título do cartaz, mas já atribuindo significado às palavras): Vamos acabar com o mosquito. Se não tiver nada com água ele não vem.
Professora: Então quem vocês acham que fez esse texto? Se não foi na revista...
Aluno: Gente do "combate ao dengue".
Aluno: Gente para avisar tudo isso *pras* pessoas.
Professora: Onde seu pai trabalha, André?
Aluno: Na zoonose.
Professora: Será que foi ele quem trouxe para nós?
Aluno: Ele trouxe umas coisas, mas eu não sei se é isso. Levaram lá no serviço dele.
Professora: Muito bem. Já sabemos que o pai do André trabalha com essas pessoas que vocês disseram que combatem o mosquito.

O texto foi lido pela professora a pedido das crianças. Assim, elas puderam confirmar a sua leitura. As crianças levaram o folheto para casa e informaram os pais sobre seu conteúdo.

Elaboração de outro projeto com as crianças (desdobramento surgido)

As crianças manifestaram o desejo de saber mais sobre o serviço prestado pela equipe de combate ao mosquito da dengue e, também, a respeito da doença.

- **Objetivos referentes à leitura:**
  - Desenvolvimento das estratégias de exploração de textos informativos.
- **Objetivos referentes à escrita:**
  - Desenvolvimento da organização textual.
  - Desenvolvimento da escrita convencional.
- **Ações previstas:**

Convite a um membro da equipe de combate à dengue para vir à classe para esclarecer as dúvidas relativas à doença.

- **Textos necessários ao desenvolvimento do projeto:**
  - Bilhete: convite.

O projeto em ação

A professora sugeriu que convidassem o pai de André para uma palestra. Isso possibilitou a escrita de um bilhete, convidando-o a comparecer à classe.

A escrita do bilhete iniciou-se com uma conversa sobre o enunciado. As crianças esforçaram-se para produzir (oralmente) um texto coerente, pois sabiam que seria lido por um adulto, o que lhes dava ainda mais responsabilidade. Para tanto, utilizaram-se do caderno de correspondência como um lembrete, verificando a silhueta de bilhetes anteriores, e se esforçaram para verbalizar um conteúdo seguindo os parâmetros da situação de comunicação.

As crianças foram questionadas sobre os pronomes de tratamento adequados. Ficou combinado o uso de "senhor" para se referir ao destinatário, uma vez que, apesar de ser pai de um dos alunos, o "senhor André" era conhecido das crianças. Também ficou claro que usariam o "nós", pois, apesar da cópia final ser realizada por uma só pessoa (a professora), a carta "falaria" em nome de todos os alunos da classe. Segue-se a troca de ideias entre os participantes :

Aluno: Põe o nome dele no começo.
Aluno: Começa com "pai do André..."

Aluno: Mas ele chama André, como eu.
Professora: O André é "Junior", e isso significa que ele possui o mesmo nome do seu pai...
Aluno (dois): Então, coloca "senhor".
Aluno: E "querido senhor André"?
Aluno: Não pode ser "querido" porque a gente nem conhece ele.
Aluno: Tem que tratar como um "mais velho"...
Aluno: "Tio" é feio...

As crianças, consultando alguns modelos de cartas existentes na biblioteca da classe, realizaram um trabalho de escrita espontânea. As perguntas eram muitas: onde colocar o nome do André, do seu pai, o que escrever depois, como se escreve senhor, como se faz o II do "pré-II" etc.

A professora auxiliava propondo que consultassem algumas cartas e as cópias dos bilhetes entregues aos pais que se encontravam na classe, o caderno de correspondência com as docentes que lecionavam em outros períodos.

A escrita do algarismo romano para designar o "pré-II", por exemplo, foi "descoberta" observando-se a etiqueta de identificação colada na porta da classe, interpretadas por "dois pauzinhos"; algumas palavras foram descobertas durante a exploração dos cartazes etc. Nas Figuras 4 e 5 são apresentados, respectivamente, o texto composto coletivamente e escrito pela professora e a escrita espontânea desse mesmo texto realizada por um dos alunos:

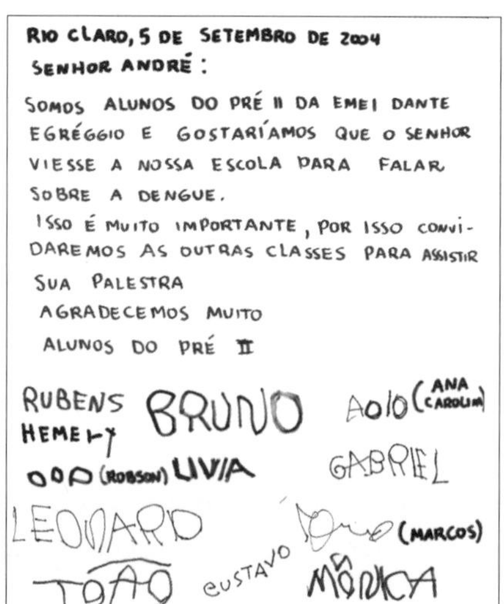
RIO CLARO, 5 DE SETEMBRO DE 2004
SENHOR ANDRÉ:
SOMOS ALUNOS DO PRÉ II DA EMEI DANTE EGRÉGGIO E GOSTARÍAMOS QUE O SENHOR VIESSE A NOSSA ESCOLA PARA FALAR SOBRE A DENGUE.
ISSO É MUITO IMPORTANTE, POR ISSO CONVIDAREMOS AS OUTRAS CLASSES PARA ASSISTIR SUA PALESTRA
AGRADECEMOS MUITO
ALUNOS DO PRÉ II

Figura 4 – Produção coletiva das crianças escrita pela professora.

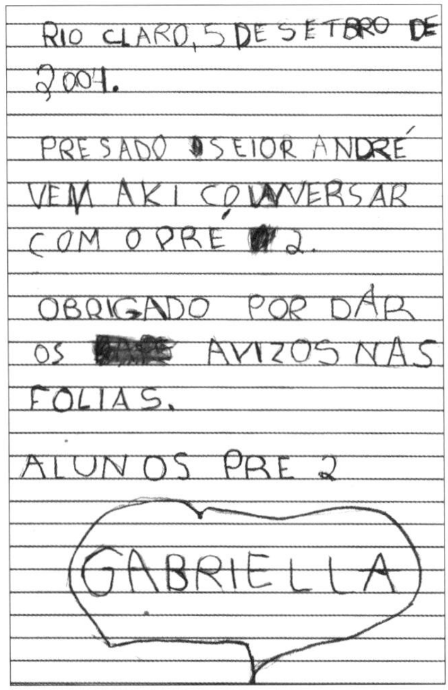

Figura 5 – Escrita espontânea de G (4,5 anos).

O bilhete foi entregue em mãos na hora da saída, e o pai de André aceitou vir conversar com as crianças na outra semana.

Socialização do trabalho

Os alunos das outras classes foram convidados (foi elaborado um convite gigante em forma de cartaz, colocado no mural da escola pela turma) e a palestra foi muito elucidativa. Essa atividade acabou se estendendo para outras classes, o que confirma a importância desse tipo de trabalho, como indicador da dimensão social da escrita, uma vez que permitiu que outras pessoas tivessem acesso à palestra.

Elaboração do convite para a festa junina da escola

Realizado no segundo semestre de 2005 em classe de pré-III.

Quando surgiu a ideia das classes elaborarem cartazes convidando a comunidade para a festa junina da escola, foi proposta a leitura de um cartaz, utilizado como ferramenta para a elaboração do texto pela classe.

- **Objetivos referentes à leitura:**
  - Desenvolvimento das estratégias de exploração de cartazes.
- **Objetivos referentes à escrita:**
  - Desenvolvimento da organização textual.
  - Desenvolvimento da escrita convencional.
- **Ações previstas:**
  - Elaboração de cartazes.
- **Textos necessários ao desenvolvimento do projeto:**
  - Cartazes.

O projeto em ação

Um cartaz foi trazido pela professora (Figura 6). Uma cópia foi dada para cada criança, que, inicialmente, realizou a exploração do texto.

Figura 6 – Cartaz lido com as crianças.

Após a leitura silenciosa, iniciaram-se as discussões:

Aluno: É sobre uma festa junina.
Professora: Por que você acha isso?
Aluno: Porque tem bandeirinhas e a fogueira aqui...
Aluno: Tem chapéu de caubói, a fogueira...
Aluno: E porque tem aqui "junino".
Professora: E antes de "junino", alguém sabe o que está escrito?
Aluno: É "festa".
Aluno: Não, não... não tem o "fé"...é "ba"...
Aluno (apontando): É "baile".

A professora ia escrevendo na lousa as palavras coletadas.
Professora: Bem, *tem* "baile", "junino", bandeirinhas... O que mais?

Silêncio. A professora insiste e pede a elas que explorem mais uma vez, silenciosamente, o texto. Depois pergunta, estimulando as crianças a perceberem a dupla:

Professora: E esses dois? O que eles estão fazendo ali?
Aluno: Em os "cantores".
Professora: São cantores mesmo?
Aluno: São, eles vão cantar nesse baile.
Professora (apontando para o nome da dupla): E essas palavrinhas aqui? O que serão??
Aluno: Gino e o *Genho.*
Professora: O que significam?
Aluno: Dois nomes porque estão começando com letra "grande".
Aluno: *Genho* é um nome engraçado.
Professora: Então o que aprendemos até agora com o texto? Vai ter uma...
Aluno (todos): ... festa.
Professora: ... e o Gino e o *Geno* vão...
Aluno (todos): ... cantar.
Aluno: Então eles estão avisando que eles vão *na* festa cantar e todos podem ir.
Professora: Será? Vamos ler mais um pouco. Se vai haver uma festa, no texto tem que mostrar o que, para todos poderem ir? Lembrem-se de um convite... tem que ter o...

Aluno: Dia.
Aluno: Lugar.

Com a intervenção da professora, as crianças começaram a perceber que se tratava de um convite, texto que já conheciam, pois já trabalhavam com textos desde o início do ano. Seguiu-se uma discussão sobre o conteúdo de um convite. Uma criança mostrou a data 23 de junho e inferiu ser esse o dia da festa. Outra foi além, dizendo que a festa era no clube que conhecia porque seus pais eram sócios e "levavam ela na piscina". O símbolo do clube chamou a atenção de outras crianças que igualmente conheciam o local. Tudo foi anotado na lousa, sendo que algumas crianças também anotaram voluntariamente no caderno os dados colhidos.

A hipótese inicial de que "todos poderiam ir" foi descartada quando uma aluna apontou os números e deduziu que "tinha que pagar". Outra foi mais além, dizendo que seu pai tinha carteirinha e que "ninguém poderia entrar no clube sem ela".

Depois de muita discussão, chegou-se ao sentido do texto: haveria uma festa no dia 23 de junho, à noite, onde os cantores se apresentariam. A festa era num clube chamado Grêmio, e as pessoas que tinham carteirinha não pagavam, mas quem não possuía tinha que pagar "todo o dinheiro que estava marcado lá no papel" – duzentos reais, conforme leu a professora. E se a pessoa fosse com um sócio, estudasse em alguma escola e fosse "velhinho", pagaria cem reais. A professora auxiliou, lendo as quantias exatas para as crianças.

O texto chamou a atenção da classe para a festa junina da escola. Resolveu-se, então, elaborar um convite "grande como aquele" para avisar a todos que seria uma festa "legal", com apresentação de dança, pipoca, barracas e tudo o mais. "Menos os cantores", como B observou.

O projeto em ação

As crianças dividiram-se em grupos e criaram seu convite. Aqueles que já escreviam se encarregaram dessa parte; os outros, que sentiam mais dificuldade, encarregaram-se da ilustração. Foram realizadas reescritas e consultas a cada texto e aos demais que já se encontravam expostos na classe. Os alunos esforçaram-se para produzir um convite bonito e "legível".

A seguir são apresentados (Figuras 7 e 8) exemplos da escrita inicial de um grupo, e a escrita final feita por esse mesmo grupo:

Figura 7 – Escrita inicial do grupo.

Figura 8 – Escrita final.

Socialização do trabalho

Os cartazes foram expostos na escola e a festa foi um sucesso.

Considerações finais

O trabalho de produção escrita possibilitou que as crianças assumissem a autoria do que escreveram para leitores reais, que iriam ler para realizar o que o texto propunha, como, por exemplo, o convite para a festa junina da escola. Isso constituiu para elas um exercício de responsabilidade. Favoreceu a ligação entre os conhecimentos já adquiridos pelas crianças e o texto, na medida em que trouxeram para o processo de produção as características de outros textos trabalhados.

É interessante observar que, por meio da interação constante com a escrita, as crianças acabaram se tornando mais interessadas em saber o que estava escrito em outros textos e como se escrevia determinada palavra. Identificavam também algumas palavras comumente utilizadas em fichas técnicas, como "materiais", "ingredientes", "modo de fazer". Descobriram a escrita naturalmente, sendo que, em outros momentos, já eram capazes de identificar e reconhecer a silhueta do texto trabalhado em revistas, livros ou em cópias distribuídas pelo professor.

Dessa forma, os textos funcionaram não como "elementos de decoração da classe", mas como ferramentas para outras consultas necessárias.

A ideia de utilizar textos nas mais variadas situações escolares e sociais propicia aos educandos uma visão mais ampla da escrita: esta não se restringe à escola, o que reafirma a dimensão social da alfabetização. Igualmente o fato de elaborarem o texto em conjunto com a professora, auxiliou no desenvolvimento de iniciativas e tomada de decisões, na medida em que essa atividade contribui para que a criança atuasse como escritora e leitora capaz de entender e de se expressar. E isso desde pequena.

Bibliografia

Jolibert, J. *Formando crianças leitoras*. Trad. Bruno C. Magne. Porto Alegre: Artmed, 1994a.

________. *Formando crianças produtoras de textos*. Trad. Bruno C. Magne. Porto Alegre: Artmed, 1994b.

________. *Além dos muros da escola*: a escrita como ponte entre alunos e comunidade. Trad. Ana Maria Netto Machado. Porto Alegre: Artmed, 2006.

Micotti, M.C.O. A educação infantil e a alfabetização. In: Micotti, M.C.O. *Alfabetização:* aspectos teóricos e práticos. Rio Claro: Instituto de Biociências-Unesp, 1999, pp.18-26.

A alfabetização e a produção de textos poéticos

Karin Casarin

Resumo

Neste capítulo relatamos a nossa trajetória com uma classe alunos de 1ª série na realização dos seus projetos pessoais e coletivos de aprendizagem da leitura e da escrita. Entre os trabalhos realizados, destacamos o relativo aos textos poéticos, desenvolvido juntamente com a apropriação da escrita convencional.

As práticas pedagógicas e as atividades das crianças aqui descritas desenvolveram-se em 2007, numa escola pública de ensino fundamental I. O grupo-classe compunha-se de 20 alunos cuja idade, no início do ano letivo, variava de 6 anos e dois meses a 7 anos e um mês. Inicialmente, 15% das crianças escreviam de forma convencional e 85% apresentavam escrita arbitrária; entre essas, foi incluído um aluno que apresentava necessidades especiais: não conseguia comunicar-se pela fala, nem se locomover de modo autônomo e revelava grandes limitações quanto ao raciocínio.

Desde o primeiro dia de aula, os alunos foram solicitados a contribuir com seus projetos pessoais para o planejamento anual do trabalho a ser realizado pelo grupo-classe, respondendo a questões como: O que vocês gostariam de aprender na escola? Que atividades nós podemos realizar juntos?

Inicialmente, não foi fácil conseguir as manifestações da turma, pois as crianças não estavam acostumadas com esse tipo de solicitação. Assim, de início, em suas respostas, o "aprender a ler e a escrever" foi repetido inúmeras vezes sem variações. Essas falas demonstram a valorização da escola no ensino da leitura e da escrita. A fim de que as crianças se expressassem sobre outros interesses pessoais, foram resgatadas oralmente com elas atividades que consideravam "legais", realizadas em anos anteriores de alfabetização. A partir daí, outras proposições surgiram, além do aprender a ler e a escrever, as quais, após consenso, transformaram-se em projetos anuais: fazer apresentações; fazer brinquedos; brincar de massinha; desenhar; fazer teatro; fazer jogos; fazer máscaras; cantar; dançar e brincar. Esses projetos iniciais foram escritos no *flip-chart* para exposição e avaliações periódicas. Em decorrência desses, outros surgiram. O trabalho, desenvolvido mediante projetos, visava sobretudo ao aprendizado da leitura e da escrita, previsto no plano anual de ensino, organizado segundo as diretrizes dos PCNS.

Dentre os projetos desenvolvidos durante o ano letivo, foi escolhido para esta publicação aquele referente aos intercâmbios poéticos que se estendeu por todo o ano letivo. No primeiro semestre, por meio dos projetos da vida cotidiana, a classe cultivou o gosto por ler e ouvir poemas. As leituras eram feitas por diversos leitores: pela professora, por crianças que escolhiam um poema da caixinha para ler para os amigos e também por crianças da 2ª série, ex-alunos da professora, que visitavam a classe para ler seus próprios poemas. A professora e as crianças elaboraram projetos que envolveram escritas e leituras e a troca de poemas com crianças de outra escola e da própria escola.

Projeto "Escrevendo poemas para crianças e adultos"

As crianças manifestaram o gosto pela escrita poética a partir da leitura feita pela professora do poema "É sempre era uma vez", de Elias José (2007: 52-53) e a solicitação da reinvenção de estrofes pelos alunos, fato que estimulou o interesse e o imaginário da classe. Várias estrofes foram inventadas por eles e escritas na lousa pela professora. Essa atividade envolveu reflexões sobre a maneira correta de compor as frases. Na ocasião a professora escreveu na lousa. Dessa forma, realizou-se reflexão sobre a estrutura do poema, ou seja, sobre as palavras que eles estavam conservando no momento da reprodução; sobre as rimas, que muito divertiam as crianças: as estrofes eram escritas da maneira como eram faladas, e a classe deveria encontrar a maneira certa para serem reescritas. Por fim, o título foi escolhido por eleição. O poema, produzido coletivamente, foi registrado em cartolina e exposto na classe (Quadro 1).

ERA UMA VEZ

ERA UMA VEZ UM HOMEM CHAMADO JOSÉ
QUE MISTURAVA PERFUME NO CHULÉ.

ERA UMA VEZ UM MENINO CANTOR
QUE TOCAVA BATERIA E TAMBOR.

ERA UMA VEZ UM URSO
QUE QUERIA FAZER UM CURSO.

ERA UMA VEZ UM PAPAGAIO
QUE QUERIA SER UM RAIO.

ERA UMA VEZ UM MOLEQUE
QUE CHUPAVA CHICLETE.

ERA UMA VEZ UM BALÃO
QUE QUERIA CHAMAR SÃO JOÃO.

E EU QUERO SABER AGORA
O RESTO DESTAS HISTÓRIAS.
CONTE DE UMA SÓ VEZ,
QUANDO CHEGAR A SUA VEZ.

1ª SÉRIE C

Quadro 1 – Poema produzido coletivamente pelos alunos da 1ª série.

Esse trabalho resultou num projeto de empreendimento de grande valor afetivo para os alunos, no qual foram aprofundados os conhecimentos linguísticos sobre o texto poético e o acesso à escrita convencional.

Elaboração do projeto com as crianças

Com o desenvolvimento do gosto pela prática de escrita poética e a oportunidade sugerida pela professora de trocar poemas com crianças de pré-I de outra escola, o projeto foi elaborado com a classe. A escolha do nome para esse projeto ("Escrevendo poemas para crianças e adultos") não foi uma tarefa difícil, pois a classe já havia inventado outros nomes para outros projetos.

As expectativas das crianças, referentes ao novo projeto, foram coletadas pela professora:

> Professora: O que vamos fazer neste projeto?
> Aluno: Escrever poemas que fazem dar risadas e os que não fazem.
> Aluno: Trocar poemas com as crianças do pré que escrevem poemas e com os alunos de outra classe de primeira série de nossa escola.
> Aluno: Dar poema para as pessoas.
> Aluno: Fazer uma pasta para guardar nossos poemas.

As expectativas apresentadas revelam o que sabem sobre o texto poético, por meio de suas vivências em sala de aula; fazer rir ou não; revelam também a valorização positiva das próprias produções através da referência ao intercâmbio e à organização das produções em pasta.

Um fato interessante a destacar foi a curiosidade por saber como os pequenos da educação infantil escrevem e inventam seus textos. Inicialmente surgiu a seguinte questão: "mas eles são pequenininhos, não escrevem" e logo o problema foi apresentado à classe para que todos pensassem. Em seguida, uma aluna diz: "Eles podem fazer como nós. Eles falam e a professora escreve".

- **Objetivos**

  Desenvolver a produção de textos poéticos:

  - identificar as características de textos poéticos – título, a ocorrência de espaço entre as estrofes, a posição do texto na página;
  - reconhecer e utilizar sinais de pontuação;
  - produzir poemas tendo por base uma estrutura indutora;
  - produzir de modo autônomo textos poéticos;
  - aprender a escrita convencional.

- **Atividades que compõem a realização do projeto:**

  - produção de poemas;
  - troca de poemas com outras crianças – colegas de outra turma da própria escola e com alunos da educação infantil de outra escola;
  - exposição de poemas no mural da escola;
  - composição de uma pasta com os poemas produzidos.

- **Textos necessários para a realização do projeto**

Durante o desenvolvimento do projeto, a escrita e a leitura de certos tipos de textos foram imprescindíveis, tais como cartas, poemas e e-mails.

O projeto em ação

Desenvolvimento das atividades de leitura e escrita

Inicialmente, a professora, ao favorecer o desbloqueio do imaginário, apresentou algumas situações: "Imagine que você tem o poder de se transformar no que quiser, no que você se transformaria?".

Após atividades como essa, propôs a escrita coletiva de poemas, tendo como ponto de partida aseguinte estrutura indutora: "Se eu fosse/ um(a).../ eu...".

A atividade conquistou a atenção e a participação de todos. O final do texto foi elaborado com base no poema produzido anteriormente ("Era uma vez"), o qual solicitava uma resposta do leitor. No entanto, foi decidido que acabaria com uma pergunta para o destinatário, assim estariam convidando quem recebesse o poema a reescrevê-lo.

Tão logo finalizado, o poema foi escrito por uma criança numa folha de papel almaço e enviado a outra classe de 1ª série (a 1ª série D), que se encantou com o texto. Em resposta, as crianças dessa classe produziram coletivamente, com ajuda da professora, outro poema com a mesma estrutura indutora e entregaram-no à primeira classe pessoalmente. Cada criança recebeu uma cópia muito caprichada do novo poema, em papel enrolado, como se fosse um diploma. Uma criança da 1ª série D leu-o em voz alta. A seguir são apresentados os dois poemas no Quadro 2.

Escritas coletivas:

Poema produzido pela 1ª série C e endereçado aos alunos da 1ª série D	Poema resposta elaborado pelos alunos da 1ª série D
SEMPRE SE EU FOSSE SE EU FOSSE UM TUBARÃO EU SERIA FORTÃO. SE EU FOSSE UM ESCORPIÃO EU FURARIA UM BALÃO. SE EU FOSSE UM GATO EU COMERIA UM RATO. SE EU FOSSE UM CÃO EU COMERIA MACARRÃO. SE EU FOSSE UM TATU-BOLA EU VIRARIA UMA BOLA. E AGORA EU QUERO SABER O QUE VOCÊS QUERIAM SER? 1ª SÉRIE C	SE EU FOSSE SE EU FOSSE UM PEIXINHO EU SERIA BONITINHO. SE EU FOSSE UM LEÃO EU SERIA BEM BONITÃO. SE EU FOSSE UM MACARRÃO EU SERIA GOSTOSÃO. SE EU FOSSE UM CAUBÓI EU SERIA UM HERÓI. SE EU FOSSE UM TRENZINHO PEGARIA O CAMINHO BEM DIREITINHO ATÉ O MEU AMORZINHO. 1ª SÉRIE D

Quadro 2 – Poemas escritos coletivamente e trocados entre duas classes de 1ª série.

Essa experiência foi muito prazerosa para as classes. Via-se a alegria nos sorrisos e na vontade de ler.

Ferramentas elaboradas

Em posse dos dois poemas, foram escolhidas pelas crianças três palavras: escorpião, balão e amorzinho, que, inicialmente, foram montadas com letras móveis e suas sílabas separadas. Depois, essas palavras foram escritas no dicionário[1] **e ilustradas pelas crianças.**

Antes da escrita individual que compõe a etapa seguinte do trabalho, foram realizadas atividades para o aprendizado da identificação de textos poéticos das quais resultou a elaboração de ferramentas de apoio para a primeira escrita individual. Entre as ferramentas, destacamos o registro no dicionário: de verbos (conjugados no futuro do pretérito: comeria, saberia, beberia...); de palavras, considerando a sílaba final – palavras terminadas em "ão". Além disso, foi construído um cartaz com a ajuda das crianças por meio da observação de vários poemas. Esse cartaz, apresentado no Quadro 3, contém a silhueta desse poema, as principais características do texto poético e a estrutura indutora "Se eu fosse". Essas e outras ferramentas elaboradas em diversos projetos ficaram à disposição de todos para consultas durante a escrita do poema.

Silhueta	Características do texto	Estrutura indutora
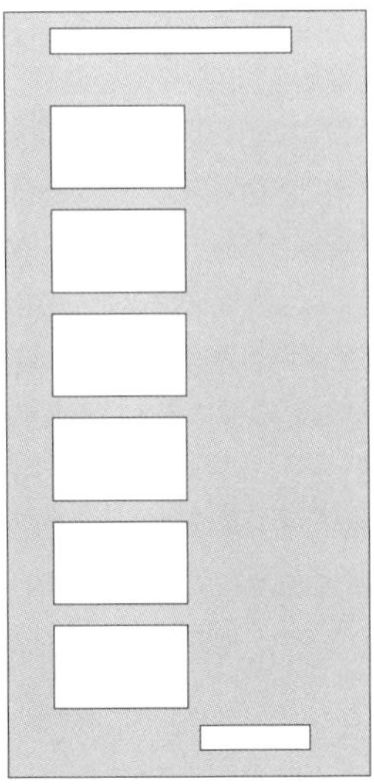	Um poema tem: • um título • espaços • palavras que não chegam até o final da linha. • sinais de pontuação	SE EU FOSSE UM(A)_______ EU____________.

Quadro 3 – Instrumentos de referência para a produção individual do poema.

Antes de iniciar a primeira escrita individual do texto, recapitulamos os critérios de produção que seriam considerados na autoavaliação: título centralizado; sinais de pontuação; espaço entre as linhas; o nome do autor; encerramento do texto e o capricho na escrita.

Avaliação

Diante de um instrumento de avaliação, cada aluno foi solicitado a avaliar sua produção; em caso de dúvidas, poderia consultar as ferramentas elaboradas no decorrer das aulas. Um aluno por vez, baseando-se nos diversos instrumentos, avaliava a sua escrita juntamente com a professora. Após essa etapa, cada aluno reescreveu seu texto.

A primeira escrita feita por uma das crianças compõe a Figura 1.

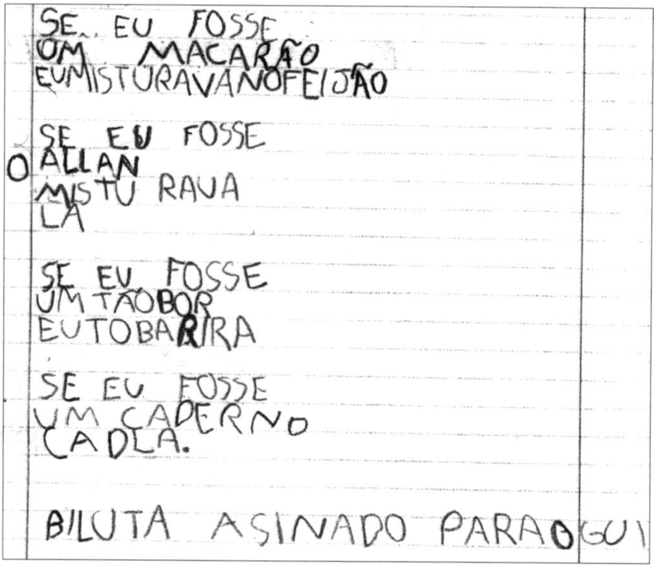

Figura 1 – A primeira escrita de autoria do aluno Guilherme.

Após a primeira escrita, as crianças fizeram a auto e a coavaliação de sua produção com o instrumento elaborado para esse fim. Um exemplo dessa avaliação é apresentado na Figura 2.

AUTO E COAVALIAÇÃO DA POESIA	
NO MEU POEMA EU:	
1- TÍTULO: a- INVENTEI UM? b- COLOQUEI NO LUGAR CERTO?	 a- SIM b- NÃO
2- PULEI LINHA NO MOMENTO CORRETO?	SIM
3- COLOQUEI PONTO FINAL?	POUCO
4- REPETI: "SE EU FOSSE", SEMPRE QUE NECESSÁRIO?	SIM
5- FIZ O ENCERRAMENTO?	NÃO
6- COLOQUEI O NOME DO AUTOR?	SIM
7- FIZ COM CAPRICHO?	SIM

Figura 2 – Auto e coavaliação do poema realizada por Guilherme.

Após essa avaliação, cada criança reescreveu o seu texto. O poema reescrito por Guilherme é apresentado na Figura 3.

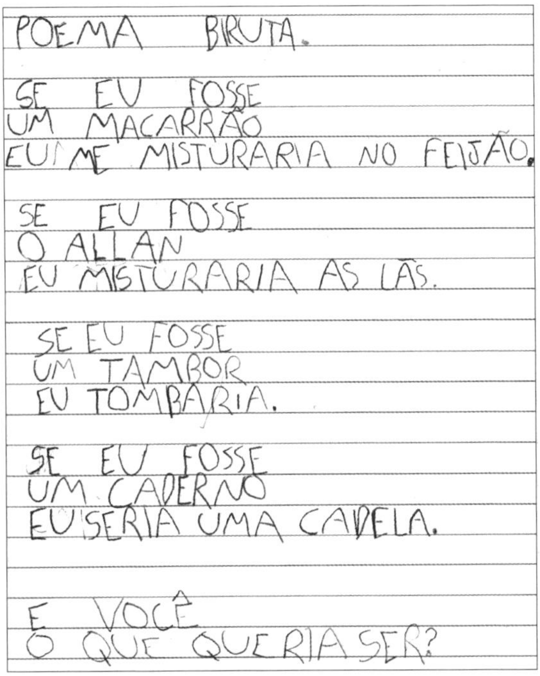
POEMA BIRUTA.

SE EU FOSSE
UM MACARRÃO
EU ME MISTURARIA NO FEIJÃO.

SE EU FOSSE
O ALLAN
EU MISTURARIA AS LÃS.

SE EU FOSSE
UM TAMBOR
EU TOMBARIA.

SE EU FOSSE
UM CADERNO
EU SERIA UMA CADELA.

E VOCÊ
O QUE QUERIA SER?

Figura 3 – Reescrita do poema feita pelo aluno Guilherme.

Ao reescrever o poema, Guilherme observa as características desse tipo de texto: a presença de parágrafos, os sinais de pontuação, o título centralizado, o uso dos verbos no futuro do pretérito e o nome do autor.

O trabalho de reescrita estendeu-se por quase duas semanas, pois era realizado, a cada dia, com dois ou três alunos. Aqueles que não apresentavam a escrita convencional também refletiam sobre a estrutura do texto e o professor escrevia o seu poema.

Atividades de metacognição

Após todos os alunos terminarem as reescritas, realizamos a atividade de metacognição. O diálogo desenvolvido é apresentado no Quadro 4.

REFLEXÃO SOBRE A AÇÃO DE PRODUZIR POEMAS (Atividade metacognitiva)
Professora: O que nos ajudou a produzir poemas? Aluno: Olhar no poema que fizemos juntos. Aluno: Lembrar das palavras conhecidas. Aluno: A leitura de poemas feita pela professora. **Professora: O que aprendemos?** Aluno: Escrever palavras com "ria". Aluno: Com "ão". Aluno: Fazer poesia. Aluno: Escrever poesia.

Quadro 4 – Diálogo entre professor e alunos, após a reescrita do poema.

As autoavaliações mostraram a necessidade de os alunos compararem a sua produção com a produção coletiva para melhorar a reescrita. Na reflexão final, feita pelos alunos, destaca-se o reconhecimento da importância dos instrumentos de referência para a efetivação do trabalho.

Escrevendo poemas à maneira de Cecília Meireles

No âmbito do projeto "Escrevendo poemas para crianças e adultos", várias aulas foram dedicadas à escrita de poemas, mediante a apropriação de uma estrutura textual de autoria de um poeta conhecido. Escolhemos como referência o poema "A flor amarela", de Cecília Meireles.

A realização de leitura e escrita do texto poético, descrita a seguir, ocorreu no segundo semestre e ocupou uma hora de trabalho diário durante oito dias consecutivos. Na sequência do trabalho, distinguimos: a leitura e a produção de textos, as descobertas e trocas coletivas sobre a compreensão do texto; a preparação coletiva de instrumentos de apoio para a escrita; o primeiro lance; a confrontação e reescrita individual dos poemas. Essa etapa envolveu trabalho individual com o auxílio da professora com cerca de quatro crianças por dia, envolvendo atividades diferenciadas segundo as necessidades particulares.

Enquanto a professora auxiliava essas crianças, as demais realizavam diferentes atividades em grupos, para as quais se autogerenciavam.

Os passos do canteiro-poema são detalhados e ênfase é dada à interação dos alunos com o texto, por meio dos registros de suas participações na leitura e nas produções escritas.

Encontro das crianças com o poema

As crianças desconhecem o texto de referência, no entanto, elas aguardavam a entrega de um poema pelo professor. Uma cópia do poema "A flor amarela" (Quadro 5) extraído do livro *Ou isto ou aquilo,* de Cecília Meireles (2002: 43), foi entregue para cada aluno.

A FLOR AMARELA

OLHA
A JANELA
DA BELA
ARABELA.

QUE FLOR
É AQUELA
QUE ARABELA
MOLHA?

É UMA FLOR AMARELA.

43 CECÍLIA MEIRELES

Quadro 5 – Poema entregue às crianças para exploração.

Inicialmente, relembramos as estratégias, gradativamente elaboradas e registradas por ocasião de explorações de outros textos e de produções textuais, apresentadas no Quadro 6.

Para entender um texto, precisamos pensar:

Do que ele vai falar?
Que tipo de texto é esse?
Quem o escreveu?

Quadro 6 – Lembrete antes do contato inicial com o texto (ferramenta de trabalho).

Após receber uma cópia impressa do poema, cada criança teve sete minutos para realizar a leitura silenciosa.

Após esse momento, todos ficaram atentos para a construção coletiva do significado do texto, que ocorreu mediante o diálogo da professora com a turma:

Professora: O que vocês entenderam do texto que leram?
Aluno: Fala de uma flor amarela.
Aluno: A Arabela dorme na flor amarela.
Aluno: É uma música de flor.
Aluno: Tem janela aqui nessa música.
Aluno: A Arabela molha a flor amarela.
Aluno: Ah, professora. Você tirou da página 43.
Aluno: E é do livro: *Ou isto ou aquilo*.
Aluno: Você trouxe o livro *Ou isto ou aquilo*? Deve estar lá.
Professora: Eu trouxe. Por que deve estar no livro *Ou isto ou aquilo*?

Vários alunos justificam dizendo que leram o nome do livro no texto. A professora abre o livro na página 43.

Aluno: Todo mundo disse que era uma música, mas não é uma música, é poesia.
Professora: Por que não é uma música?
Aluno: Porque está no livro de poesia.
Aluno: Tem um título.
Aluno: Vai até o meio.
Aluno: Tem espaços. Olha.
Aluno: Ai, o Hérick falou: "Achei o ponto final".
Professora: Você achou?
(A criança aponta o ponto.)
Professora: O que quer dizer?
Aluno: É que é aqui que acaba.
Aluno: É que acabou uma frase.
(Vários alunos procuram o ponto final.)
Aluno: É mesmo, eu vou marcar onde está o ponto final.
Aluno: Tem o ponto de interrogação.
Professora: Para que serve?
Aluno: É porque ele não sabe o que que é.
Professora: Ele quem?

Aluno: O homem que inventou o poema. Mentira. É uma mulher.
Professora: Como você sabe que é uma mulher?
Aluno: Porque é Cecília, se não era Cecílio.
Professora: Quem encontrou o nome da autora do poema?
Aluno: Está embaixo de tudo.
Professora: Por que a Cecília Meireles colocou o ponto de interrogação?
Aluno: Porque ela está falando.
Aluno: Porque ela não sabe o que é.
Professora: O que ela não sabe?
Aluno: O que a menina está regando.
...
Professora: Sobre o que fala o poema?
Aluno: De uma flor.
Aluno: De uma flor amarela.
Aluno: Fala de uma menininha também.
Aluno: Ela se chama Arabela.
Aluno: Ela está regando a flor.

Após o questionamento do texto, em conversa com o grupo-classe, focalizamos as estratégias utilizadas durante a construção do sentido do poema, cujo registro pode ser observado no Quadro 7.

Atividades metacognitivas

Reflexão coletiva sobre a ação de ler o poema
Professora: O que nos ajudou a entender o poema? Aluno: Todo mundo da classe leu e depois entendeu. Aluno: Usamos o pensamento e as palavras conhecidas. Aluno: Lendo de boca fechada. Aluno: A professora ajudou. Aluno: Falando com o amigo, trocando ideias com os amigos. Aluno: Ficando em silêncio, daí a gente vai conseguindo e aprendendo. Aluno: Falar com a classe inteira, nós *fala* e todo mundo escuta. Aluno: Se todo mundo ficar falando junto, ninguém aprende. Aluno: Nós sabíamos o ponto de interrogação. Aluno: Se a Arabela não estivesse nesse texto ela não fazia a pergunta.

Quadro 7 – Reflexões referentes à leitura do poema.

Avaliação

Com a reflexão sobre as atividades efetuadas, pode-se perceber a valorização dos conteúdos atitudinais pelos alunos, no que diz respeito à importância atribuída à opinião do outro, para a construção do significado global do texto.

Essa cooperação e a comunicação entre as crianças nem sempre foram assim harmônicas. No início do ano, era difícil estabelecer o diálogo coletivo em sala de aula. Elas estavam pouco habituadas a respeitar regras básicas de convívio, como, por exemplo, falar uma de cada vez e saber ouvir. À medida que as situações de conflito foram surgindo, fomos elaborando regras, lembradas sempre que necessário. Aos poucos, com frequentes diálogos coletivos e com o desejo de, sobretudo, alcançar os principais objetivos, como aprender a ler e a escrever, foram se conscientizando da importância das regras de convívio, sobretudo daquelas que possibilitariam o acesso aos saberes. É claro que, por vezes, alguns alunos esqueciam-se dessas regras por ansiedade, entre outros motivos; voltávamos então a refletir sobre nossos objetivos referentes ao aprendizado e sobre os meios para atingi-los.

Escrita de poemas "para valer"

Após a leitura e a reflexão, três palavras do poema foram escolhidas pelos alunos: flor, janela e amarela. Essas palavras foram montadas com letras móveis por todas as crianças, que, num primeiro momento, separam suas sílabas de maneira espontânea e a seguir as compararam com a separação feita pela professora. Essas palavras, além de escritas no dicionário ilustrado, foram incluídas na confecção de um dominó de palavras.

Em seguida, foram sistematizados com os alunos os indícios coletados, ajudando-os a construírem as competências linguísticas relativas ao texto. Alguns vestígios do poema de referência foram conservados:

Para a identificação da silhueta do poema, várias "silhuetas" foram feitas na lousa, por diferentes alunos, a partir da visualização do poema. Esses esboços foram comparados para detectar a "silhueta" do poema. As marcas para a produção escrita foram determinadas, constituindo o instrumento de referência contido no Quadro 8.

Silhueta	Estrutura de referência
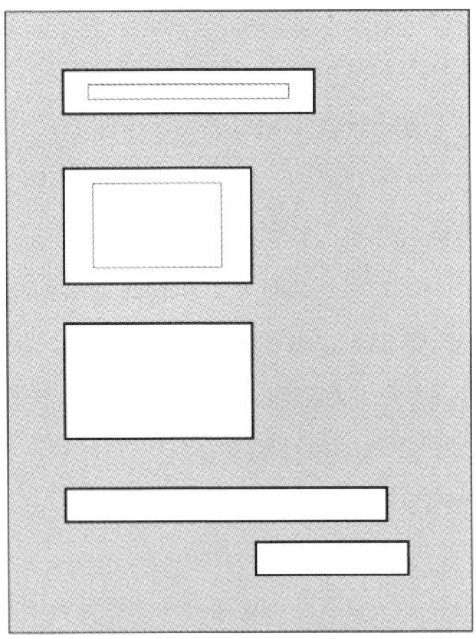	A (O)________________ OLHA A (O)_______ _____________. QUE_________ É AQUELA QUE_________? É____________________.

Quadro 8 – Instrumentos de referência para a primeira escrita do poema.

Houve também a marcação dos elementos próprios da dinâmica interna:

- a abertura, o questionamento e o remate;
- o reconhecimento da marca de enunciação: o autor do poema que fala com o leitor sobre o que vê;
- a elaboração e registro do conceito do sinal de interrogação, a partir do que já foi explorado.

Um instrumento de avaliação da primeira escrita foi construído coletivamente. Esse instrumento compõe o Quadro 9.

Auto e coavaliação do poema	
1) Inventei um título?	
2) Pulei linha no momento correto?	
3) Fiz uma pergunta?	
4) Encerrei o poema respondendo à pergunta?	
5) Usei os sinais de pontuação corretamente?	
6) Escrevi o nome do autor?	
7) Caprichei?	

Quadro 9 – Grade de auto e coavaliação da primeira escrita do poema.

Primeira escrita individual e a reescrita do poema

Recorrendo às ferramentas produzidas coletivamente, cada aluno fez sua primeira escrita do texto. Os alunos que não escreviam convencionalmente também foram animados a escrever o que conseguissem, de maneira espontânea.

Para dar início ao trabalho de reescrita, os alunos, um por vez, conversaram com a professora sobre suas descobertas; para tanto cada criança tinha em mãos sua produção, os instrumentos produzidos, os poemas coletivos e a autoavaliação. Nessas condições, falaram o que perceberam que faltou, ou não, na primeira escrita e justificaram suas observações. Quando "algo importante" não era percebido pela criança, como, por exemplo, quando construíam frases desconexas, a professora solicitava que o aluno fizesse a releitura; depois, perguntava: "É dessa maneira que falamos? Como podemos melhorar essa frase?". As crianças que estão em fase de construção da escrita fizeram as mesmas avaliações, mas, na reescrita, o professor foi o escriba. Segue um exemplo de produção e intervenção.

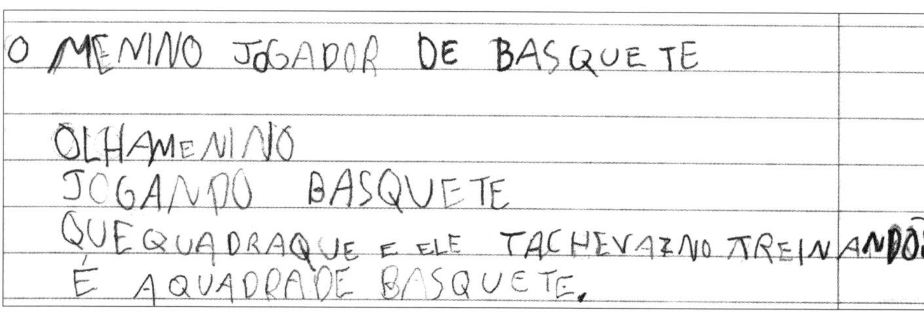
O MENINO JOGADOR DE BASQUETE
OLHAMENINO
JOGANDO BASQUETE
QUEQUADRAQUE E ELE TACHEVAZNO TREINANDO?
É AQUADRADE BASQUETE.

Figura 4 – Primeira escrita deste texto feita pelo aluno Guilherme.

Essa primeira escrita do aluno Guilherme, comparada com a do poema escrito anteriormente ("Poema biruta"), apresenta significativas evoluções – uso do título centralizado, parágrafos e uso dos sinais de pontuação.

O passo seguinte foi realizar a autoavaliação, a partir dos "combinados" sobre o que o texto deveria apresentar. Com a grade de autoavaliação, Guilherme percebe que deve melhorar seu texto poético nos seguintes aspectos: pular linha no momento correto e usar sinais de pontuação.

Foi interessante observar o valor da comparação, feita pelo aluno, de sua primeira escrita com o poema "A flor amarela". Quase que imediatamente ele conseguiu perceber seus "erros" e animar-se a reescrever o seu texto poético (Figura 5).

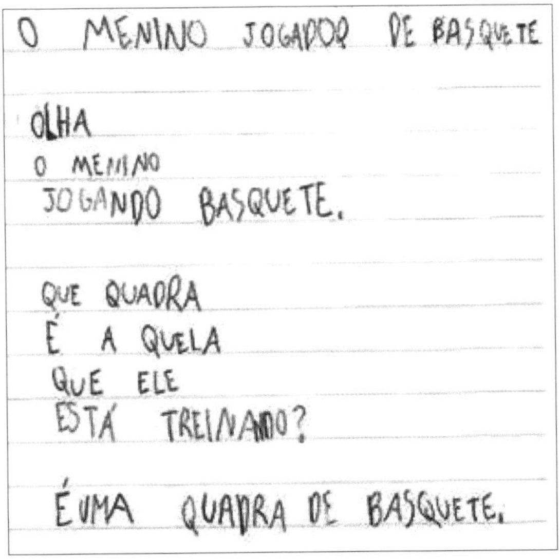
O MENINO JOGADOR DE BASQUETE

OLHA
O MENINO
JOGANDO BASQUETE.

QUE QUADRA
É A QUELA
QUE ELE
ESTÁ TREINANDO?

É UMA QUADRA DE BASQUETE.

Figura 5 – Reescrita do poema feita pelo aluno Guilherme.

Na reescrita, houve a modificação total do corpo do texto.

Quando todos haviam reescrito seu poema, foi feita, coletivamente, a reflexão a respeito dos caminhos que percorreram até chegar à produção final.

Atividades metacognitivas

Reflexão coletiva sobre a ação de produzir poema **(Atividade metacognitiva)**
Professora: O que nos ajudou a escrever o poema? Aluno: Olhar na "Flor amarela". Aluno: A avaliação, lembrar o que tem que ter num poema. Aluno: Usar o pensamento. **Professora: O que nós aprendemos?** Aluno: Escrever o poema. Aluno: Escrever "um" e "uma". Aluno: Escrever "que" e "flor". Aluno: O ponto de interrogação.

Quadro 10 – Diálogo sobre as estratégias de produção de poema.

Seguem alguns poemas produzidos:

<table>
<tr>
<td>O moleque jogador de futebol

Olha
o moleque
brasileiro.

Que bola
é aquela que
ele está brincando?

É a bola redondinha e douradinha.

Texto coletivo</td>
<td>O trem de ferro

Olha
o trem
do belo
menino.

Que trem
é aquele
que ele
está brincando?

É o trem de ferro.

Tiago</td>
</tr>
<tr>
<td>O macaco do Jhonathan

Olha
O macaco
Do lindo
Jhonathan.

Que macaquice
É aquela
Que o macaco
Está fazendo?

É uma macaquice
Que o avó dele ensinou.

Allan</td>
<td>O animalzinho

Olha
O animalzinho
Bonitinho.

Que animalzinho
É aquele que
A Giulia está
brincando?

É um gatinho.

Giulia</td>
</tr>
</table>

Quadro 11 – Poemas produzidos com base no poema de referência "A flor amarela".

O poema coletivo foi elaborado entre a primeira escrita individual e a reescrita. Foi uma produção que valeu a pena ser registrada e conservada no caderno de poemas.

Intercâmbio poético com as crianças do pré-I: o poema-desafio

Entre os poemas lidos pela professora na "hora da leitura", as crianças escolheram "Quem é quem?", de Lalau e Laurabeatriz (2002: 14), para ser reescrito e enviado à classe de pré-I, dando continuidade ao projeto "Escrevendo poemas para crianças e adultos".

No dia seguinte à leitura, cada aluno recebeu uma cópia desse poema. As crianças, rapidamente, lembraram do poema lido e do combinado sobre a escrita. Após relembrar seu significado, foi feita a silhueta coletivamente e foram selecionadas as palavras que seriam conservadas na reescrita. O professor foi o escriba.

A partir da escrita do poema "Coisas que parecem outras", num outro dia, foi realizado o trabalho de sistematização de algumas palavras. Após a escolha de palavras para serem escritas no dicionário, foi a vez de refletir sobre o uso das letras "r" e "rr", considerando que várias crianças apresentavam dúvidas. Foram escritas na lousa duas colunas, uma para as crianças ditarem palavras com "r" – retiradas do poema-desafio – e na outra para a escrita de palavras com "rr". A atividade visava fazer que pensassem quando usamos "r" e quando usamos "rr". Com uma palavra escrita de cada lado, a professora os questionou: quando podemos usar um e o outro? Diante do silêncio, lançou o desafio: e se colocarmos mais um "r" na palavra "parece" como poderemos lê-la? Assim, foi possível fazer que os alunos percebessem o uso correto de um "r" no meio das palavras quando o som é fraco e do "rr" nos casos de sons fortes.

Junto com o poema da 1ª série, foi escrita coletivamente uma carta e antes do retorno do poema desafio, foi lido por esses alunos um e-mail escrito pela professora das crianças do pré-I direcionado à professora da 1ª série. Nesse e-mail ela dizia que seus alunos haviam gostado muito do poema e escreveu o primeiro verso que seu aluno inventou. Uma cópia foi distribuída a todos os alunos. Apesar de não haver contato com esse tipo de texto, por meio de indícios diversos, como a inicial de um endereço eletrônico (www) e o formato, chegaram à conclusão de que o texto se tratava de uma mensagem enviada pela internet.

Durante os diversos intercâmbios com a classe de Educação Infantil, foram lidas e escritas diversas cartas coletivas, tendo a professora como escriba. A partir dessas situações, vários instrumentos de referência foram elaborados, como, por exemplo, a silhueta da carta, maneiras que devem ser usadas para se referir às pessoas, entre outros assuntos não descritos neste trabalho.

Todas as cartas enviadas para as crianças da Escola de Educação Infantil foram levadas ao correio pessoalmente. Para essas idas ao correio, houve correspondências com a vice-diretora da escola por meio de cartas, também coletivas, para agendar o dia, o horário e a monitora que acompanharia a classe.

Nos Quadros 12 e 13 são apresentados o poema inventado pela 1ª série C e o poema-resposta do pré-I.

COISAS QUE PARECEM OUTRAS

TESOURA PARECE JACARÉ,
COBRA PARECE CORDA,
VENTILADOR, VENTO.

BICICLETA PARECE MOTO,
LÁPIS PARECE PALITO,
LOUSA, FOLHA.

GIZ PARECE LÁPIS,
CADERNO PARECE LIVRO,
COLCHÃO, SOFÁ.

GARRAFA PARECE MICROFONE,
BALÃO PARECE LÂMPADA,
ESPINHO, FACA.

AGORA NÓS QUEREMOS SABER
O RESTO DESTE POEMA,
INVENTEM VOCÊS!

Quadro 12 – Poema coletivo destinado aos alunos da Educação Infantil.

NUVEM PARECE ALGODÃO
CABELO CACHEADO PARECE MACARRÃO
LUVA, MÃO.

O NÚMERO 4 DE CABEÇA PARA BAIXO
PARECE UMA CADEIRA,
TRIÂNGULO PARECE CHAPÉU,
BOLA, UM OLHO.

MAS TUDO ISSO...
PARECE, MAS NÃO É!

Quadro 13 – Resposta do poema-desafio produzida pelas crianças do pré-I.

Quando a resposta para o desafio chegou, as crianças ficaram muito contentes. Ele foi entregue pela diretora logo após o recreio, muitas crianças já se adiantavam: “é da classe da Lígia”, “é o desafio”. O poema foi lido pela professora e colocado em exposição na sala de aula. Esse foi o último poema trocado. Como o ano letivo chegava ao final, foi realizada a autoavaliação do projeto (Figura 6).

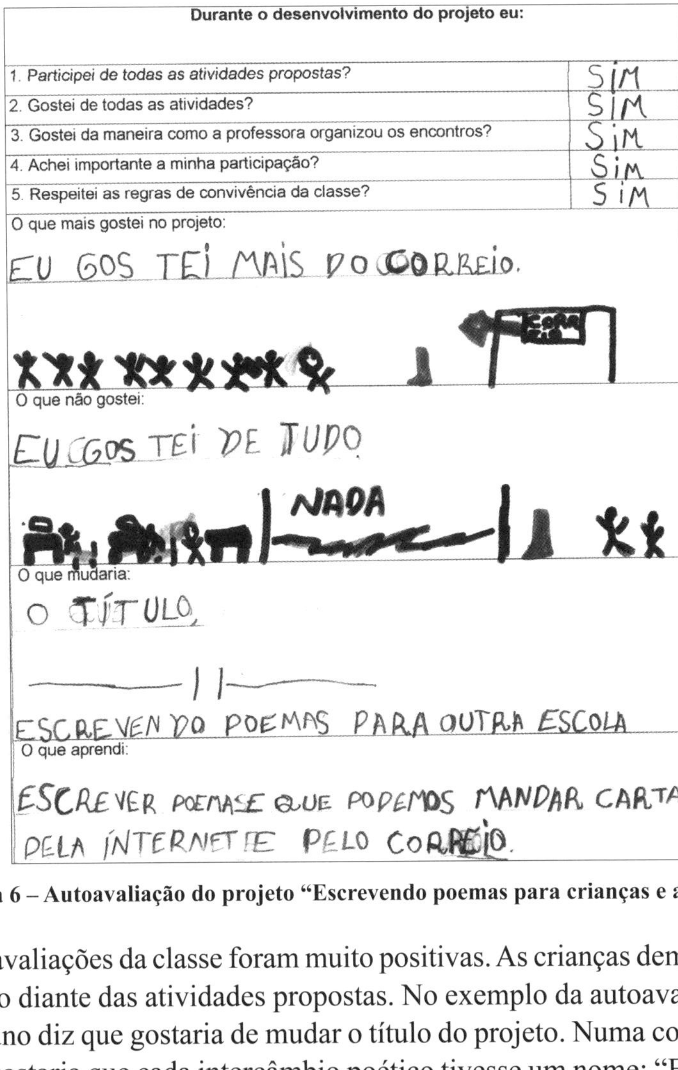

Durante o desenvolvimento do projeto eu:	
1. Participei de todas as atividades propostas?	SIM
2. Gostei de todas as atividades?	SIM
3. Gostei da maneira como a professora organizou os encontros?	SIM
4. Achei importante a minha participação?	SIM
5. Respeitei as regras de convivência da classe?	SIM

O que mais gostei no projeto:
EU GOS TEI MAIS DO CORREIO.

O que não gostei:
EU GOS TEI DE TUDO
NADA

O que mudaria:
O TÍTULO
ESCREVENDO POEMAS PARA OUTRA ESCOLA

O que aprendi:
ESCREVER POEMAS E QUE PODEMOS MANDAR CARTA PELA INTERNET E PELO CORREIO.

Figura 6 – Autoavaliação do projeto "Escrevendo poemas para crianças e adultos".

As avaliações da classe foram muito positivas. As crianças demonstraram satisfação diante das atividades propostas. No exemplo da autoavaliação acima, o aluno diz que gostaria de mudar o título do projeto. Numa conversa, ele diz que gostaria que cada intercâmbio poético tivesse um nome: "Escrevendo poemas para a outra classe", seria o outro nome que ele citou.

Visita à classe de educação infantil

No final do ano, visitamos as crianças do pré-I que eram os atuais correspondentes da classe e que até então se conheciam pelas fotos trocadas. Uma das propostas dos alunos para a visita foi inventar um poema para declamar para eles. Queriam inventar outro poema com a mesma estrutura do último já enviado ("Sempre parece"), então a professora sugeriu que inventassem um poema falando do sentimento em relação a esse projeto ou à situação vivenciada. Eles poderiam utilizar uma estrutura já conhecida ou inventar uma. Enquanto a professora coletava os sentimentos vividos pelo grupo listando-os na lousa, uma aluna começou a escrever um poema; tão logo acabou, chamou a professora para vê-lo. O poema foi escrito na lousa para ser lido pelo grupo. Rapidamente conquistou a adesão de todos que optaram por levá-lo às crianças do pré-I. No mesmo dia, cada criança levou sua cópia mimeografada para estudar em casa. A produção dessa criança é apresentada o Quadro 14.

Amizade

Ter amizade
com alguém
é muito divertido,
porque se nós
não tivéssemos
amigos para
brincar,
a gente
ficaria sozinho,
sem ninguém.

Alejandra

Quadro 14 – Poema produzido por uma aluna.

Avaliação auto e coavaliação do passeio

A visita foi uma surpresa inesperada para as crianças do pré-I. Após as saudações, as duas classes se misturaram, e cada criança ensinou à outra uma brincadeira divertida. Brincaram por muito tempo. Após a 1ª série declamar o poema "amizade" para as crianças do pré-I, cada uma delas recebeu uma cópia, além de ouvir novamente a leitura do poema.

Antes do passeio, foram elaborados, alguns critérios sobre o comportamento a ser apresentado durante o trajeto, o qual seria avaliado no retorno à escola. Esses critérios serviram de base para a auto e coavaliação (Figura 7).

Auto e coavaliação do projeto:
Escrevendo poemas para crianças e adultos

Quanto aos combinados do passeio:

1) *No ônibus:* a) Fiquei sentado(a) durante o trajeto? b) Coloquei as mãos para fora da janela?	a) SIM b) NÃO
2- Respeitei as pessoas?	SIM
3- Declamei o poema?	SIM
4- Ouvi, em silêncio, quem estava falando?	SIM
5- Esperei, em silêncio, a vez para falar?	SIM
6- *Falei baixo?*	SIM
7 – Fiquei perto da turma?	SIM
8 – Deixei os objetos que não eram meus no lugar certo?	SIM
O que eu mais gostei? BRINCAR COM AS CRIANÇAS.	

Figura 7 – Respostas dadas por uma criança sobre sua conduta no decorrer do passeio.

Em geral, não houve comportamentos inadequados das crianças. A visita foi muito proveitosa, constituiu-se num espaço de integração muito rico, houve trocas de brincadeiras, músicas e poemas entre as crianças.

A construção do comportamento de escritor

Após quase quatro meses de trabalho com textos poéticos, os conceitos adquiridos eram utilizados, manifestando-se espontaneamente na fala da maioria das crianças e também nas produções espontâneas. A seguir são transcritas algumas falas que traduzem as expectativas das crianças com relação a um novo projeto envolvendo intercâmbios poéticos:

Aluno: Eles vão gostar dos nossos poemas e vão enviar um para nós.
Professora: Por que eles vão gostar?
Aluno: Porque nós escrevemos bem poemas.
Professora: O que é escrever bem poema?
Aluno: Pulamos linha na hora que é certa.
Aluno: Colocamos ponto final na hora certa.
Aluno: Colocamos título.
Aluno: Eles (poemas) são engraçados.

Essas falas revelam a valorização da própria produção e da produção dos amigos e demonstra alguns conhecimentos linguísticos sobre textos poéticos. As novas competências adquiridas eram demonstradas não somente na fala, pois depois desse trabalho, para a maioria dos alunos, os melhoramentos das produções poéticas ocorriam também no âmbito das questões ortográficas.

Escrever é um prazer

Logo após as primeiras produções individuais de poemas, os alunos tomaram a iniciativa de escrever outros textos poéticos; alguns exemplos são apresentados no Quadro 15.

Tudo parece	**Eu gosto de ver**	**Rimas legais**
Telhado parece passarinho, Janela parece olho, Bola, roda. Espuma parece fumaça, O seis de cabeça para baixo Parece o nove, Bolsa, mochila. Panela parece boné, Lâmpada parece sol, C, lua. E agora eu quero saber se você sabe o que parece com o quê? *Alejandra*	Eu gosto de ver Golfinhos Porque eles fazem cambalhotas. Eu não gosto de ver Fumaça de cigarro Porque faz mal à saúde. Eu gosto de ver As rosas Porque elas são lindas e cheirosas. *Kamila*	Se eu fosse Um tubarão Eu seria fortão. Se eu fosse um peixinho Eu seria lindinho Se eu fosse Um peixão Eu seria fortão. Se eu fosse Um computador Eu teria uma cor. Se eu fosse Uma televisão Eu me chamaria "são são". Se eu fosse Uma geleia você gostaria dela. Se eu fosse uma estrelinha a lua ficaria bonitinha. *Paloma*

Quadro 15 – Poemas escritos por alunos fora das situações de aula.

Considerações finais

Desenvolver a apropriação da escrita pelos alunos, por meio de vivências de leitura e produção de textos poéticos, contribuiu para a alfabetização de maneira ampla, com destaque para a aquisição das chaves linguísticas que compõem esses textos e a percepção do poder da escrita.

Os resultados do trabalho, desenvolvido segundo a pedagogia por projetos, mostram que este contribui para maior envolvimento e participação das crianças com diferentes desempenhos nas atividades escolares, sobretudo por valorizar a produção própria e conferir sentido às atividades realizadas. As vivências de trocas poéticas fizeram com que as crianças, com a expectativa de serem entendidas, se esforçassem para escrever bem. Assim, a aprendizagem da língua escrita ocorreu de forma prazerosa.

A construção dos comportamentos de leitores e escritores fazia-se visível nas diferentes atividades, por exemplo, quando uma criança com dificuldade, ou não, na alfabetização estava diante de um texto desconhecido, logo passava os olhos por tudo e coletava os indícios, utilizando-se também, de outras estratégias aprendidas. Na escrita de textos, as crianças demonstravam preocupações com o título, com os sinais de pontuação, com o modo de referir-se ao destinatário e com o nome a ser dado aos personagens de sua história.

As avaliações, no decorrer do processo, foram importantes tanto para a professora que repensava o ensino como também para as crianças que sabiam o que precisava ser melhorado, assim construindo seu conhecimento.

Um ganho importante observado consiste na ocorrência de produções fora das dependências escolares. Algumas escritas envolveram até as famílias. Isso reafirma a relevância da aplicação da proposta da pedagogia por projetos para o aprendizado.

A construção da escrita alfabética ocorreu gradualmente como um produto das diferentes vivências das crianças como leitoras e produtoras de textos. Apesar do acesso ao código alfabético não ser considerado condição prévia para a leitura e a escrita, a exploração de letras e sílabas em diferentes contextos esteve presente no trabalho realizado.

No final do ano letivo, foi de extrema importância o ganho qualitativo referente à formação do autoconceito na construção da escrita de todos os alunos, pois apesar de 25% dos alunos não alcançarem a escrita convencional, continuarão o processo com autoestima, autoconfiança e sem "medo" de se arriscar a ler e a escrever. O processo continua, afinal, são crianças de 7 anos!

A criança com necessidades especiais participou de todas as etapas do trabalho, não foi possível obter produções orais, nem escritas, mas sim sorrisos e aplausos em sinal de aprovação e contentamento diante das diversas situações de leitura e escrita "para valer" do grupo.

O desenvolvimento do "aprender a ler lendo" e "a escrever escrevendo" implica oportunidades para a criança falar e ser ouvida, para errar e se autocorrigir, usar o raciocínio, além da imersão nas práticas culturais e afetivas que envolvem a leitura e a escrita. A proposta da pedagogia por projetos foi muito propícia para o êxito do trabalho pedagógico. Essa ideia abrangeu a união de inúmeros projetos: os pessoais das crianças, principalmente, no que diz respeito à vontade de aprender a ler e a escrever, e o do professor, que, além dos objetivos escolares a cumprir, também objetivava a interação entre seus conhecimentos teóricos e a experiência prática.

Nota

[1] O dicionário consiste em caderno cujas páginas iniciais são identificadas com letras, coladas em ordem alfabética, no qual as crianças escrevem e ilustram palavras "interessantes". As páginas finais são usadas para outras classificações, por exemplo, uma folha é destinada para as palavras terminadas em "ão", a outra para a palavras terminadas em "nho" etc.

Bibliografia

LALAU; LAURABEATRIZ. *Quem é quem?* São Paulo: Companhia das Letrinhas, 2002.

MEIRELES, C. *Ou isto ou aquilo*. 6. ed. Rio de Janeiro: Nova Fronteira, 2002.

JOLIBERT, J. *Formando crianças leitoras*. Porto Alegre: Artes Médicas, 1994a.

________. *Formando crianças produtoras de textos*. Porto Alegre: Artes Médicas, 1994b.

________. *Além dos muros da escola:* a escrita como ponte entre alunos e comunidade. Porto Alegre: Artmed, 2006.

JOSÉ, E. É sempre era uma vez. In: *Era uma vez*. Nova Escola, São Paulo, v. 4, p. 52-53, abr. 2007.

Pinóquio e o processo de construção da leitura e escrita

Maria Augusta H. W. Ribeiro

Rosemeire Ribeiro Archangelo

Resumo

Este capítulo aborda a alfabetização de crianças com idade média de 6 anos e 2 meses, com ênfase na realização de diversas atividades baseadas na leitura de um conto literário. O trabalho inicial com o conto teve diversos desdobramentos: a leitura e recriação do texto pelas crianças, a confecção e a exposição de bonecos feitas com a participação dos pais e iniciativas como a escrita de cartas para outras crianças.

Os insucessos na aquisição da leitura e da escrita movem educadores à procura de alternativas pedagógicas que propiciem o êxito no aprendizado dessas práticas, uma vez que cabe à escola ensinar às crianças a ler e a escrever. Ela deve ocupar-se de tal tarefa com vistas ao prosseguimento dos estudos e ao convívio social, uma vez que são atividades que extrapolam os muros escolares e ocorrem em inúmeras circunstâncias e locais. Pela sua relevância, essa aprendizagem necessita ter sentido para os estudantes, o que requer que a escola repense o modo de realizar o seu trabalho. Hoje, muitos alunos não conseguem compreender o que leem – porque a leitura é focalizada apenas como passagem de letras a sons e porque, geralmente, aprendem apenas a decodificar sons e letras – nem expressar ideias.

Por isso, novos caminhos são propostos para o ensino da leitura – dos textos dos livros, aos das telas do computador, da televisão, e de tantos outros locais – e da escrita.

Hoje, se quisermos traçar uma especificidade para a construção da leitura e da escrita é no trabalho com textos que a encontraremos. O texto sempre esteve presente nas aulas de Língua Portuguesa, embora não com o enfoque preconizado pelas novas propostas pedagógicas. Atualmente, a concepção de texto como apenas aquilo que é escrito com palavras, modifica-se e abarca outros elementos que o constituem, como os ícones, as cores e a voz, como aponta Geraldi (1991).

Assim, texto não é apenas uma sequência verbal; pode ser uma sequência icônica, uma sequência de cores; também não é apenas uma sequência verbal escrita; pode ser uma sequência verbal oral.

Todas essas linguagens estão contempladas na definição dada à palavra texto por Larrosa (2002: 137), para quem "[...] tudo o que nos passa pode ser considerado um texto, algo que compromete nossa capacidade de escuta, algo a que temos que prestar atenção".

Se a noção de texto amplia-se consideravelmente, a de leitura também. E os modos de ler vão adequando-se aos textos e leitores, diferentes dos da leitura na escola tradicional. O trabalho com linguagem hoje, na escola, vem-se caracterizando, cada vez mais, pela presença do texto, quer como objeto de leitura, quer como trabalho de produção.

> – Ler não consiste em combinar letras e sílabas [...], pois [...] para ler não se trata de primeiro, fotografar e memorizar formas (letras, sílabas) para depois combiná-las e mais tarde compreender o que se está lendo. Ler é buscar ativamente um significado de um texto, em relação com suas necessidades, interesses e projetos. (Jolibert, 2004: 11-17).

Compreender a leitura dessa forma é não privilegiar a decifração das letras ou das palavras; é entender que a criança não necessita antes aprender a ler e a escrever para depois ler e escrever.

Jolibert nos propõe, também, que a leitura deve ter como base a exploração de textos, isto é, o questionamento do texto pelas próprias crianças, para construir seu sentido, fornecendo subsídios para gerar situações de desequilíbrio cognitivo que impulsionem o indivíduo a procurar indícios de leitura e formas de interpretação de um texto.

Essa proposta instigou-nos a refletir sobre os conceitos de leitura e escrita e os de formação do leitor que, atualmente, são preconizados para embasar o trabalho escolar. Os Parâmetros Curriculares Nacionais (PCN) consideram a leitura

> [...] um processo no qual o leitor realiza um trabalho ativo de construção do significado do texto [...] uma atividade que implica, necessariamente, compreensão na qual os sentidos começam a ser constituídos antes da leitura propriamente dita". (Brasil, PCN, 2001, II: 53).

A leitura, como busca de sentido, é um precioso instrumento no processo de produção do conhecimento por propiciar o contato do leitor com diferentes formas de viver e compreender a leitura de mundo.

Apesar da formação de leitor proposta pelos PCN e também por pesquisadores como Jolibert, quando recorremos às diversas avaliações para pesquisar a situação em que se encontra a formação de leitores no país, encontramos resultados nada animadores. Ao analisar a prova Brasil, do MEC de 2005, Araújo, mestre em Sociologia, ex-diretor de Avaliação da Educação Básica do Inep/MEC e secretário-executivo da Ong Missão Criança, aponta que as médias de nossos estudantes revelam que o desenvolvimento de competências e habilidades em leitura está abaixo do que seria desejável.

Os resultados do Pisa (Programa Internacional de Avaliação de Alunos), divulgados pela OCDE (Organização para a Cooperação e o Desenvolvimento Econômico), mostram que os alunos brasileiros obtiveram em 2006 médias que os colocam na 48ª posição em leitura (entre 56 países). O jornal *Folha Online*, de 5 de dezembro de 2007, afirma que com esse resultado os jovens são capazes apenas de localizar informações explícitas no texto e fazer conexões simples.

Com base nos resultados dessas avaliações, pensamos ser necessário propiciar aos alunos da rede pública de ensino uma educação que contribua para a construção das habilidades e competências de leitura, a fim de possibilitar a formação do leitor e do produtor de texto, ou seja, do leitor ativo, que busca o sentido do texto, antagônico ao leitor passivo que se fixa apenas em sua decodificação. Para atingir esse propósito é necessário, como assinala Jolibert (1994a), propiciar à criança o "ler e escrever para valer", ou seja, propiciar-lhe a busca do sentido do texto lido, e não a levar a cumprir tarefas propostas pelo professor com base em hipóteses e suposições originadas das necessidades dele. Concordamos com a ideia da inserção do aluno – desde as séries iniciais da educação básica – no meio escolar para que ele possa vivenciar a leitura e a escrita como realidades, por meio de uma abordagem pedagógica estimuladora, contextualizada, desenvolvida de forma cooperativa e por projetos, para nortear o trabalho e favorecer a formação do leitor e produtor de textos competente e crítico (Jolibert, 1994a).

Acreditando realmente em uma educação capaz de proporcionar oportunidade para a construção das competências e habilidades de leitura e escrita aos alunos da rede pública de ensino e tomando como parâmetro esse ideal de educação, a professora Maria Cecília de Oliveira Micotti cria um grupo de estudos denominado Projeto Raios de Sol, vinculado à "RED Latinoamericana para melhoria de la enseñanza de la lengua materna", na Universidade Estadual Paulista (Unesp) no Departamento de Educação, *campus* de Rio Claro, local em que as professoras interessadas em aperfeiçoar a sua prática pedagógica se reúnem para trocar experiências pedagógicas, discutir, estudar, refletir sobre o trabalho de leitura e escrita no cotidiano escolar.

No contexto desses encontros, foi proposta a realização de um trabalho prático, um projeto de alfabetização em uma 1ª série do ensino fundamental I, no ano letivo de 2006, em uma Escola Pública da Rede Municipal no interior de São Paulo, mais precisamente na Escola Municipal Prof. Victorino Machado, de Rio Claro (SP). A escola baseava a sua Proposta Pedagógica na concepção sociointeracionista de ensino e na proposta construtivista. Tinha como objetivo favorecer a exploração e descoberta por parte da criança de todas as suas potencialidades e, assim, desenvolver a sua capacidade de observar, descobrir e pensar. As atividades foram programadas de modo a inserir o conteúdo a ser trabalhado nos objetivos a serem alcançados pela escola.

O trabalho foi feito em 2006, com uma turma de 1ª série, composta de alunos com média de idade de 6 anos e 2 meses. Esses alunos, em 2005, frequentaram o pré-II no primeiro semestre e o pré-III no segundo, com professoras diferentes, em decorrência de modificações adotadas pela Secretaria Municipal de Educação (SME) em atendimento à Resolução SE n. 128, de 2 de dezembro de 1998 que altera a redação do Parágrafo único do artigo 8º e o cronograma anexo da Resolução SE – 125 de 23/11/98. A resolução dispõe sobre as diretrizes e procedimentos para o atendimento à demanda, em 1999, na Rede Estadual de Ensino. Segundo a Resolução SE n. 128, as vagas remanescentes para o Ensino Fundamental seriam destinadas às crianças que completassem 7 anos até 31 de dezembro. Estas ações foram uma preparação, na rede municipal, para a inserção do Ensino Fundamental de nove anos pela Lei Federal n. 11.114/2005, do dia 16 de maio de 2005, que torna obrigatória a matrícula das crianças a partir dos 6 anos de idade.

Além dessa peculiar situação com relação aos alunos, também era peculiar a situação da professora, nomeada para trabalhar nessa sala no início do ano letivo. Era o seu primeiro contato com o ensino fundamental em uma classe fixa, pois até o momento, só havia lecionado para este nível de ensino como professora eventual e nunca para a 1ª série. Ela confessa que, no início do ano, ficou um pouco ansiosa e apreensiva com o trabalho e a responsabilidade de alfabetizar essas crianças de 6 anos, porque ao perguntar para a coordenadora qual era o objetivo para a sala, havia obtido como resposta: "Alfabetizar".

Antes de iniciar o trabalho, foram verificadas as hipóteses sobre a escrita apresentadas pelas crianças e a professora utilizou, inicialmente, os estudos de Ferreiro (1985), no esforço de desenvolver mais um olhar sobre o desempenho de cada uma das crianças.

Os resultados da avaliação revelaram que as crianças, exceto três, não dominavam a escrita convencional.

Para exemplificar, citamos a rotina de leitura e escrita dessa sala de aula, que compreendia momentos distintos – a leitura individual, em dupla e leitura coletiva.

O trabalho com textos no processo da construção da escrita convencional

Considerando que, segundo Jolibert (1994a), cada leitor lê o texto e lhe atribui um sentido construído com base em seus conhecimentos prévios de escrita e leitura, a professora priorizou a exploração de textos em situações de "ler para valer" (Jolibert, 1994a) desde a primeira atividade de leitura e escrita com essas crianças. Os textos utilizados foram gerados pela própria dinâmica da vida em sala de aula e produzidos com a participação das crianças, como mostra a Figura 1 a seguir, que exemplifica a realização de atividades em situações reais de comunicação.

ALUNO RESPONSÁVEL	LISTA DE DEVERES DA SEMANA
1- Julia Vinicius	RESPONSÁVEL PELA LISTA DE PRESENÇA
1- Laír Fernanda	RESPONSÁVEL PELO CALENDÁRIO
1- Soyz	RESPONSÁVEL PELA CHAVE DA SALA
1- Leonardo 2- Luano A	RESPONSÁVEL PELOS JOGOS
1- Mariella 2- matheus 3- Luana c.	RESPONSÁVEL PELO CANTINHO DA LEITURA
1- Paulo	RESPONSÁVEL PELO MATERIAL COLETIVO
1- Thiago 2-	CARTEIRO
1- Vitoria	RESPONSÁVEL POR ORGANIZAR O ARMÁRIO NO FINAL DO DIA
1- Adrielle 2- Aline 3- Bruna	RESPONSÁVEL PELA LIMPEZA DA SALA

Figura 1 – Cartaz confeccionado e exposto em sala de aula para leitura em situação real de comunicação.

No decorrer das aulas, foi incentivada a participação de todas as crianças de modo que tivessem oportunidade de interagir com os vários sentidos construídos pelos colegas no questionamento de cada texto. Essas trocas resultaram em preciosos momentos de leitura, tecida fio a fio, de indícios a indícios, construindo o sentido e a compreensão de cada texto. Nesse processo, a leitura do contexto, os diálogos com os pares e com o significado das coisas deram à leitura um significado vital.

Dessa forma, trabalhando com a prática de leitura por meio dos indícios textuais, mesmo antes de as crianças dominarem a leitura e a escrita convencional, o trabalho em sala de aula, desenvolveu-se porque a professora acreditou no potencial das crianças e apoiou-se na pedagogia por projetos.

Para responder à necessidade de viver com os outros, na sala de aula e na escola, foram elaboradas em grupo as regras de convivência. Conforme surgiam os conflitos, os alunos eram convidados a refletir sobre as ações e a pensar sobre a perspectiva do outro, resultando dessas atitudes a elaboração de regras, escritas pela professora no cartaz, que ficava exposto na sala de aula, para que os alunos interagissem com o texto mesmo antes de dominarem a escrita alfabética, pois aquela escrita era significativa para eles; mesmo sem dominar a leitura convencional, compreendiam a mensagem.

Com frequência, de acordo com o projeto desenvolvido, era preciso comunicar-se com as pessoas fora da sala e da escola e pedir autorização para a direção para sair ou trazer alguém de fora. As crianças vivenciavam, assim, a real função social da escrita. Entre os projetos com a necessidade de se comunicar com as pessoas estão o "Cantinho do correio", "Leitura dos clássicos infantis" (que será relatado posteriormente), "Conhecendo os animais", entre outros.

A leitura e a escrita "para valer" também ocorriam na busca de informações para algum projeto ou para satisfazer alguma necessidade momentânea individual ou coletiva. No decorrer do projeto foram construídas, junto com o grupo, ferramentas com informações necessárias à elaboração do trabalho, colocadas em cartazes expostos em sala de aula. Além dos cartazes, foram construídos o dicionário ilustrado, confeccionado pelas crianças, com o registro em escrita convencional de uma determinada sílaba ou palavra; as expressões convencionais para se iniciar uma carta, a silhueta dos textos, os conteúdos dos blocos de textos, o tempo verbal ou alguma regra de ortografia.

O fato de organizar a sala com cantos de atividades onde as crianças pudessem ir para pesquisar quando fosse necessário favorecia a aprendizagem da escrita pelas crianças.

No trabalho, foi dada ênfase à vida cooperativa, por isso as atividades em grupo eram constantes. Parava-se para resolver problemas, quando estes apareciam, para discutir situações corriqueiras, como: qual o melhor nome para o projeto que iria começar? Como resolver o problema do barulho que as carteiras produziam no momento da montagem dos grupos? Quem ficaria responsável pelos jogos que seriam levados na hora do recreio? Tudo era resolvido com o diálogo e a participação ativa dos alunos, gerando situações de leitura e escrita em que as crianças construíram seu saber ou suas competências, ora com a interação com os colegas da sala de aula, ora com a busca de sentido de um texto.

O primeiro encontro com um texto (poema) gerou extrema ansiedade e desequilíbrio cognitivo nos alunos, principalmente porque a professora não anunciou qual era o tipo de texto nem do que se tratava. As crianças receberam o texto xerocopiado com a sugestão de que fizessem a leitura por meio dos indícios conhecidos. No primeiro momento, a leitura ficou restrita à busca de letras e palavras conhecidas, pois era esse procedimento que os alunos estavam acostumados a utilizar e só com o passar do tempo é que foram desenvolvendo e aprimorando as estratégias para buscar o sentido de um texto. Assim, a leitura nesse grupo aconteceu sempre de forma a desenvolver e estimular o querer ler.

Nas aulas, a exploração dos textos iniciava-se com o levantamento dos conhecimentos relativos à silhueta do texto e com a leitura de indícios dos blocos de escritos dispostos na folha. Os alunos tinham que recorrer a seus conhecimentos para identificar a modalidade do texto em pauta, o seu sentido, às ferramentas que poderiam ser utilizadas nesse processo. E a professora, como mediadora da aprendizagem, orientava a busca de informações já trabalhadas pelo grupo, apresentando desafios para novas construções de conhecimento.

A leitura de textos era iniciada individualmente, de forma silenciosa. Após alguns minutos dessa leitura, os alunos, em duplas ou em pequenos grupos, compartilhavam os indícios que haviam encontrado. Posteriormente, no grupo-classe eles verificavam as descobertas conseguidas individualmente e nos pequenos grupos, em uma atmosfera de segurança afetiva, já que a troca acontecia entre os pares, o que permitia os debates francos, diretos e a percepção de outros pontos de vista, de outras ideias, de outros indícios e de outras formas de solucionar problemas.

Nas atividades de produção de textos, em um primeiro momento, os alunos refletiam, sobre o tipo de texto adequado para a situação de comunicação; por exemplo, se eles queriam ir ao zoológico e, para isso teriam que ter autorização da direção da escola, que tipo de texto seria o mais adequado para solicitar essa autorização e dar continuidade ao projeto.

Seguindo a proposta de Jolibert (1994b), na produção de textos, a professora instiga os alunos a pensar, a buscar as informações, a trocar ideias com os colegas do grupo sobre o texto, sobre a situação de comunicação em que se encontram e sobre os parâmetros dessa situação: qual o melhor tratamento para com o destinatário, que linguagem utilizar, formal ou informal, é um amigo ou uma autoridade? O que seria necessário escrever para conseguir convencer o destinatário? Assim, o aluno situa-se como sujeito de sua aprendizagem, buscando informações pertinentes ao assunto estudado, elaborando hipóteses, retomando-as em outras produções, utilizando as ferramentas de trabalho da sala de aula para sua produção escrita, apropriando-se do código alfabético de forma real, em situações de rotina. A cada projeto novas aprendizagens, a cada nova aprendizagem novas conquistas e o melhor, a escrita produzida com prazer.

O Projeto Pinóquio

A pedagogia por projetos, proposta por Jolibert (1994a, b), foi inserida nessa sala de alfabetização, para que as situações de leitura e escrita acontecessem de maneira contextualizada, atendendo aos interesses dos alunos.

A elaboração do projeto com as crianças

Em um projeto, denominado Hora da Leitura do qual participaram todas as salas da escola, a professora apresentou para os alunos vários livros, sobretudo os clássicos da literatura infantil.

O cantinho da leitura era um espaço cultural, onde as crianças encontravam vários livros e podiam dialogar com os clássicos universais. A organização desse espaço visava à formação do leitor literário.

Dentre os títulos, um deles prendeu a atenção dos alunos, *As aventuras de Pinóquio*, do autor italiano Carlo Lorenzini, artisticamente, Carlo Collodi. A surpresa dos alunos foi quanto ao número de páginas do livro, porque até então eles só haviam tido contato com essa obra no formato de livro de bolso. Sugeriram que a professora o lesse para eles, e a partir da leitura do primeiro capítulo, realizada por ela, foi surgindo propriamente o projeto.

No primeiro momento, os alunos queriam conhecer a verdadeira história de Pinóquio, sem o objetivo de preparar um produto final, apenas saboreando a leitura, dia após dia, capítulo por capítulo; o combinado com a turma era ler um capítulo por vez, assim como acontecia no *Sítio do Picapau Amarelo* nas leituras de Dona Benta. Se o gosto literário se refina pela educação, essas crianças mostravam cada vez mais esse refinamento.

Conforme os dias passavam, as crianças ficavam mais mergulhadas na história. Com frequência os alunos procuravam, espontaneamente, a sala de leitura da escola em busca de outros livros de Pinóquio, com o propósito de antecipar o enredo, e a partir dessas buscas as crianças percebiam os primeiros indícios de descaracterização da obra, em algumas edições.

Nesse ponto, a professora parou a leitura porque os questionamentos começaram a aparecer e propôs a realização do Projeto Pinóquio.

- **Objetivos:**
  - aprender a ler e a escrever;
  - perceber que pode haver diferentes versões de um mesmo conto;
  - construir as próprias conclusões sobre as várias versões textuais de "Pinóquio";
  - desenvolver a leitura crítica.
- **Ações que compõem o projeto:**
  - confeccionar um livro;
  - construir um boneco;
  - fazer uma exposição de bonecos;
  - marcar na agenda do Centro Cultural da cidade a apresentação de filmes e solicitar a reserva de lugares para a turma.
- **Atividades de leitura e escrita:**
  - ler e comparar diversas versões do conto "Pinóquio";
  - ilustrar textos;
  - escrever uma versão do conto;
  - produção coletiva de um livro.
- **Textos necessários para a realização do projeto:**
  - narrativa escrita;
  - filmes;
  - cartas;
  - bilhetes;
  - lista.

A realização do projeto

Com o intuito de fazer a comparação entre os textos, a professora proporcionou aos alunos a leitura de filmes que, nesse momento, cumpriram o seu papel de texto de acordo com a conceituação de Larrosa (2002: 137). O primeiro foi *Pinocchio (Pinóquio)*, do diretor e ator Roberto Benigni, escolhido por se tratar de um filme bem próximo do texto original. O outro *Pinóquio*, produzido pela Walt Disney Home Vídeo, mostrou uma descaracterização da obra original, ou seja, Disney não enfatiza o percurso feito por Pinóquio para tornar-se humano, pois no contexto histórico em que o filme foi produzido – quebra da bolsa de 1929 –, a obra de arte necessitava conclamar o mundo para o sonho. O percurso humano é colocado em segundo plano. O valor era ter e não ser.

As "leituras" propiciaram a construção de competências leitoras, mostrando quanto o conhecimento do texto original torna-se importante nesse processo. Do jeito deles, com o conhecimento que possuíam e com competência, os alunos faziam comparações e, em alguns momentos, percebiam detalhes no enredo e fatos que haviam passado despercebidos pela professora, como é o exemplo: "Olha, professora, neste filme quem dá a martelada no grilo falante é o gato e no livro quem faz isto é o Pinóquio!". Ou quando perceberam a magia do nascimento de Pinóquio, já que, no livro, era o pau que possuía vida, enquanto no filme a vida lhe era dada pela Fada. Ou até mesmo a quantidade de personagens com o cigarro na mão; ou quando fixavam a atenção aos detalhes, durante a leitura, na construção do boneco, que ficou superficial no roteiro do filme; até mesmo pela simples comparação de algumas cenas presentes em ambos.

No decorrer da leitura, os alunos propuseram confeccionar um livro, uma releitura de "Pinóquio", e produzir um boneco com a ajuda de seus familiares.

As atividades de leitura e de escrita de textos – a exploração do livro

Na primeira etapa, foi apresentado aos alunos o livro de Carlo Collodi, com exploração da capa, em leitura coletiva dos indícios, levantamento de hipóteses para a identificação do tipo de texto que aquele livro continha, das justificativas dadas pelas crianças para suas respostas, a hipótese a partir do título.

Os alunos interessados em conhecer como era a história "verdadeira" do boneco exploraram juntos o livro de Carlo Collodi, *As aventuras de Pinóquio*, na tradução de Marina Colasanti, numa leitura ao mesmo tempo criativa e atenta. A pedido dos alunos, a professora leu a narrativa desse clássico da literatura infantil na íntegra, em voz alta, diariamente, um capítulo por dia durante 36 dias letivos. A professora colocava ênfase na ideia de que realmente estava lendo e não contando a história; ela não omitiu nenhuma palavra mesmo as de mais difícil compreensão. Conforme apareciam essas palavras, era elaborada uma lista na lousa para posterior entendimento e construção de ferramentas de leitura. O dicionário, após a descoberta de sua organização, passou a ser utilizado para as palavras desconhecidas.

As crianças apenas deliciavam-se com a escuta da história e, em alguns momentos, interferiam na narrativa, fazendo apontamentos de uma determinada situação dos personagens, fazendo associação com algum outro texto lido ou se indignando com a diferença do enredo com o qual já haviam tido contato anteriormente. A cada final de capítulo, as crianças pediam que a leitura continuasse, mas a professora deixava o suspense no ar para a leitura do próximo episódio. Ela distribuiu um exemplar xerocopiado do primeiro capítulo para cada aluno, porque o texto era diferente. A silhueta desse texto apresentava-se de modo singular como no modelo apresentado na Figura 2.

Figura 2 – Silhueta do texto da página inicial de cada capítulo da história de Pinóquio.

No primeiro bloco de texto havia o número do capítulo, no segundo, a ementa textual, resumo do enredo apresentado naquele capítulo e, no terceiro, a história narrativa propriamente dita. O conhecimento dessa estrutura possibilitou a construção do livro elaborado pelos alunos.

Após cada aluno receber o exemplar do texto, houve a primeira leitura individual e silenciosa com o intuito de promover o entendimento do texto, por meio de indícios, uma prática comum na sala de aula. Os questionamentos textuais orientaram-se pela proposta de Jolibert (1994a, b). Após a leitura individual, foi feito o confronto dos indícios com o colega no pequeno grupo, geralmente em dupla, e finalmente no grupo-classe.

A produção textual

Após a leitura do penúltimo capítulo, os alunos foram solicitados a dizer como seria o final da história. Oralmente, foi surgindo, com muita criatividade, um final diferente do outro. Então, para proporcionar uma escrita significativa, foram montados grupos de quatro a cinco crianças para que elas pudessem vivenciar a produção de textos e o ato da escrita, elaborando e propondo um final para aquela história. Apenas seis crianças apresentavam escrita convencional, as demais (22) apresentavam escrita arbitrária. Ao organizar os alunos em grupos de quatro a cinco crianças, a professora tomou o cuidado de inserir em cada grupo um dos alunos que apresentavam escrita alfabética, ou próxima a ela, para serem os escribas. O texto foi construído em pequenos grupos.

A professora, para favorecer a aprendizagem, procurava criar um ambiente favorável, instigando todos os alunos a participar para que o texto realmente fosse produzido coletivamente. Os resultados dessa etapa do trabalho foram surpreendentes, porque os alunos produziram textos coerentes, criativos e a professora percebeu que eles atribuíram sentido real à escrita, pois iriam comparar o final criado pelos alunos de cada grupo com a versão original. Um dos textos é apresentado na Figura 3.

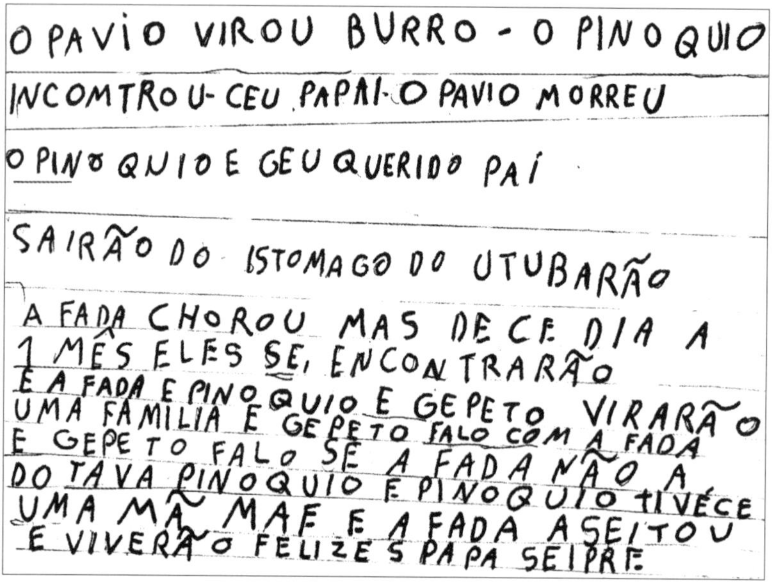

O PAVIO VIROU BURRO - O PINOQUIO
INCOMTROU- CEU PAPAI- O PAVIO MORREU
O PINOQUIO E GEU QUERIDO PAÍ
SAIRÃO DO ISTOMAGO DO UTUBARÃO
A FADA CHOROU MAS DECE DIA A
1 MÊS ELES SE, ENCONTRARÃO
E A FADA E PINOQUIO E GEPETO VIRARÃO
UMA FAMILIA E GEPETO FALO COM A FADA
E GEPETO FALO SE A FADA NÃO A
DOTAVA PINOQUIO E PINOQUIO TIVÉCE
UMA MÃ MAE E A FADA ASEITOU
E VIVERÃO FELIZES PAPA SEIPRE

Figura 3 – Produção de um dos grupos de crianças.

Essa escrita, segundo a leitura feita pelas crianças e registrada pela professora, consiste em:

> O Pavio virou burro, o Pinóquio encontrou seu pai e o Pavio morreu. O Pinóquio e seu querido pai saíram do estomago do tubarão e a Fada chorou. Mas, um mês depois desse dia, eles se encontraram e a Fada, Pinóquio e Gepeto viraram uma família. Gepeto falou se a fada não adotava Pinóquio para ele ter uma mãe, a Fada aceitou e assim eles viveram felizes para sempre.

Outro grupo escreveu um final diferente para a história, conforme mostra a Figura 4.

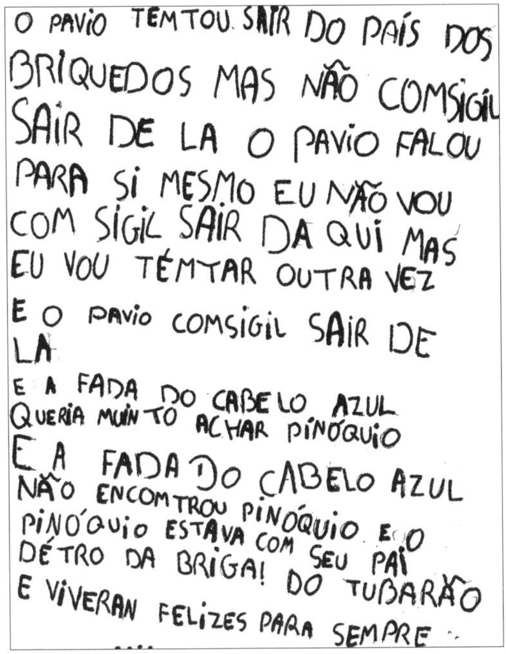
O PAVIO TEMTOU SAIR DO PAÍS DOS
BRIQUEDOS MAS NÃO COMSIGIL
SAIR DE LA O PAVIO FALOU
PARA SI MESMO EU NÃO VOU
COM SIGIL SAIR DA QUI MAS
EU VOU TÉMTAR OUTRA VEZ
E O PAVIO COMSIGIL SAIR DE
LA
E A FADA DO CABELO AZUL
QUERIA MUINTO ACHAR PÍNÓQUIO
E A FADA DO CABELO AZUL
NÃO ENCOMTROU PINÓQUIO E O
PINÓQUIO ESTAVA COM SEU PAI
DÉTRO DA BRIGA DO TUBARÃO
E VIVERAN FELIZES PARA SEMPRE

Figura 4 – Produção de outro grupo de crianças.

Esta escrita, segundo a leitura feita pelas crianças e registrada pela professora, consiste em:

> O Pavio tentou sair do país dos brinquedos, mas não conseguiu sair de lá. O Pavio falou de si para si mesmo: — Eu não vou conseguir sair daqui, mas eu vou tentar outra vez. E o Pavio conseguiu sair de lá. A Fada do cabelo azul queria muito achar Pinóquio e a Fada do cabelo azul não encontrou mais Pinóquio e o Pinóquio estava com seu pai dentro da barriga do tubarão e viveram felizes para sempre.

A produção escrita desenvolveu-se paralela à leitura, possibilitando aos alunos a construção de conhecimentos sobre a escrita, no contexto do projeto realizado. Para verem o filme foi necessário que escrevessem "para valer", pois precisavam de autorização para ir ao cinema.

A leitura e escrita "para valer" – a produção de um livro

Na terceira etapa, recorreu-se à leitura e a escrita "para valer", pois todos iriam até o Centro Cultural da cidade para assistir ao filme *Pinóquio* (*Pinocchio*) do diretor e ator Roberto Benigni. O passeio foi planejado nos mínimos detalhes: a produção de uma carta para solicitar à diretora o agendamento da sala de cinema, o bilhete para os pais pedindo permissão para o passeio, a lista do que seria necessário levar, o trajeto que seria percorrido. Essas situações de leitura e escrita foram riquíssimas e responsáveis pela iniciação dos alunos em diversos gêneros textuais, pois para produzir uma carta, um bilhete, tiveram que anteriormente ter acesso a essas leituras. A riqueza maior experienciada pelos alunos nessa etapa do projeto foi conhecer a sala de cinema, pois 60% deles nunca haviam ido ao cinema e tiveram essa experiência como única, marcante e inesquecível.

Posteriormente, na escola, na sala de vídeo, os alunos puderam assistir a um filme, *Pinóquio*, produzido pela Walt Disney Home Vídeo, que, embora utilizasse os mesmos personagens, modificava seu enredo, se comparado à versão de Collodi. Foi estabelecida a comparação entre as duas leituras: a versão original e a outra.

Nesse momento, houve um diagnóstico, por meio de ilustrações, do sentido atribuído ao texto elaborado pelos alunos. Cada um ilustrou a parte da história mais significativa para ele. No total, foram ilustrados vinte capítulos do livro, mostrando a dimensão do envolvimento dos alunos. Feitas as ilustrações, foi a vez de trabalhar na produção coletiva, a releitura da história feita pela 1ª série.

Os alunos, em pequenos grupos, levantaram as hipóteses sobre o sentido das ementas. Essas foram classificadas e emparelhadas com as ilustrações elaboradas pelos alunos. O texto verbal (a narrativa) substituía o texto não verbal (as ilustrações). Ainda em pequenos grupos, utilizando seus conhecimentos prévios, e na medida do possível, trocando informações com outros grupos, foram montando as páginas do livro, colando as ementas com a figura correspondente. Os alunos que não dominavam a escrita convencional utilizavam-se dos indícios dos textos, para fazer a correspondência da escrita com a ilustração, ficando todo o tempo em situação de desafio, levantando hipóteses, estabelecendo relações, buscando as informações necessárias com os colegas ou nas ferramentas dispostas na sala, ora refutando sua ideia, ora aprimorando seu conhecimento na interação e na cooperação com seus pares.

Com as ementas e as ilustrações, houve a montagem de um livro. Da interação entre os pares foram surgindo, uma a uma, as páginas, na sequência da narrativa, e o produto final, transformado em uma obra de arte das crianças e para as crianças.

A produção do boneco

Nessa etapa do trabalho, os alunos produziram um boneco com materiais escolhidos por eles e com a ajuda dos pais. A leitura e a escrita, novamente, ocorriam em situações reais. Para construir o boneco, as crianças teriam que fazer uma lista do material a ser utilizado, entrar em contato com a silhueta de um texto instrucional, pesquisar tipos de bonecos presentes na literatura, como a Emília, Visconde, Boneco de Lata, para terem ideias e construírem uma versão própria dos personagens. Momento de criação único, cheio de afeto e significado.

Os bonecos foram feitos com materiais variados em tamanhos diversos e com criatividade. Aqui, também, com relação aos materiais empregados vale lembrar Benjamim (2002: 92)

> [...] madeira, ossos, tecidos, argila, representam neste microcosmo os materiais mais importantes, e todos eles já eram utilizados em tempos patriarcas, quando o brinquedo era ainda a peça do processo de produção que ligava pais e filhos. Mais tarde vieram os metais, vidro e até mesmo o alabastro.

Os pais ou responsáveis participaram do evento e da confecção; muitas vezes deram também seu depoimento. Relembraram a infância, suas famílias e seus brinquedos. Nesse evento os alunos doaram o livro, de autoria deles, à sala de leitura da escola, para que todos pudessem levar o exemplar para casa. Não só os autores, mas também os alunos das outras séries.

Socialização

Para a apresentação do boneco e o lançamento do livro com as releituras e reescritas foi planejada uma festa. Mais uma vez as situações reais embasavam a produção de textos: a lista dos convidados, os convites a serem confeccionados, a lista das guloseimas – quem traria o quê –, o convite para a professora da universidade, entre outros.

O papel da família nesse momento foi fundamental e a possibilidade de as crianças construírem junto com ela os bonecos deixa como marcos, no projeto, a afetividade, a interação familiar, o saber cultural – que era resgatado pelos familiares durante a exposição do trabalho realizado – passado da geração mais velha para a mais nova. Na fala dos pais percebemos a satisfação de experienciar a produção do brinquedo entre eles, pais e filhos, fortalecendo um elo, enfraquecido pelo efeito da industrialização.

O projeto foi encerrado com a exposição dos bonecos e do livro. Na exposição coube aos alunos explicar às pessoas que paravam para apreciar o material, as etapas do projeto, responder às perguntas e contar a obra imortal de Carlos Lorenzini, ou seja, *As aventuras de Pinóquio*. Os alunos multiplicaram os saberes construídos, e a professora, responsável pela classe, superou suas angústias iniciais, crescendo como pessoa e como profissional. A aprendizagem foi recíproca: enquanto ensinava, aprendia e enquanto os alunos aprendiam, ensinavam.

Avaliação

Pinóquio conseguia, mais uma vez, passar uma lição de humanidade a todos nós. Quantos Gepetos saíram da exposição e da apresentação do livro escrito pelas crianças realizados porque tinham um filho de verdade, construindo bonecos de mentira.

A avaliação do trabalho ocorreu por meio de verificação, de forma a repensar as ações a serem inseridas no cotidiano da sala de aula para superar as dificuldades, modificar as ações, adequar o trabalho diante das verificações realizadas. A autoavaliação do aluno possibilitou que eles avançassem em suas aprendizagens, propiciando o repensar da escrita, favorecendo a elaboração cada vez mais aprimorada. A heterogeneidade da sala, em relação à compreensão da escrita convencional, foi muito útil durante os momentos de questionamentos de textos no trabalho coletivo ou nos pequenos grupos.

No final do ano letivo, diante das observações no avanço dos níveis de leitura e escrita apresentados pelos alunos, pudemos perceber os efeitos do trabalho de alfabetização com texto, em especial com o Projeto Pinóquio, que possibilitou o acesso a vários gêneros textuais e a prática da escrita em situações reais. Os alunos escreveram "para valer" e não para atender às determinações da professora. Informações sobre a evolução dos alunos são apresentadas na Tabela I, construída com os resultados das avaliações feitas pela professora em sala de aula:

	Dominavam a escrita convencional	**Não dominavam a escrita convencional**
Início de 2006	7,9%	92,10%
Final de 2006	86,50%	13,50%

Desdobramentos do Projeto Pinóquio

Além do trabalho com o clássico de Collodi, também foi possível, por meio deste projeto, iniciar outro, pois com a vinda de Jolibert a Rio Claro, o trabalho em desenvolvimento foi apresentado aos participantes do projeto Raios de Sol. Nessa ocasião, foi entregue uma carta das crianças à visitante para contar como foi realizado o Projeto Pinóquio. Da resposta, via *internet*, resultou outro projeto: o "Cantinho do correio". Num dos cantos da sala de aula, havia uma "caixinha" para a correspondência das crianças. Estas passaram a comunicar-se com os colegas de uma outra 1ª série em outra escola e entre si.

O relato aqui apresentado demonstra quanto o escrever "para valer" no âmbito do projeto pode contribuir para o processo de alfabetização das crianças, que se sentem responsáveis pelo seu aprendizado e motivadas a aprender cada vez mais. Percebemos que quando as crianças têm a oportunidade de vivenciar a leitura e a escrita, desde as séries iniciais, elas avançam na aprendizagem. A idade dos alunos não foi um empecilho para que eles construíssem habilidades e competências de leitor e de escritor. A especificidade da classe – idade média de 6 anos e 2 meses – não impediu que os alunos dialogassem com os textos, em busca do sentido real, ou seja, lendo-os de forma a atribuir-lhes um sentido, o mais próprio para cada um deles. Antes do domínio do código convencional já eram capazes de atribuir sentido aos textos, pelos contextos, na leitura de mundo que precede a da palavra escrita, caracterizadora do leitor ativo, que interage com o texto, possibilitando a construção da escrita durante essa interação.

Encerram-se, aqui, as peripécias da professora da classe e a leitura de *Pinóquio*. Prolongam-se, vida afora, leitura e escrita...

Bibliografia

Benjamin, W. *Reflexões sobre o brinquedo, a criança e a educação*. São Paulo: Editora 34, 2002.

Brasil. *Parâmetros curriculares nacionais:* língua portuguesa. 3. ed. Brasília: MEC, 2001.

Calvino, I. *Por que ler os clássicos*. Trad. Nilson Mourin. São Paulo: Companhia das Letras, 1993.

Collodi, C. *As aventuras de Pinóquio*. Trad. Maria Colasanti. Ilustr. Odilon Moraes. São Paulo: Companhia das Letrinhas, 2002.

Ferreiro, E. *Reflexões sobre a alfabetização*. São Paulo: Cortez, 1985.

Freire, P. *A importância do ato de ler:* em três artigos que se completam. 45. ed. São Paulo: Cortez, 2003.

Geraldi , João Wanderley. *Portos de passagem*. São Paulo: Martins Fontes, 1991.

Gois, A.; Pinho, A. Brasil é reprovado, de novo, em matemática e leitura. *Folha Online*, São Paulo, 05 dez. 2007. Disponível em: <http://www1.folha.uol.com.br/folha/educacao/ult305u351481.shtml>. Acesso em: 07 ago. 2008.

Jolibert, J. *Formando crianças leitoras*. Trad. Bruno C. Magne. Porto Alegre: Artes Médicas, 1994a, v. I.

________. *Formando crianças produtoras de textos*. Trad. Walkiria M. F. Settineri e Bruno C. Magne. Porto Alegre: Artes Médicas, 1994b, v. II.

________. Jacob, J. et al. *Além dos muros da escola:* a escrita como ponte entre alunos e comunidade. Trad. Ana Maria Netto Machado. Porto Alegre: Artmed, 2006.

________. *Transformar la formación docente inicial*: propuesta en didáctica de la lengua materna. Bogotá: Cooperativa Editorial Magistério, 2004.

Lajolo, M. *Do mundo da leitura para a leitura do mundo*. 6. ed. São Paulo: Ática, 2004.

Larrosa, J. Literatura, experiência e formação. In. Costa, M.V. (org.) *Caminhos investigativos*: novos olhares na pesquisa em educação. 2. ed. Rio de Janeiro: DP&A, 2002.

Pinóquio. Direção de Roberto Benigni. Produção de Miramax Films e Melampo Cinematográfica. São Paulo: Videolar S/A, 2003. 1 videocassete (108 min.): VHS, NTSC, son., color. Dublado. Port.

________. Direção de Hamilton Luske e Ben Sharpteen. Produção de Walt Disney Home Vídeo. São Paulo: Videolar S/A, 1940. 1 videocassete (88 min.): VHS, NTSC, son., color. Dublado. Port.

Um projeto pedagógico a partir dos contos de Grimm

Maria Helena Schuveter

Resumo

O capítulo detalha o trabalho desenvolvido em classe de alfabetização com a utilização interativa de contos clássicos. Antes de o trabalho ser realizado, metade dos alunos escrevia de modo arbitrário e os demais apenas soletravam sem atribuir sentido ao que liam ou escreviam. Depois das atividades individuais e coletivas – como a criação de desfechos para os contos cuja leitura havia sido interrompida –, a evolução dos conhecimentos das crianças é percebida em suas produções.

Na escola, a direção com a ajuda dos professores mais antigos realizava a composição das turmas de acordo com critérios que não eram comunicados aos professores recém-chegados.

A proposta pedagógica da instituição, apesar de não divergir das diretrizes apresentadas pelos Parâmetros Curriculares Nacionais (PCN) para nortear o ensino no país, seguia os referenciais curriculares próprios da rede da qual fazia parte. Elaborados em 2001, sua fundamentação teórica pautava-se em pressupostos sociointeracionistas. Apesar dessa fundamentação, muitas ações pedagógicas eram padronizadas pelos setores administrativos, tendo em vista o controle do tempo e a produção do trabalho em sala de aula. No primeiro semestre do período letivo de 2005, as avaliações oficiais da rede foram aplicadas. A aplicação dessa avaliação de caráter diagnóstico contou com a presença de duas mães de alunos de séries diferentes, para colaborar na fiscalização tanto dos procedimentos da professora como dos comportamentos dos alunos.

Já nas primeiras semanas de aula foi possível perceber que, dos 35 alunos da classe, 49% apresentavam escrita arbitrária e 51% liam de maneira truncada e escreviam utilizando as letras do alfabeto de diferentes maneiras, porém, sem atribuir sentido ao que liam ou escreviam. Nas atividades de leitura e escrita, detectaram-se sérias dificuldades com relação à compreensão.

A atenção desses alunos focava-se na codificação e decodificação das palavras, o que expunha para o ensino a necessidade de acentuar, na aquisição da escrita, a compreensão e a expressão de significados, não apenas as técnicas de decodificação e transcrição gráfica da fala.

No entender de Jolibert e colaboradores (2006: 192), escrever não é copiar, nem produzir composições ou redações, apenas com a intenção de mostrar ao docente o que o aluno sabe e o que não sabe. Diferente disso, escrever é produzir textos em função de necessidades reais no decorrer de projetos. Jolibert (1994a, b; 2006) propõe a inserção da leitura e da escrita no desenvolvimento projetos e indica a exploração como busca do sentido dos textos pelas crianças, mesmo por aquelas que ainda não leem oralmente. Essas ideias contrapõem-se ao ensino tradicional.

Segundo Micotti (2001: 27), o ensino referente ao desenvolvimento de conhecimentos sobre a escrita não pode se reduzir à memorização de técnicas de decifração, mas, deve proporcionar situações desafiadoras em que o aluno tenha de raciocinar. "Ao elaborar suas ideias, e seus modos de agir, a criança aperfeiçoa seus instrumentos cognitivos que possibilitarão o acesso a saberes cada vez mais complexos."

Para realizar um trabalho com foco no desenvolvimento da compreensão e da atribuição de sentido ao texto (a partir das manifestações de leitura e da escrita dos alunos) e, ao mesmo tempo, proporcionar um ambiente agradável e propício ao desenvolvimento desses conhecimentos, foram necessários muitos estudos e trocas com os componentes do grupo de pesquisa em alfabetização da Universidade Estadual Paulista (Unesp) de Rio Claro. O que ocorreu sobretudo pelo contato com a proposta da pedagogia por projetos de Jolibert (1994a, b), além das observações das reações, das expectativas dos alunos com relação ao conteúdo a ser trabalhado na escola e as suas manifestações diante das práticas pedagógicas, constantemente avaliadas e refletidas no transcorrer das aulas.

Essas ações possibilitaram fazer uma outra leitura da situação da classe em relação à aquisição da escrita, considerando o papel que desempenha na aprendizagem da leitura e da escrita o sentido atribuído pelas crianças às atividades escolares e as práticas pedagógicas democráticas, cooperativas e solidárias em sala de aula. Assim, começamos o trabalho com textos.

No decorrer das aulas, observamos que as crianças manifestavam grande atenção e entusiasmo ao ouvirem os contos clássicos da literatura infantil.

Nesse contexto, no intento de não privar os aprendizes da essência dos contos de fadas e não subestimar suas capacidades imaginativas, optamos pelo trabalho com os contos clássicos. Nestes, aspectos da vida real misturam-se com a fantasia, observando-se vários conflitos provenientes do contexto social da época em que foram escritos, ao mesmo tempo em que se fazem presentes o sobrenatural, o maravilhoso e as metamorfoses. Em todos os contos, segundo Coelho (1987: 75, grifos da autora):

> [...] há sempre grandes provas a serem vencidas para que as personagens alcancem o que desejam. Entre o real do *cotidiano* e o *mistério do imaginário*, desaparecem as fronteiras, mostrando a vida como algo muito difícil de ser enfrentado, mas, talvez por isso mesmo, extremamente valiosa e merecedora dos mais extremos sacrifícios.

As personagens, cuja existência é marcada por diferenças substanciais entre as classes sociais, vivem num clima envolto de magia, o qual ao mesmo tempo que revela um ambiente de tensão, angústia, ambição, violência e individualismo que pode perfeitamente ser relacionado às dificuldades atuais de nossas vidas. Desde a época feudal havia situações em que crianças eram maltratadas por adultos pelas madrastas, eram rejeitadas e viviam em situações miseráveis. Essas situações são muito atuais, sobretudo na realidade brasileira.

A infância é a época em que as fantasias precisam ser nutridas para que as crianças possam vencer as adversidades da vida. Os confrontos presentes nos contos podem propiciar, de maneira significativa e contextualizada, o desenvolvimento dos valores referentes ao convívio social, quando trabalhados em sala de aula por meio da participação de todos nas discussões, argumentações e socialização dos diferentes entendimentos e pontos de vista. O trabalho com os contos favorece a contextualização dos valores morais e sociais, pois os acontecimentos, quando refletidos, demonstram situações comuns que qualquer pessoa poderia viver.

Os contos de fadas podem favorecer em muito o processo de alfabetização como leitura do mundo na medida em que propiciam às crianças situações imaginárias diversificadas.

De acordo com Bettelheim (1988: 243), a atividade intelectual, no caso a alfabetização, acontece se a criança, inicialmente, e por algum tempo depois, vivenciar a leitura como satisfação da fantasia, como uma mágica poderosa. Tendo em vista esse pressuposto, a criança, ao ouvir histórias estimulantes que satisfaçam suas fantasias, desejará ler sozinha essas histórias, na ausência de alguém que as conte. Desse modo, a fantasia e o imaginário podem contribuir para a aquisição tanto da leitura como da escrita.

Em busca do desenvolvimento dessas aprendizagens, os momentos de leitura nas aulas são imprescindíveis. Iniciamos assim o projeto.

Uma atividade de leitura realizada pelas crianças

No cotidiano da sala de aula, aconteciam práticas constantes de leitura, tanto dos textos trazidos pela professora (selecionados tendo em vista a abrangência dos diferentes gêneros textuais), como de alguns trazidos pelos alunos. Entre eles, segue um exemplo de exploração de um pequeno texto que demonstra os procedimentos para auxiliar os alunos na busca de sinais, indícios e marcas linguísticas. Além disso, no exemplo a seguir, demonstra-se o déficit de compreensão apresentado por alunos que já liam convencionalmente.

Solicitamos aos alunos, inicialmente, que fizessem a leitura individual de um trecho de uma história em quadrinhos, objetivando o levantamento de indícios e hipóteses. Posteriormente, as descobertas feitas foram socializadas com um colega. Depois, estabelecemos um diálogo com a turma, cujo registro é apresentado no Quadro 1:

Professora: Vocês já leram, já trocaram ideias, agora contem para mim o que vocês entenderam. Aluno (que lia convencionalmente): Eu acho que eles procuravam um tatu. Aluno (outro, que lia convencionalmente): É Pano! Professora: Sobre o que fala esse texto, trata do quê? Aluno (outro, que lia convencionalmente): É uma rima, as palavras rimam. Professora: Quais palavras rimam? Aluno: Ah! Tem "maca" e "cama". Professora: Por que é uma rima? Aluno (outro, que lia convencionalmente): É uma conversa. Professora: Por que é uma conversa? Aluno (outro, que lia convencionalmente): Porque os menininhos estão abrindo a boca. Aluno (que lia convencionalmente): Não, eles falam no balãozinho.

Quadro 1 – Diálogo da professora com os alunos sobre os quadrinhos.

Após o diálogo, fizemos uma leitura coletiva e, depois, algumas crianças expressaram suas hipóteses. As respostas foram as mais variadas. No entanto, ninguém havia, até então, descoberto a brincadeira. Diante da dificuldade sugerimos que brincássemos de detetive. Os detetives precisariam solucionar o enigma contando a descoberta somente para a delegada (a professora). Todos se empolgaram!

Após muitas tentativas, apenas três crianças descobriram o significado do texto. Decidiram que fariam uma encenação para demonstrar à classe o que haviam entendido, contribuindo com pistas, mas sem contar a solução do enigma. Várias encenações foram feitas e a cada uma delas o entusiasmo aumentava, pois todos queriam participar da encenação.

Trabalhamos com esse texto em sessões diárias de cerca de 30 minutos de duração em três dias sucessivos, até que os alunos entendessem o seu significado. Gostaram tanto da brincadeira que sugeriram atividades similares para o trabalho de casa por vários dias consecutivos. Nessas atividades, as palavras eram propostas e escolhidas pela classe.

Em seguida procedemos às atividades de metacognição relativas à exploração do texto. Essa fase foi importante na medida em que os alunos tomaram consciência das aprendizagens, explicando como conseguiram descobrir o enigma, ou seja, o que fizeram para entendê-lo.

Nas explicações dadas, as crianças puderam reconstruir suas ações sobre o texto. No início, elas relacionaram a brincadeira com o termo "perdi" (aparece no texto). Depois, a explicação evoluiu para a relação entre as sílabas finais e iniciais das palavras. E assim conseguiram resolver a situação por completo. Nessa atividade de metacognição, a tomada de consciência foi se desenvolvendo mediante as reflexões sobre o que fizeram e como fizeram (explicações solicitadas pela professora durante as atividades).

Além do aspecto metacognitivo, essa atividade favoreceu o trabalho com as microestruturas e outros níveis de abordagem do texto. Focalizamos como o texto chegou até nós; onde encontramos esse tipo de texto; a situação de comunicação – a leitura foi realizada para nos dar prazer? Para nos informar?

As microestruturas trabalhadas foram as sílabas, as palavras semelhantes iniciadas com as sílabas destacadas no texto, a classificação das palavras conhecidas e iniciadas pelas mesmas sílabas, a recomposição dessas palavras por meio das sílabas constituintes etc.

No decorrer dessas atividades, as crianças perceberam que nem todas as letras podem iniciar uma palavra. Em virtude disso, construímos regras ortográficas. Um exemplo dessa situação foi quando sugeriram iniciar a brincadeira com a palavra "caça". As crianças falaram várias palavras, todas iniciadas com o som da última sílaba (sapeca, sanduíche, samba, salada etc.). Pedimos que procurassem no dicionário as palavras iniciadas com "ç". As crianças ficaram intrigadas porque não achavam o "ç" no dicionário.

Somente algumas crianças perceberam, antes de procurar no dicionário, que as palavras – sanduíche, samba e salada – eram escritas com "s". Pedimos que procurassem uma palavra com "ç" e foi um alvoroço: "Eu não encontro", "Não tem professora". "Por que será que não tem?". Perguntamos a cada aluno por que não havia encontrado palavras com "ç". As crianças socializaram as hipóteses e entraram num acordo que não existiam palavras iniciadas com essa letra. Essa situação foi o início da construção de regras ortográficas com a classe. Situação semelhante aconteceu quando as crianças sugeriram outras palavras, como por exemplo, "galinha".

Enfim, esse foi um exemplo das atividades de leitura desenvolvidas em sala de aula considerando a busca de indícios e marcas linguísticas na construção de significados de um texto.

Projeto Leitura

- **Elaboração do projeto com as crianças**
- **Objetivos:**

  Desenvolver os conhecimentos relativos à organização textual e à leitura.
- **Atividades:**
  - ler contos de fada;
  - inventar histórias.
- **Textos necessários à realização do projeto:**
  - narrativas;
  - contos clássicos da literatura infantil.
- **Atividades de leitura e escrita necessárias à realização do projeto:**

As crianças manifestaram grande atenção e entusiasmo ao ouvirem os contos de Grimm, obras pouco conhecidas no meio escolar, pois as versões a que se tem acesso são "adaptadas", modificadas, resumidas, condensadas, alteradas, muito distantes das versões originais. Nesse processo de adaptação perdem-se a essência da obra, o seu contexto e as suas possíveis relações com a contemporaneidade.

A reda atividade de leitura feita pela professora aos alunos. Num primeiro momento, os alunos apreciaram a ideia, trazendo suas histórias. No entanto, na hora de contar, insistiam para que a professora as lesse.

Professora: Por que só eu?
Aluno: Porque a gente não sabe!
Professora: Como assim?
Aluno: Igual à senhora, não.

> Professora: Mas tem várias formas de ler, qual outra maneira de ler? Eu também quero aprender com vocês. O que é preciso para ler um texto? Observando o texto o que vocês encontram nele? Ninguém nasceu sabendo tudo. Vamos ver quem quer aprender a contar histórias?

Os alunos mais desinibidos foram até a lousa para contar suas histórias. Inicialmente, a maioria lia as figuras, poucos liam convencionalmente e alguns ficavam como expectadores, mas demonstrando interesse em participar. Com o passar do tempo todos se envolveram nessa atividade diária. Destaca-se que o ambiente de leitura coletiva foi organizado em assembleia com a participação de todos, mediante sugestões, discussões e reflexões permeadas pela interferência da professora de forma a propiciar o desenvolvimento do senso de iniciativa por parte dos alunos. Ao mesmo tempo, trabalhávamos valores, tais como: respeito ao outro (fala, sentimentos, ações, e outras diferenças), solidariedade e colaboração entre os pares.

No desenrolar das atividades, evidenciavam-se as relações que as crianças estabeleciam entre as situações retratadas nos contos e os aspectos de suas vivências, na medida em que nessas aparecem como situações angustiantes como a perda do pai, da mãe, o convívio com madrastas e padrastos. O contato com os contos de fadas, muitas vezes violentos e amedrontadores, permite à criança lidar com seus medos e angústias, como assinala Bettelheim (1980: 92): "Enquanto ouve o conto de fadas, a criança forma ideias sobre o modo de ordenar o caos que é a sua vida interna."

Esse trabalho incentivou principalmente os alunos mais apáticos, que, coincidentemente, não manifestavam o acesso à leitura convencional. Esses, a cada dia, apresentavam-se mais desinibidos, percebendo que inventar histórias era muito divertido. Com o passar das semanas foi possível observar o desejo e o interesse desses alunos na apropriação da leitura de forma convencional, como alguns colegas da classe.

Diante da crescente participação dos alunos nas atividades, houve a necessidade de rever a organização e administrar melhor o tempo, para que todos pudessem ler e realizar o trabalho programado para o dia. Nesse ínterim, os alunos decidiram dividir a sala em duas turmas. Registraram seus nomes em duas listas organizadas em ordem de chamada. Enquanto uma das turmas contava suas histórias, a outra registrava as respostas para as questões propostas com a participação das crianças:

1. Qual história você gostou mais?... Por quê?
2. Qual o autor da história?
3. Quem foi o leitor da história?
4. Quais são os personagens?
5. O que essa história nos ensina?
6. Você modificaria essa história? Como poderia ficar?

As crianças socializavam seus registros e elegiam a história preferida, que poderia ser encenada num outro dia. Ao responderem e socializarem essas questões, colocando-as no mural, o envolvimento dos alunos aumentava, pois percebiam que era divertida a atividade de inventar e modificar os contos, segundo a própria imaginação. Nesse ambiente solidário e participativo, os alunos mais inibidos foram perdendo o medo e a vergonha. Com a empolgação, surgiu a proposta de escrever histórias.

Projeto "Escrevendo histórias"

Iniciamos, então, o trabalho de escrita partindo da exploração dos contos de fadas com os alunos. Alguns contos eram lidos na íntegra, outros, interrompidos, para que os alunos criassem seus próprios desfechos e pudessem compará-los com o conto original.

Essas ações propiciavam aos aprendizes a descoberta de suas capacidades de imaginação, invenção e criação de histórias. Incentivávamos sempre a habilidade criativa de cada um, como maneira de mostrar os vários caminhos possíveis que uma história pode percorrer.

Elaboração do projeto com as crianças

Os alunos juntamente com a professora planejaram e organizaram o projeto de escrita, a partir das seguintes questões:

- O que queremos?
- Por quê?
- Como faremos?
- Do que vamos precisar?

- Quanto tempo vai durar?
- Eu estou fazendo o que é preciso?

Vale ressaltar que as questões acima eram sempre retomadas com a classe, mesmo após decidirmos que faríamos um projeto de escrita com o objetivo de aprender a escrever histórias empolgantes e divertidas. Decidimos, a princípio, que utilizaríamos dois dias na semana até a hora do recreio para essas atividades. Salientamos que por diversas vezes retomamos e modificamos essa organização, sempre tendo em vista a participação de todos. Foi uma maneira bastante interessante de trabalhar a noção de planejamento com os alunos.

Após as reflexões, decidiu-se, com a participação de todos, os seguintes itens do projeto:

- **Objetivos:**
  - desenvolver a organização textual;
  - aprender a inventar e contar histórias, por escrito.
- **Atividades:**
  - inventar e contar histórias por escrito.
- **Textos necessários para a realização do projeto:**
  - narrativas.
- **Atividades de leitura e escrita de textos necessários à realização do projeto**

Organização da situação de produção textual

Cada criança, como escritora de histórias, deveria colocar-se na situação do enunciador e considerar algumas questões básicas:

- A quem eu me dirijo?
- Por quê?
- Com que objetivo?
- Com qual intenção?

Após a definição desses itens, partimos para a textualização. Nessa fase as crianças produziam individualmente o primeiro lance da escrita da história escolhida pela turma; geralmente, elas elegiam a história preferida entre as cinco contadas durante a semana.

Avaliação do aprendizado

Isso feito, as produções eram trocadas e lidas pelos colegas, para confrontações. Nessa fase os alunos faziam as exposições verbais sobre seus entendimentos das produções. Alguns alunos registravam a lápis, na margem das folhas, as observações feitas.

Posteriormente, as produções eram devolvidas aos respectivos autores para que pudessem fazer suas alterações. Diante dessas contribuições, anotavam-se em cartazes, as colocações que mais apareciam nos registros dos alunos, assim como as modificações propostas, referentes, por exemplo, à realização de parágrafos, à utilização de letras maiúsculas e minúsculas, à ocorrência de trocas de letras, aos erros ortográficos, à segmentação de palavras etc. Essas práticas possibilitaram as elaborações progressivas e sistematização das características do texto narrativo, na medida em que o autor ia percebendo os entraves, ou seja, o que faltava em seu escrito, o que não se entendia, o que se repetia. Dessa forma, aprofundamos o trabalho de elaboração da escrita.

Com essa interação fomos construindo as ferramentas necessárias que auxiliavam na elaboração de histórias. Essas eram afixadas nas paredes para consultas de todos.

Os procedimentos até aqui relatados ofereceram subsídios tanto para releitura quanto para a reescrita do texto. Inicialmente, os alunos faziam a reescrita individual apenas de um pedaço de seus textos, pois precisavam refazer o que não estava de acordo, confrontando com os escritos já existentes que ficavam a disposição na sala para serem consultados. Com o passar do tempo a reescrita estendeu-se ao texto todo. Esse processo possibilitou o aprimoramento da escrita e se repetiu muitas e muitas vezes, durante o ano.

Ferramentas elaboradas

Construídas com a participação de todos, envolvendo discussão, pesquisa e comparação com outros textos do mesmo gênero literário expostas para consulta:

• Silhueta do texto. Construímos a silhueta dos contos narrativos para consulta, depois das produções iniciais individuais, das trocas em grupo, da socialização e descobertas. Com o passar do tempo, mediante solicitação frequente da professora, as crianças aprenderam a consultá-la.

• Articulação lógica entre os blocos de textos que compõem a estrutura narrativa. Depois de discutir com os alunos o que é um bloco de texto, qual a função dos blocos, como é a abertura de um texto, como é um fechamento, como se progride de um bloco para o outro, solicitamos que indicassem frases utilizadas no início de um texto e frases comuns na sua finalização. Também registramos os eventos que transformam o estado inicial no estado final do texto.

Com isso, as crianças elaboram a trama de acontecimentos e a coesão da narrativa, que auxiliam, muito, em suas produções. Também construímos:

- Listas de conectivos que articulam os parágrafos, que organizam a coerência narrativa: "em primeiro lugar", "e", "em seguida", "de repente", "finalmente" etc. Foi necessário desenvolver várias atividades contextualizadas que possibilitassem a utilização dessas palavras pelos alunos em situações diversas.
- Lista de singular e plural; masculino e feminino.
- Tabela de palavras novas adivinhadas pelo contexto ou pela identificação de letras e sílabas.
- Tabela de diferentes grafemas que possuem o mesmo som.

Reitera-se que essas ferramentas reveladoras de alguns aspectos linguísticos de um texto não foram impostas, predeterminadas, ou levadas prontas para que os alunos as seguissem. Ao contrário, os aprendizes foram detectando no cotidiano do trabalho em classe, os sinais, as marcas e indícios presentes nos textos, para que pudessem, com o auxílio da professora, construir esses instrumentos. Nesse ínterim a interação com suas produções escritas, com textos originais, e as produções dos colegas foram de fundamental importância para conseguirem processar e construir o sentido dos textos. Para tanto, exigiu-se um ir e vir constante entre todos esses aspectos textuais, desde a macroestrutura até a microestrutura. Práticas que contribuíram para a evolução das produções textuais dos alunos.

Nova avaliação do aprendizado

A seguir, apresentamos as produções textuais escritas, construídas individualmente por alunos no decorrer do ano letivo. Apresentamos, para comparação, as primeiras escritas de um texto, feitas em meados do primeiro semestre e as primeiras escritas de outro texto feitas pelos mesmos alunos no segundo semestre de 2005. Vale ressaltar que essas crianças faziam parte do grupo de alunos que no início do ano não liam convencionalmente e apresentavam escrita arbitrária (49% da classe). Façamos a comparação dos textos:

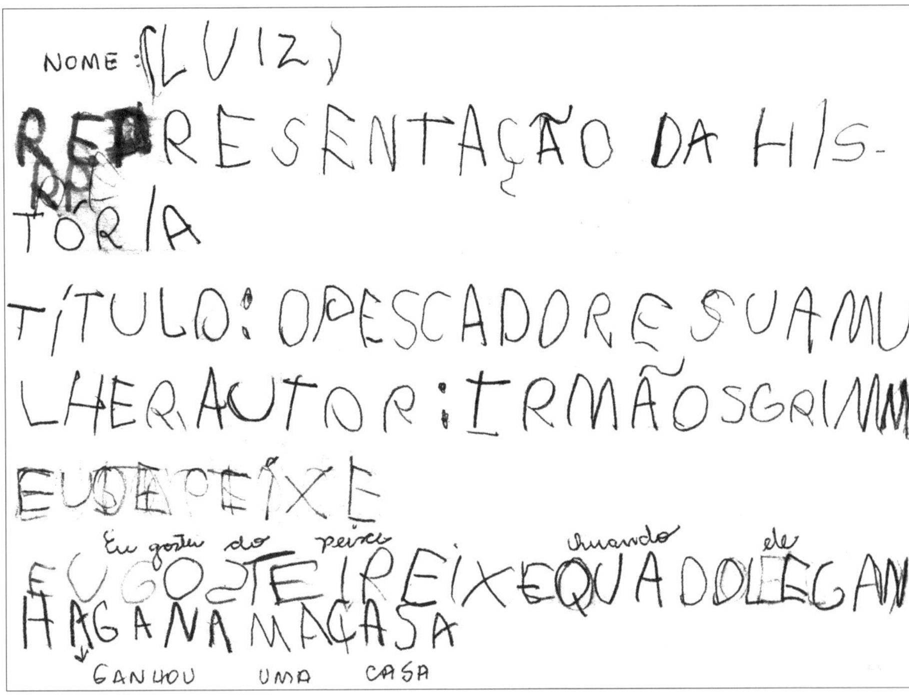

Figura 1 – Primeira escrita individual do texto realizada por Luiz – abril de 2005.

Vale ressaltar que o título e o nome do autor, grafados no meio do texto, são cópias de registros feitos na lousa por outros alunos. A produção de Luiz insere-se nas duas últimas linhas do texto e diz o seguinte: "Eu gostei do peixe quando ele ganhou a casa". Seus escritos iniciais restringiam-se a uma ou duas frases, na maioria das vezes registrando apenas o que havia gostado da história.

A comparação dessa escrita com a realizada em outubro, mostra que a criança evoluiu na construção da escrita, apesar de apresentar ainda algumas confusões ortográficas, na pontuação, na segmentação de palavras. Vejamos:

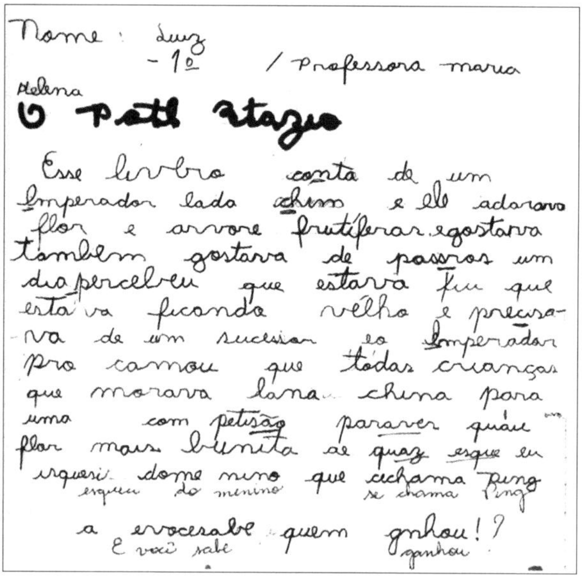

Figura 2 – Escrita individual produzida por Luiz – outubro de 2005.

Já no caso de Henrique, as produções individuais iniciais eram mais extensas. Contudo, observam-se muitas repetições de letras e sílabas. Seus registros falam do pato magro que queria ser gordo e do pato gordo que queria ser magro. Observa-se na quarta linha que o aluno passa a copiar da lousa o registro “sequência numérica e biblioteca”.

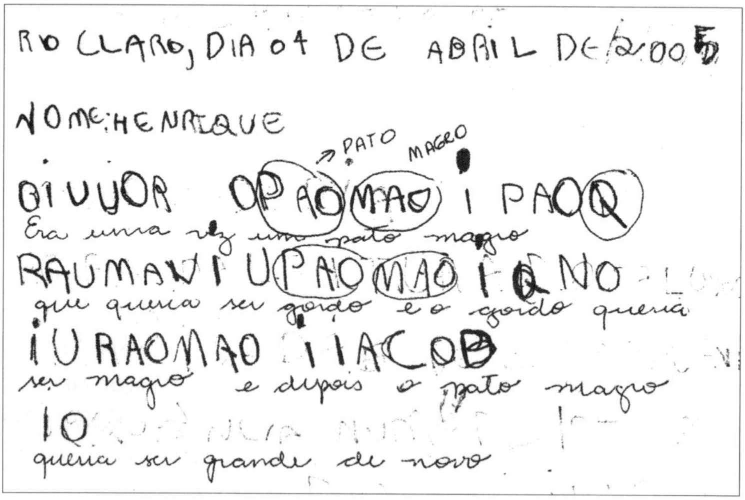

Figura 3 – Escrita inicial produzida por Henrique – abril de 2005.

As produções realizadas pelo aluno no final do ano letivo, apesar de apresentarem alguns erros ortográficos, revelam avanços significativos na construção da escrita, principalmente no que diz respeito à coesão e coerência textual.

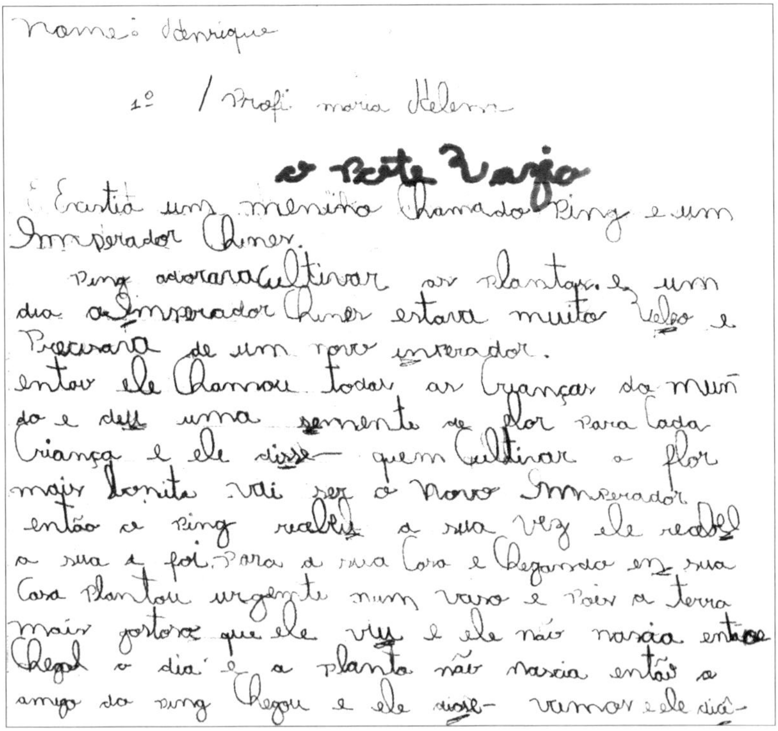
Nome: Henrique

1º / Profª maria Helena

O Pote Vazio

Eratia um menino chamado Ping e um Imperador Chiner.

Ping adorava Cultivar as plantas. e um dia o Imperador Chiner estava muito velho e Precurava de um novo imperador. entao ele Chamou todas as Crianças do mundo e deu uma semente de flor Para Cada Criança e ele disse — quem Cultivar a flor mais bonita vai ser o Novo Imperador. então o Ping recebeu a sua vez ele recebeu a sua e foi Para a sua Casa e Chegando em sua Casa Plantou urgente num vaso e Pôs a terra mais gostosa que ele vez e ele não nasçia. então Chegou o dia e a planta não nascia. então o amigo do Ping Chegou e ele disse — vamos ele diz—

Figura 4 – Produção de Henrique – dezembro de 2005.

Na primeira escrita de Beatriz, feita no primeiro semestre, o título do conto "Rei Barba Horrenda" foi copiado da lousa. A aluna escrevia bastante, porém com muitas trocas de letras. No segundo bloco do texto abaixo, está registrada uma tentativa de refazer o texto, baseada nas trocas de textos, nos confrontos e nos comentários feitos pelos alunos, procedimento já descritos no corpo do trabalho.

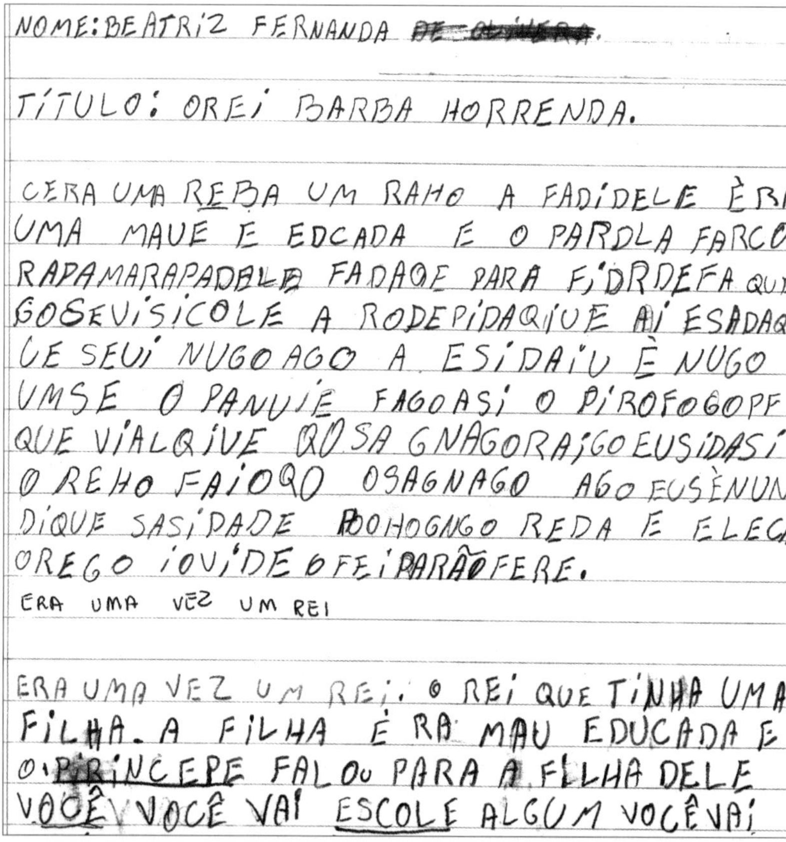

NOME: BEATRIZ FERNANDA

TÍTULO: OREI BARBA HORRENDA.

CERA UMA REBA UM RAHO A FADIDELE ÈRA
UMA MAUE E EDCADA E O PARDLA FARCO
RAPAMARAPADBLE FADAOE PARA FIDRDEFA QUE
GOSEVISICOLE A RODEPIDAQIUE AI ESADAQI-
UE SEUI NUGO AGO A ESIDAIU È NUGO
UMSE O PANUIE FAGOASI O PIROFOGOPF
QUE VIALQIVE QOSA GNAGORAIGOEUSIDASI
O REHO FAIOQO OSAGNAGO AGO EUSÈNUNO
DIQUE SASIDADE POHOGNGO REDA E ELECA
OREGO IOUIDE OFEIPARÃOFERE.

ERA UMA VEZ UM REI

ERA UMA VEZ UM REI. O REI QUE TINHA UMA
FILHA. A FILHA É RA MAU EDUCADA E
O PRINCEPE FALOU PARA A FILHA DELE
VOCÊ VOCÊ VAI ESCOLE ALGUM VOCÊVAI

Figura 5 – Primeira escrita individual do texto, feita por Beatriz – maio de 2005.

Já na escrita individual, a seguir apresentada, observam-se os grandes avanços adquiridos pela aluna na aquisição da escrita.

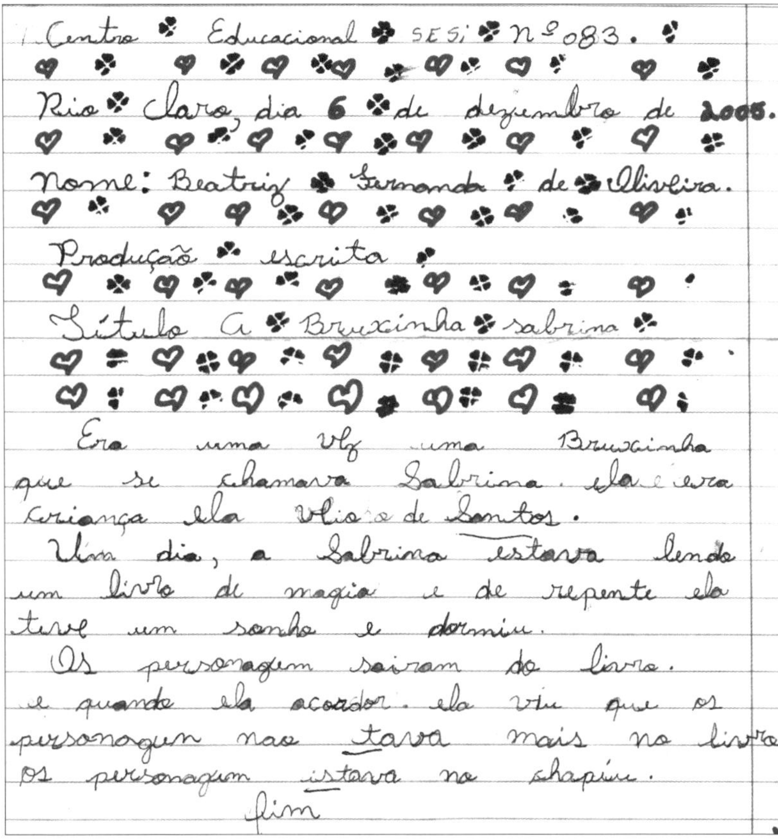

Centro Educacional SESI Nº 083.

Rio Claro, dia 6 de dezembro de 2005.

Nome: Beatriz Fernanda de Oliveira.

Produção escrita

Título A Bruxinha Sabrina

Era uma vez uma Bruxinha que se chamava Sabrina. ela era criança ela vlio de Santos.

Um dia, a Sabrina estava lendo um livro de magia e de repente ela teve um sonho e dormiu.

Os personagem sairam do livro. e quando ela acordor. ela viu que os personagem nao tava mais no livro os personagem istava na chapéu.

fim

Figura 6 – Primeira escrita individual feita por Beatriz – dezembro de 2005.

Considerações finais

Essa experiência de alfabetização foi imensamente gratificante e prazerosa, na medida em que os alunos manifestaram um grande entusiasmo e participaram muito das atividades. Esse envolvimento foi decorrente do fato de as crianças poderem atuar num meio em que elas também gerenciaram. Ao longo do trabalho, elas tomaram consciência de que eram capazes e que também tinham responsabilidades, assim como todo ser humano. A partir daí foi possível compreender que oferecer condições para o desenvolvimento de uma vida cooperativa, em sala de aula, com a participação de todos os envolvidos no processo ensino aprendizagem, é sem dúvida realizar uma opção de educador.

Essa escolha rendeu muitos frutos, pois a maioria das crianças que no início do ano letivo não liam convencionalmente e apresentavam escrita arbitrária (49% dos alunos), no final do segundo semestre de 2005, estava lendo e produzindo textos com significado. Desses 49% alunos, apenas 2% não alcançaram o domínio pleno da leitura e da escrita, apresentando lentidão na leitura e as produções escritas resumiam-se a algumas frases, pouco contextualizadas. Contudo os avanços foram significativos com relação ao acesso ao código alfabético. Já os 52% dos alunos, que no início do ano letivo não atribuíam sentido ao que liam ou escreviam, passaram a compreender o que liam, comparando e estabelecendo relações com outros assuntos e fatos do dia a dia. Na escrita, tornaram-se mais ágeis, produzindo textos mais coesos e coerentes.

Bibliografia

BETTELHEIM, B. *Uma vida para seu filho*. Rio de Janeiro: Campus, 1988.

________. *A psicanálise dos contos de fadas*. Rio de Janeiro: Paz e Terra, 1980.

COELHO, N. N. *O conto de fadas*. São Paulo: Ática, 1987.

GRIMM. *Contos de fadas*. 2. ed.São Paulo: Iluminuras. 2001.

JOLIBERT, J. *Formando crianças leitoras*. Porto Alegre: Artmed, 1994a.

________. *Formando crianças produtoras de textos*. Porto Alegre: Artmed, 1994b.

________. JACOB, J. et al. *Além dos muros da escola*: a escrita como ponte entre alunos e comunidade. Porto Alegre: Artmed, 2006.

MICOTTI, M.C.O. *Alfabetizar entre o dizer e o fazer*. Rio Claro: Instituto de Biociências Unesp, 2001.

________. *Alfabetização: a produção de saberes*. Rio Claro: Instituto de Biociências Unesp, 2003.

________. *Alfabetização*: Os caminhos da prática e a formação de professores. Rio Claro: Instituto de Biociências – Unesp, 2004.

A continuidade do processo de alfabetização

Adriana Aparecida Barnabé Possatti

Resumo

O texto expõe o trabalho realizado com classe de 2ª série do ensino fundamental, no decorrer de um ano letivo. Os projetos "Profissões" e "Brinquedos e brincadeiras" possibilitaram o aprender a ler, lendo e o aprender a escrever, escrevendo. A maioria dos alunos que no início do ano apresentavam escrita arbitrária apropria-se da escrita convencional mediante produção de textos, vivenciada em diferentes situações de comunicação, inseridas em projetos, estruturados com a participação de todos.

Como professora do ensino fundamental há 13 anos, tenho observado que as maiores dificuldades apresentadas pelos alunos referem-se à leitura e à escrita. As dificuldades das crianças no aprendizado e as dificuldades dos professores em lidar com elas fazem que tenhamos alunos em séries avançadas do ensino que não dominam a escrita. Alguns desses alunos apresentam problemas graves, por exemplo, "copiam, mas não leem", ou não compreendem o que leem, com assinala Micotti (2001: 20).

Atualmente, um dos objetivos da educação escolar é o de formar o cidadão consciente de seus direitos e deveres, mas, como possibilitar aos alunos uma educação que realize esse objetivo tão complexo? Uma questão a ser analisada é a da alfabetização – ler e escrever são condições básicas para a inserção e participação de um indivíduo na sociedade letrada. Mas a escola nem sempre consegue cumprir essa tarefa. Compreender, comunicar e apropriar-se dos saberes construídos pela humanidade são conquistas necessárias à vida e ao exercício de cidadania. Para tanto, é preciso repensar a prática pedagógica, atribuindo um novo conceito à leitura e à escrita.

Segundo Jolibert (1994b: 15-16), é primordial que cada criança, durante toda a sua escolaridade como leitora e produtora de textos, tenha a experiência:

- da *utilidade* e das diferentes funções da escrita;
- do *poder* que dá um domínio suficiente da escrita;
- do *prazer* que pode proporcionar a produção de escrito.

A autora ressalta também a importância de que, para cada criança, o escrever não seja sinônimo de trabalho enfadonho, bloqueio e fracasso, mas, pelo contrário, constitua o meio para realizar os projetos individuais e coletivos.

O foco do trabalho aqui relatado é a aprendizagem significativa da escrita mediante a pedagogia por projetos; da escrita vivenciada pelas crianças em diferentes situações de comunicação com sentido para elas. Esse trabalho foi realizado em uma escola pública de ensino fundamental, situada na periferia de Rio Claro, onde a renda da maioria dos moradores é de um a dois salários mínimos por família. A escola ministra o ensino de 1ª a 4ª séries cuja matrícula inicial ocorre aos 6 anos de idade e a Educação de Jovens e Adultos (EJA) da 1ª a 8ª série. O corpo docente compõe-se de 24 professores e o discente, de 535 alunos.

Os alunos, em sua maior parte, são oriundos de família com baixo nível de escolaridade. Os pais exercem profissões como: pedreiros, servente escolar, empregadas domésticas, diaristas, costureiras, operários, porteiro. Um pai frequenta a EJA I e uma mãe frequenta a EJA II. O acesso aos bens culturais é restrito, a grande maioria se utiliza apenas da televisão como meio de informação.

Do trabalho apresentado participaram 27 alunos de 2ª série, cuja faixa etária variava de 7 anos e 2 meses a 9 anos e 3 meses. No início do ano letivo, 15 dessas crianças apresentavam escrita arbitrária e 12, a escrita convencional.

Entre os participantes, 20 frequentam essa mesma escola desde o ano anterior (1ª série); os demais são transferidos de outras escolas. Todas as crianças são espertas e curiosas, porém, não apresentavam autonomia em suas aprendizagens e a maioria delas manifestava insegurança em relação às atividades desenvolvidas, como se a professora estivesse lá para "apontar erros". No que diz respeito à conduta, solicitavam ajuda a todo o momento para resolver pequenas divergências – não havia brigas físicas, mas sim agressões verbais.

Nesse contexto, foi iniciado nosso trabalho com a pedagogia por projetos. Considerando que a eficiência e a profundidade das aprendizagens dependem do domínio que os aprendizes têm sobre as atividades que realizam, a opção visava ao desenvolvimento do:

- aprender a identificar os recursos e as tarefas necessários para a execução dos projetos;
- organizar as atividades no tempo e avaliá-las;
- valorizar o trabalho e a vida cooperativa;
- compreender e produzir textos em situações reais de comunicação.

A escolha dos projetos a serem realizados em 2007

Inicialmente foi pedido aos alunos que respondessem individualmente à questão: "Quais são seus projetos para o ano letivo de 2007?". Exemplos das respostas obtidas são apresentados na Figura 1.

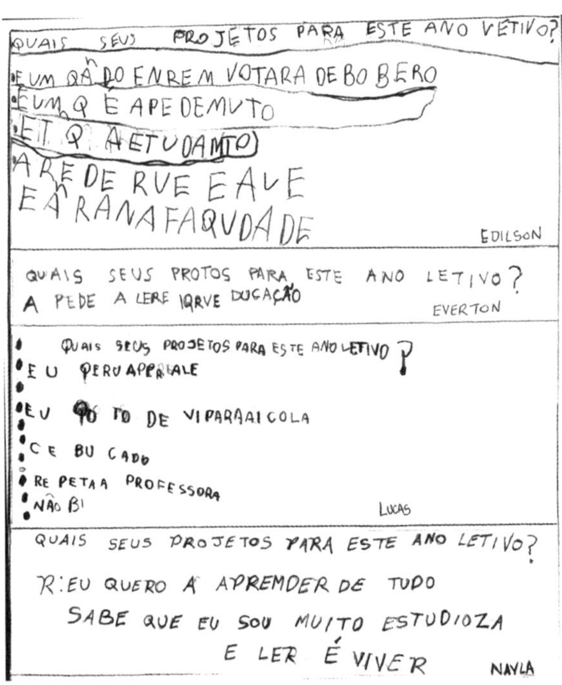

Figura 1 – Meus projetos para o ano letivo de 2007.

Após essa atividade, realizada no dia 13 de fevereiro de 2007, as crianças foram convidadas a socializar a escrita. A professora registrava na lousa o que diziam. Com o transcorrer da leitura e da escrita, elas verificaram respostas comuns e decidiram que não seria necessário repeti-las. Em seguida um aluno registrou os projetos comuns, definidos pela turma, que são apresentados na Figura 2.

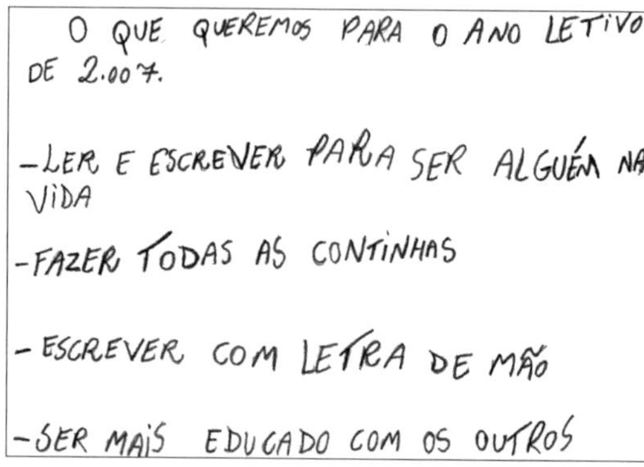
O QUE QUEREMOS PARA O ANO LETIVO DE 2.007.

-LER E ESCREVER PARA SER ALGUÉM NA VIDA

-FAZER TODAS AS CONTINHAS

-ESCREVER COM LETRA DE MÃO

-SER MAIS EDUCADO COM OS OUTROS

Figura 2 – O que queremos realizar no ano letivo de 2007.

A partir do levantamento acima apresentado, houve uma conversa sobre os projetos apresentados, principalmente, os referentes à “leitura e à escrita”. A seguir, parte dessa discussão é apresentada.

Professora: Observei que, ao responderem à pergunta “Quais são seus projetos para o ano de 2007”, todos colocaram “ler e escrever”? Por quê?
Aluno: Porque a gente tem que ler e escrever para ser alguém na vida.
Professora: Nós somos pessoas que fazemos parte de uma família, de um bairro, de uma escola, de uma cidade, de um país, enfim, do mundo. Já somos alguém, não é mesmo?
Aluno: É...
Professora: Então o que querem dizer com esta frase “ler e escrever para ser alguém”?
Aluno: Tenho que aprender o que tenho que aprender.
Aluno: Professora, a gente tem que saber das coisas para arrumar um serviço e ganhar dinheiro.
Professora: Legal dizer que temos que saber, e temos mesmo. Mas o que querem dizer com “ser alguém na vida”?
Aluno: Minha mãe fala isso.
Aluno: Meu pai também.

Professora: Por que eles falam isso?
Aluno: Porque a gente tem que estudar, senão não arruma serviço.
Professora: A pessoa que não trabalha deixa de ser gente?
Aluno: Não.
Aluno: É que se a pessoa não trabalha, tem que pedir coisas para outras pessoas.
Professora: E pedir não é bom. Não é mesmo. Então vocês querem dizer que ser alguém é...
Aluno: É quando você tem serviço para pagar as contas.
Professora: Tudo bem. Como disseram: é preciso se preparar, estudar para conseguir um serviço e poder pagar as contas. Mas hoje, somos o quê?
Aluno: É, sou uma pessoa.
Aluno: É, sou um humano.
Aluno: Somos gente.
Professora: Isso mesmo. Então vocês querem dizer que desejam ser pessoas melhores? Saber cada vez mais, aprender sempre?
Aluno: Saber de tudo.
Aluno: Saber cada vez mais.
Professora: O que você quer dizer com isso, M., "tenho que aprender o que tenho que aprender"?
Aluno: A gente vem na escola para aprender um monte de coisas pra usar depois.
Professora: Onde?
Aluno: No serviço.
Professora: Vocês vêm para a escola para aprender. Mas esse aprendizado é somente para o trabalho, para seguir uma profissão?
Aluno: Não.
Aluno: Sim.
Aluno: Os dois.
Professora: O que aprendemos na escola e podemos utilizar tanto na nossa vida pessoal (família e amigos) e na vida profissional (trabalho)?
(Silêncio.)
Professora: O que vocês acham que aprendemos quando somos crianças e usamos depois quando nos tornamos adulto?
Aluno: Conversar direito.
Aluno: É, a professora Júlia (a professora do ano anterior) disse que a gente tem que saber conversar e não brigar.

Aluno: A professora Zélia (também do ano anterior) disse que tem que ter respeito entre os colegas.
Aluno: É, e quando a gente for trabalhar tem que fazer tudo isso.
Aluno: É, senão não arruma serviço.
Professora: Porque vocês estão tão preocupados com o serviço, criança tem que estudar pra valer e brincar.
Aluno: Quero ser bombeiro.
Aluno: Eu quero ser dentista.
(Nesse momento, os alunos citaram algumas outras profissões, como: piloto de avião, professora, secretária, veterinária, escritor, polícia etc.).
Professora: E para trabalhar precisa se preparar antes /estudar?
Aluno: Sim, meu pai não conseguiu um serviço porque não tinha estudo.
Aluno: Minha mãe estuda aqui na EJA pra conseguir um serviço melhor.
Aluno: Eu quero fazer faculdade e tem que estudar igual você.
Aluno: Meu irmão é menor aprendiz e estuda no Senai, e para conseguir um serviço melhor, minha mãe disse que ele tem que estudar bastante.
Professora: Entendi que vocês estão preocupados em estudar para ter um serviço. Porque vocês veem sua família procurar serviço e eles não conseguem por não ter estudo ou continuam o estudo para conseguir um serviço melhor. Certo?
Aluno: É.
Aluno: Você não trabalha e estuda?
Professora: Sim, no momento estudo inglês. Já fiz faculdade e especialização – que é um curso que só se faz depois de cursar a faculdade.
Aluno: Quantos anos você já estudou?
Professora : Desde a pré-escola?
Aluno: É.
Professora (nesse momento, fazendo a contagem com os alunos, na lousa): 18 anos.
Aluno: Nossa!
Aluno: Tudo isso!
Professora: Mas tem muitas pessoas que estudam muito mais que isso e eu pretendo continuar.
Aluno: A professora Júlia também estudava.
Aluno: A professora Zélia também.
Professora: Durante este ano iremos desenvolver projetos de leitura e escrita, como disseram. Para isso será necessário o comprometimento de todos para conseguirmos realizá-los. Estão dispostos a começar?

Aluno: Sim.
Aluno: Todos têm que fazer as atividades, não é, professora ?
Professora: Com certeza.
Aluno: Senão vai ficar sem aprender.

Após esses diálogos, houve uma conversa sobre os projetos que poderiam ser desenvolvidos durante o ano letivo, no decorrer dos quais seriam realizadas a leitura e a escrita. Alguns alunos disseram que "se quero trabalhar como bombeiro, professor etc., tenho que saber o que eles fazem". Considerando essa ideia, foi escolhido o primeiro projeto – Profissões – bem como algumas tarefas a realizar.

Com o primeiro projeto definido, foi solicitado que pensassem também em outros projetos para serem realizados no ano letivo. Como não surgiu de imediato nenhuma sugestão, a professora disse que assuntos diversos poderiam transformar-se em projetos. Alguns alunos perguntaram se poderia ser música; outro, arte; outro, brinquedos, brincadeiras; outro, histórias. Nesse momento um aluno disse que havia uma brincadeira – "elástico" – que tinha aprendido com uma monitora, na hora do recreio.

Outras crianças disseram que também não conheciam algumas brincadeiras ou brinquedos. Um aluno sugeriu que um outro projeto poderia ser "brinquedos e brincadeiras" e foi apoiado pela turma. Falou-se sobre o tema "brinquedos e brincadeiras para quê?" Então definiram que ficaria – Brinquedos e brincadeiras para hora do recreio. A seguir, no Quadro 1, são apresentados os projetos escolhidos.

Profissões	**Brinquedos e brincadeiras para hora do recreio**
• Convidar pessoas para conversar com a gente. • Escrever carta. • Perguntar o que queremos saber. • Escrever o que aprendemos.	• Fazer uma lista com os brinquedos e brincadeiras. • Anotar como se faz um brinquedo. • Anotar como se brinca.

Quadro 1 – Projetos para o ano letivo de 2007.

Projeto "Profissões": entrevista com um bombeiro

A elaboração do projeto com as crianças

Ao serem questionados sobre as profissões que gostariam de conhecer, os alunos optaram pela profissão bombeiro.

- **Objetivos:**
  - apropriação da escrita convencional;
  - desenvolvimento da compreensão de leitura;
  - aprendizagem da produção de textos escritos;
  - aprendizagem da utilização de sinais de pontuação.
- **Atividades:**
  - entrevistar um bombeiro;
  - solicitar à direção da escola a permissão para convidar um membro do corpo de bombeiros para vir à sala de aula e ser entrevistado;
  - leitura e produção de textos;
  - escrever carta;
  - fazer o roteiro da entrevista;
  - escrever um relatório.
- **Textos necessários para a realização do projeto:**
  - carta;
  - roteiro de entrevista;
  - relatório.

Leitura e produção dos textos necessários à realização do projeto

Após definir a profissão que seria trabalhada inicialmente, o passo seguinte seria solicitar uma autorização da diretora da escola para convidar um bombeiro para dar uma entrevista. Os alunos ficaram surpresos após serem informados de que isso seria necessário (tiveram receio de não serem atendidos). Logo entenderam e iniciou-se a escrita da carta. Ao elaborá-la, só sabiam que faziam parte do texto o nome da pessoa que iria recebê-la e o assunto. Com a ajuda da professora, foi escrita a carta, apresentada na Figura 3.

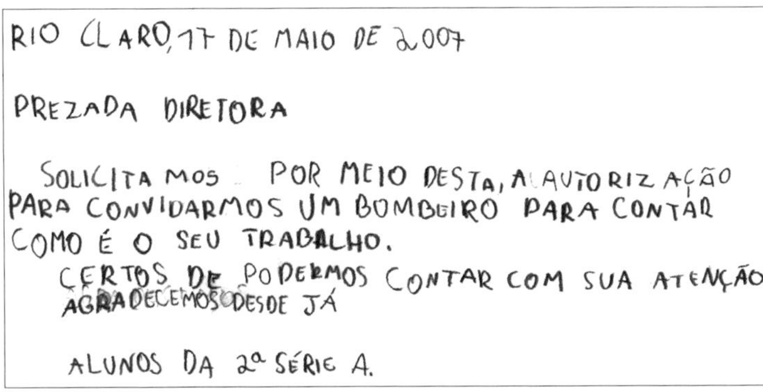

RIO CLARO, 17 DE MAIO DE 2007

PREZADA DIRETORA

SOLICITAMOS POR MEIO DESTA, A AUTORIZAÇÃO PARA CONVIDARMOS UM BOMBEIRO PARA CONTAR COMO É O SEU TRABALHO.

CERTOS DE PODERMOS CONTAR COM SUA ATENÇÃO AGRADECEMOS DESDE JÁ

ALUNOS DA 2ª SÉRIE A.

Figura 3 – Carta à diretora da escola.

Cabe assinalar que, antes da escrita dessa carta, o trabalho foi explanado à diretora. Ela concordou com o pedido e respondeu à solicitação das crianças (Figura 4).

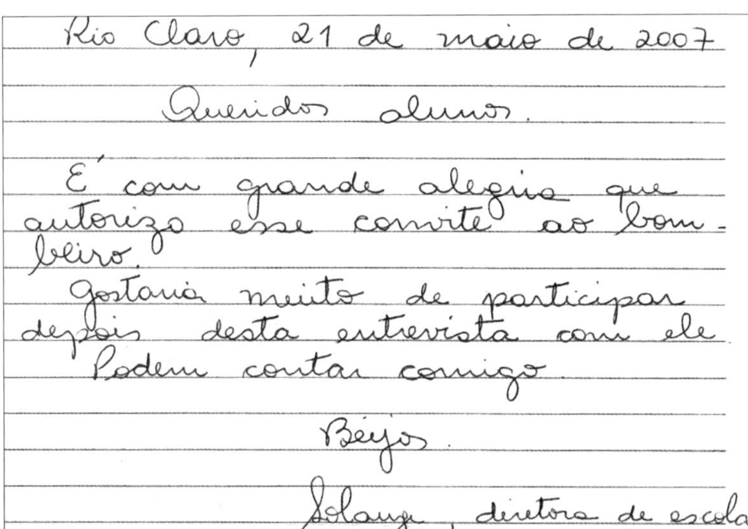

Rio Claro, 21 de maio de 2007

Queridos alunos.

É com grande alegria que autorizo esse convite ao bombeiro.

Gostaria muito de participar depois desta entrevista com ele

Podem contar comigo.

Beijos.

Solange, diretora de escola

Figura 4 – Carta-resposta enviada pela diretora.

Com a autorização da diretora em mãos, a atividade seguinte foi descobrir, junto à Corporação de Bombeiros do município, a quem pedir a liberação de um bombeiro para fazer a entrevista. Depois de obtida a informação de que o responsável era o 1° tenente, foi elaborada a carta de solicitação, à qual a professora anexou uma outra, explicando o trabalho que estava sendo desenvolvido e pedindo ao destinatário que redigisse uma carta de próprio punho para os alunos, salientando como eles ficariam felizes com tamanha atenção.

Ferramentas construídas para apoiar as produções textuais

Como exposto, os alunos não conheciam a silhueta de uma carta ao escrever à diretora. Então, comparou-se o texto da resposta com a carta enviada à diretora, depois elaborou-se a silhueta e outras ferramentas necessárias para a escrita de uma carta ao Corpo de Bombeiros.

Carta	Fórmulas de polidez	Destinatário (*status*)
data destinatário corpo da carta fórmula de polidez remetente	Certos de podermos... Podem contar .... Agradecemos desde já Espero sua resposta	Senhor(a) Prezada(o)
Letra maiúscula	**Pontuação**	
data nome das pessoas endereço	ponto final	

Quadro 2 – Ferramentas construídas para a escrita de cartas.

Com base nas ferramentas construídas, foi possível formular a carta-convite ao 1º tenente (Figura 5).

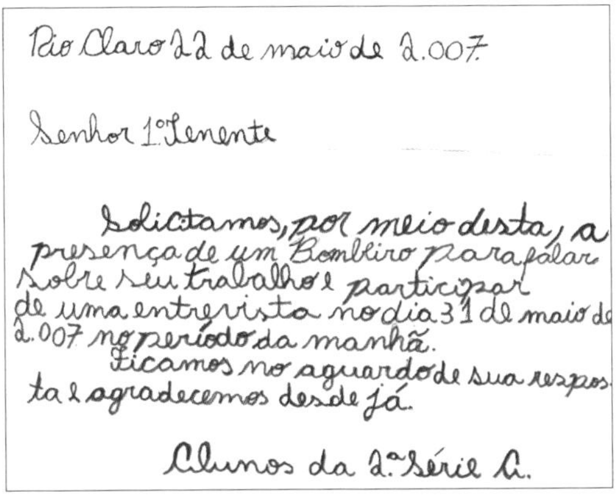

Rio Claro 22 de maio de 2.007

Senhor 1º Tenente

Solicitamos, por meio desta, a presença de um Bombeiro para falar sobre seu trabalho e participar de uma entrevista no dia 31 de maio de 2.007 no período da manhã.

Ficamos no aguardo de sua resposta e agradecemos desde já.

Alunos da 2ª Série A.

Figura 5 – Carta ao 1° tenente do Corpo de Bombeiros de Rio Claro.

Com a chegada da resposta do Corpo de Bombeiros (Figura 6), iniciamos os preparativos para a entrevista.

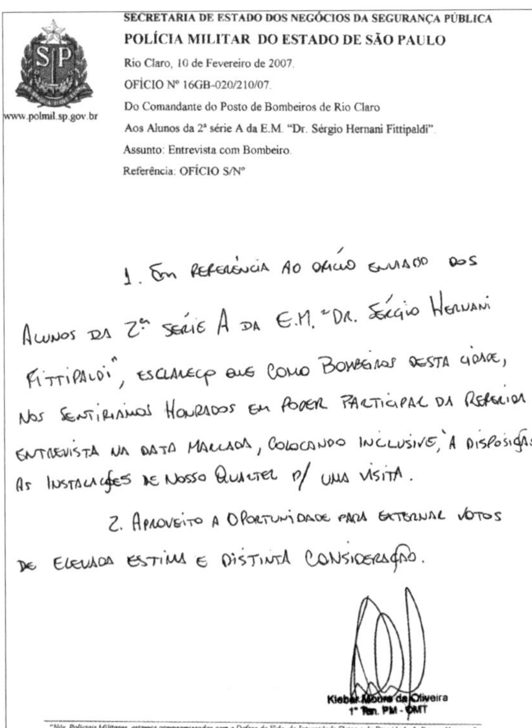

SECRETARIA DE ESTADO DOS NEGÓCIOS DA SEGURANÇA PÚBLICA

POLÍCIA MILITAR DO ESTADO DE SÃO PAULO

www.polmil.sp.gov.br

Rio Claro, 10 de Fevereiro de 2007.

OFÍCIO Nº 16GB-020/210/07.

Do Comandante do Posto de Bombeiros de Rio Claro

Aos Alunos da 2ª série A da E.M. "Dr. Sérgio Hernani Fittipaldi".

Assunto: Entrevista com Bombeiro.

Referência: OFÍCIO S/Nº

1. EM REFERÊNCIA AO OFÍCIO ENVIADO DOS ALUNOS DA 2ª SÉRIE A DA E.M. "DR. SÉRGIO HERNANI FITTIPALDI", ESCLAREÇO QUE COMO BOMBEIROS DESTA CIDADE, NOS SENTIRÍAMOS HONRADOS EM PODER PARTICIPAR DA REFERIDA ENTREVISTA NA DATA MARCADA, COLOCANDO INCLUSIVE, À DISPOSIÇÃO AS INSTALAÇÕES DE NOSSO QUARTEL P/ UMA VISITA.

2. APROVEITO A OPORTUNIDADE PARA EXTERNAR VOTOS DE ELEVADA ESTIMA E DISTINTA CONSIDERAÇÃO.

Kleber Moura de Oliveira
1º Ten. PM - CMT

"Nós, Policiais Militares, estamos compromissados com a Defesa da Vida, da Integridade Física e da Dignidade da Pessoa Humana"

Figura 6 – Carta enviada pelo 1° tenente.

Após o recebimento dessa carta foram realizadas as primeiras escritas individuais do roteiro da entrevista. Em dupla, os alunos confrontaram suas escritas e, com o auxílio das consultas feitas ao dicionário, à professora e às ferramentas apresentadas no Quadro 3, construídas a partir das dúvidas levantadas, elaboraram a segunda escrita do roteiro da entrevista, que podemos observar na Figura 7.

M antes de P e B	CE/CI	AU/AL
bombeiro implantação também tempo	recebe ocorrências incêndios acidentes difícil oferece cidade você agradeceu especial	qual automobilísticos pessoal salvar alguma especial alguém
S com som de Z	**GUE /GE**	**Masculino/feminino**
físico perigoso pesada causa trânsito causado corajoso	mangueira fogueira guerreiro alguém protege general	um uma o a os as ele ela nosso nossa este esta seu sua pelo pela

Quadro 3 – Ferramentas construídas para a produção do roteiro da entrevista.

Após as escritas (individual e em dupla), foram analisadas coletivamente as palavras apropriadas para a situação de comunicação, por exemplo: corporação, treinamento, incêndio, automobilísticos etc.

As crianças, consultando as ferramentas disponíveis, fizeram a reescrita das questões que pretendiam incluir na entrevista. Exemplos da escrita e da reescrita compõem a Figura 7.

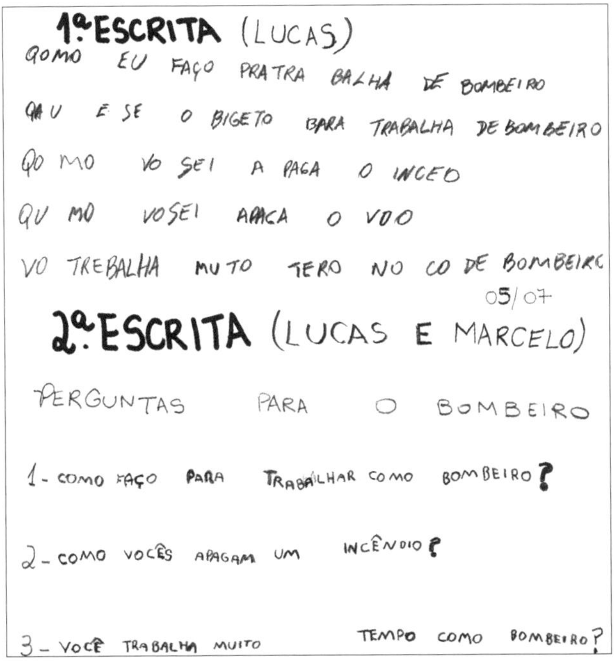
1ª ESCRITA (LUCAS)
QOMO EU FAÇO PRATRA BALHA DE BOMBEIRO
QAU E SE O BIGETO BARA TRABALHA DE BOMBEIRO
QO MO VO SEI A PAGA O INCEO
QU MO VOSEI APACA O VOO
VO TREBALHA MUTO TERO NO CO DE BOMBEIRO
05/07
2ª ESCRITA (LUCAS E MARCELO)
PERGUNTAS PARA O BOMBEIRO
1- COMO FAÇO PARA TRABAILHAR COMO BOMBEIRO?
2- COMO VOCÊS APAGAM UM INCÊNDIO?
3- VOCÊ TRABALHA MUITO TEMPO COMO BOMBEIRO?

Figura 7 – Escrita e reescritas individuais do roteiro para a entrevista.

Logo depois, foi organizado um roteiro coletivo, apresentado a seguir:

1. Para ser um bombeiro, o que deve ser feito? Tem que estudar?
2. Quais são as profissões que existem dentro da corporação?
3. Quais os níveis de bombeiro?
4. Bombeiro faz treinamento físico? Se faz, como é?
5. O trabalho exige muita força física? É perigoso?
6. Bombeiro recebe ajuda de cachorro?
7. Como o cachorro é treinado? Desde filhote? Qual a raça apropriada para esse tipo de trabalho?
8. Quais são as ocorrências mais comuns: incêndios ou acidentes automobilísticos?
9. É difícil resgatar uma pessoa no incêndio? Quais são as dificuldades encontradas?
10. A corporação tem condição de atender a dois incêndios?
11. Quais os materiais utilizados no momento do incêndio?

12. A roupa utilizada oferece proteção contra fogo. Do que ela é feita?
13. A mangueira de água é pesada?
14. Se acabar a água de um caminhão, o que fazer?
15. Bombeiro também corre risco de vida?
16. Quantos bombeiros já morreram ou se acidentaram desde a implantação da corporação em nossa cidade?
17. Qual a categoria da carta de motorista para poder dirigir o caminhão?
18. Quando os bombeiros são chamados para atender os acidentes de trânsito?
19. Quantas horas por dia você trabalha?
20. Essa profissão causa estresse?
21. Seu trabalho interfere na sua vida pessoal?
22. O que você faz para diminuir o estresse causado pela profissão?
23. Essa profissão tem bastantes riscos. Você se sente corajoso?
24. Como foi o primeiro dia que você teve que enfrentar um incêndio? Sentiu medo?
25. Como você se sente ao salvar vidas?
26. Alguma pessoa que você salvou já lhe agradeceu pessoalmente?
27. Tem alguma história especial?
28. Por que você escolheu essa profissão?
29. Você gosta do seu trabalho?
30. Alguém na sua família é ou foi bombeiro?
31. Se você não fosse bombeiro, o que seria?

A partir da realização da entrevista, foi feito o relatório em grupo. Considerando as muitas informações obtidas analisaram-se as respostas, dividindo o roteiro em três blocos: [1-10; 11-20; 21-31]. A professora escrevia na lousa as palavras-chave para o registro de cada resposta do entrevistado (ditas pelos alunos). Desse trabalho resultaram as ferramentas registradas no Quadro 4. A construção das ferramentas foi concomitante à produção do relatório. Recorrendo a essas ferramentas as crianças produziram, em grupo e com a ajuda da professora, o relatório apresentado na Figura 8.

Plural	Substitutivos	en/an/on
nós aprendemos	desta ele	aprendemos treinamento hidrante condução emergência
Pontuação	**Conectivos**	**nh/lh**
ponto final	também se, e	caminhão trabalham

Quadro 4 – Ferramentas construídas para a produção do relatório.

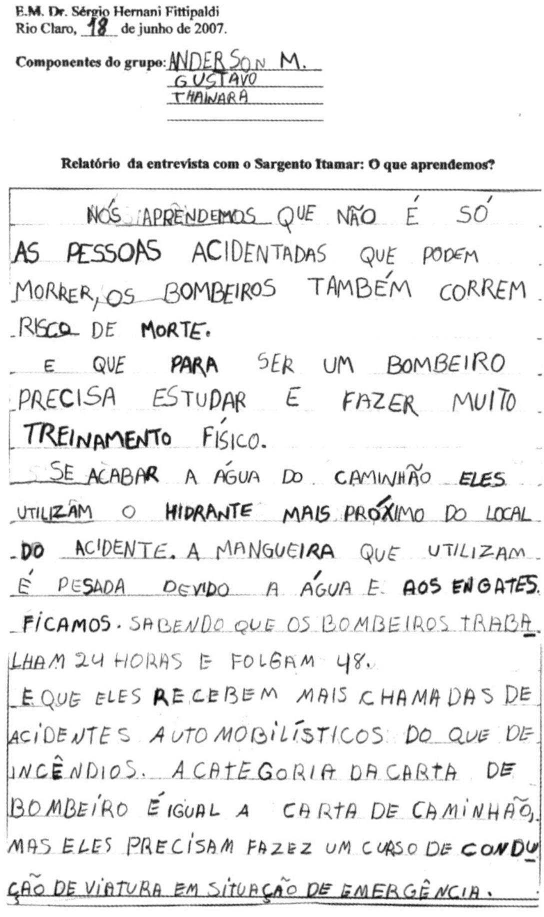

E.M. Dr. Sérgio Hernani Fittipaldi
Rio Claro, 18 de junho de 2007.

Componentes do grupo: ANDERSON M.
GUSTAVO
THAINARA

Relatório da entrevista com o Sargento Itamar: O que aprendemos?

NÓS APRENDEMOS QUE NÃO É SÓ AS PESSOAS ACIDENTADAS QUE PODEM MORRER, OS BOMBEIROS TAMBÉM CORREM RISCO DE MORTE.

E QUE PARA SER UM BOMBEIRO PRECISA ESTUDAR E FAZER MUITO TREINAMENTO FÍSICO.

SE ACABAR A ÁGUA DO CAMINHÃO ELES UTILIZAM O HIDRANTE MAIS PRÓXIMO DO LOCAL DO ACIDENTE. A MANGUEIRA QUE UTILIZAM É PESADA DEVIDO A ÁGUA E AOS ENGATES. FICAMOS. SABENDO QUE OS BOMBEIROS TRABALHAM 24 HORAS E FOLGAM 48.

E QUE ELES RECEBEM MAIS CHAMADAS DE ACIDENTES AUTOMOBILÍSTICOS DO QUE DE INCÊNDIOS. A CATEGORIA DA CARTA DE BOMBEIRO É IGUAL A CARTA DE CAMINHÃO, MAS ELES PRECISAM FAZEZ UM CURSO DE CONDUÇÃO DE VIATURA EM SITUAÇÃO DE EMERGÊNCIA.

Figura 8 – Relatório de entrevista com o sargento Itamar.

Com o término das atividades referentes à profissão bombeiro, refletimos sobre as etapas do trabalho realizado. Partes desse diálogo são a seguir apresentadas.

Professora: O que nos ajudou a produzir a carta para o 1° tenente?
Aluno: Ler a carta que a diretora enviou.
Aluno: A conversa antes da escrita.
Aluno: Saber o nome da pessoa que vai liberar um bombeiro para a entrevista.
Aluno: Fazer a carta junto com os colegas.
Aluno: A professora escreve o que falamos para depois a gente corrigir.

Tipo de texto: Roteiro da entrevista
Professora: O que nos ajudou a produzir o texto?
Aluno: Ter visto entrevista na televisão.
Aluno: Ler as ferramentas.
Aluno: Como usar ponto de interrogação.
Aluno: Os colegas e a professora.

Tipo de texto: Relatório
Professora: O que nos ajudou a produzir o texto?
Aluno: Escrever o que ouvimos e entendemos na entrevista.
Aluno: Conversar com os colegas e com a professora.
Aluno: Ler as ferramentas do roteiro.

Avaliação

As atividades relacionadas à profissão bombeiro foram muito significativas para as crianças. O recebimento da carta do 1º tenente e a visita de um sargento à escola foram momentos importantíssimos para elas. Ao receberem a carta do 1º tenente, tiveram a certeza de que o projeto era mesmo "pra valer" e tinham que dedicar-se a realizar as atividades dentro do prazo estabelecido para que fosse possível concretizar a entrevista. Elas perceberam que o projeto dependia somente delas e já estavam mais seguras em relação a si mesmas e à professora. Estavam acreditando no seu poder de ler e escrever. Receberam muitos elogios do sargento entrevistado, referentes às questões elaboradas, bem como ao bom comportamento apresentado durante a entrevista. Nota-se aqui um vínculo afetivo com a professora, pois já não tinham receio de apresentar uma atividade relacionada ao projeto ou não. Outro aspecto importantíssimo a ser destacado: o avanço no processo de construção da leitura e da escrita estava evidente.

Em continuação ao projeto "Profissões", houve uma entrevista com uma poetisa.

Projeto "Profissões": entrevista com uma poetisa

Elaboração da atividade com as crianças

A escolha do entrevistado ocorreu após o trabalho com a poesia "Casa de Avó", de Roseana Murray, em comemoração ao Dia dos Avós (26 de julho), no qual cada aluno elaborou a sua poesia partindo da "estrutura indutora", "casa de avó é..."[1].

É importante mencionar que o convite à poetisa ocorreu após uma visita sua à escola, para divulgar um trabalho voluntário relacionado a artes plásticas. Durante a divulgação desse trabalho ao corpo docente da escola, ao tomar conhecimento de que escrevia poemas, a professora, considerando que seus alunos, naquele momento, estavam produzindo poemas, resolveu convidá-la para ir até a sala de aula conhecer o trabalho das crianças. Após ouvir as produções dos alunos, a poetisa os parabenizou e sorteou dez livros de poesias entre eles. Após a visita, as crianças ficaram bastante entusiasmadas para escrever mais poemas. Uma aluna disse que podíamos escrever outros (poemas) e convidar a poetisa para ouvir suas produções. A partir dessa ideia, outra aluna mencionou que deviam chamá-la para uma entrevista. Em seguida, iniciou-se o trabalho.

Atividades de leitura e escrita

Ao elaborarem coletivamente a carta à poetisa, notou-se um avanço significativo quanto à organização do texto; as crianças utilizavam corretamente quase todos os termos apropriados ao texto, apresentando dificuldade apenas na "fórmula de polidez" (quanto a esta terminologia, os alunos a denominavam, nesse momento, como "despedida").

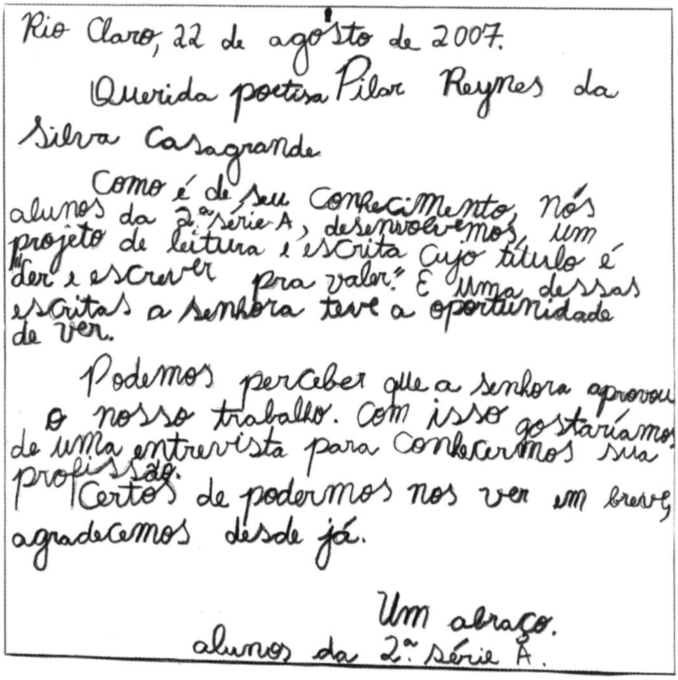

Rio Claro, 22 de agosto de 2007.

Querida poetisa Pilar Reynes da Silva Casagrande

Como é de seu conhecimento, nós alunos da 2ª série A, desenvolvemos um projeto de leitura e escrita cujo título é Ler e escrever pra valer! E uma dessas escritas a senhora teve a oportunidade de ver.

Podemos perceber que a senhora aprovou o nosso trabalho. Com isso gostaríamos de uma entrevista para conhecermos sua profissão.

Certos de podermos nos ver em breve, agradecemos desde já.

Um abraço.

alunos da 2ª série A.

Figura 9 – Carta solicitação à poetisa presidente do Centro Literário de Rio Claro (Clirc).

Após alguns dias, recebemos uma carta com a resposta ao convite (Figura 10).

CLIRC
Centro Literário Rio Claro

RIO CLARO, 24 DE AGOSTO DE 2007.

QUERIDOS ALUNOS DA 2ª SÉRIE A

É COM MUITA ALEGRIA QUE RECEBO ESSA CARTA CONVIDANDO-ME PARA DAR UMA ENTREVISTA PARA QUE VOCÊS CONHEÇAM UM POUCO DA MINHA PROFISSÃO.

ESTAREI PRESENTE A ESSA ESCOLA NO DIA 28 DE AGOSTO ÀS 8 HORAS DA MANHÃ.

DESDE JÁ AGRADEÇO O CONVITE E O CARINHO DE VOCÊS PARA COMIGO.

ABREIJOS POÉTICOS

Pilar Casagrande

PILAR CASAGRANDE

Figura 10 – Carta-resposta enviada pela poetisa.

Aceito o convite, passou-se à escrita do roteiro para a entrevista. Trabalhou-se então na elaboração de ferramentas que servissem de apoio a essa escrita.

masculino/feminino poeta poetisa	bl publicou
sc nasceu	ns inspirou

Quadro 5 – Ferramentas construídas para a elaboração de um roteiro para a entrevista com a poetisa.

As crianças utilizaram essas ferramentas e outros recursos disponíveis na sala de aula para elaborar o roteiro coletivo a seguir:

1. Onde a senhora nasceu? Em que ano?
2. Por que a senhora escolheu essa profissão?
3. Se não fosse poeta, o que seria?
4. Precisa estudar para fazer poesias?
5. Qual era sua idade quando se interessou pela poesia? E qual foi a primeira que escreveu?
6. Tem alguém que é escritor na sua família?
7. Como surgiu a ideia de escrever um livro?
8. Quantos livros ou poesias a senhora já escreveu e publicou?
9. A senhora escreve somente poesias?
10. Geralmente, a senhora se inspira em que para escrever poesia?
11. Como escolhe os temas de suas poesias? E qual o tema preferido?
12. Já pensou em escrever sobre sua vida ou a vida de algum poeta que goste muito?
13. A senhora sente orgulho de ser poeta?
14. Como se sente ao saber que os leitores ficam felizes ao lerem suas poesias?
15. Algum leitor lhe disse que sua poesia o ajudou em alguma coisa?
16. Qual é a poesia que os leitores mais gostaram?
17. Qual das suas poesias é a favorita? Poderia recitá-la?
18. Qual o melhor momento para escrever poesia?
19. Quanto tempo precisa para escrever uma poesia ou um livro?
20. Quais são seus escritores preferidos?
21. Por que alguns escritores só são reconhecidos quando estão bem velhinhos?
22. A senhora se sente realizada nesta profissão?
23. O que gosta de fazer quando não está escrevendo?
24. Como surgiu o Clirc? Onde fica?
25. Crianças participam do Clirc?
26. A senhora gostou de nossas poesias, não é mesmo? Temos futuro como escritores?
27. O que devemos fazer para escrevermos cada vez melhor?

A escrita e reescrita do roteiro de entrevista e do relatório seguiram as mesmas etapas das atividades referentes à profissão de bombeiro.

A escrita abaixo apresentada se deu a pedido da professora. A poetisa propôs às crianças que dissessem palavras relacionadas com aquele momento. No primeiro instante, os alunos ficaram tímidos, apesar de terem realizado a entrevista com desenvoltura. Então, a poetisa perguntou o que sentiam naquela manhã. Eles responderam "felicidade e alegria" – palavras que a poetisa escreveu na lousa. Logo continuou, e intitulou a quadrinha "momentos". Em seguida perguntou aos alunos "o que é felicidade hoje?" – e, coletivamente, foi formado o primeiro verso; fez outro questionamento – "com o quê?". E a palavra "poesia" foi dita por um dos alunos, bem como a palavra "alegria", e para finalizar disse que podiam "brincar" com as palavras e escreveu o último verso.

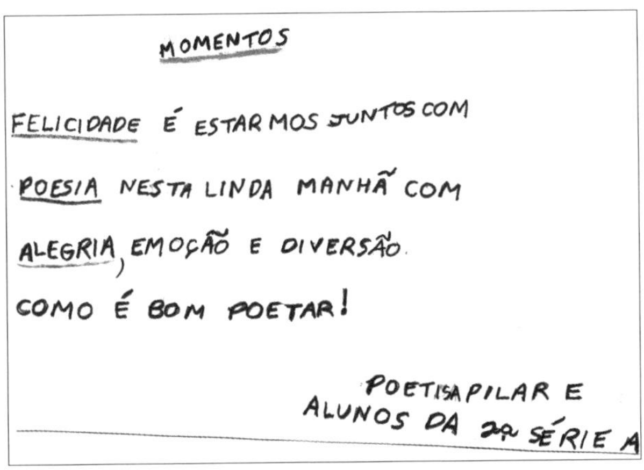
MOMENTOS

FELICIDADE É ESTARMOS JUNTOS COM
POESIA NESTA LINDA MANHÃ COM
ALEGRIA, EMOÇÃO E DIVERSÃO.
COMO É BOM POETAR!

POETISA PILAR E
ALUNOS DA 2ª SÉRIE A

Figura 11 – Escrita que registrou o encontro de Pilar Casagrande com os alunos.

A escrita do relatório, prevista na organização do projeto, constituiu a próxima atividade. Para realizá-la foram consultadas as ferramentas disponíveis na sala de aula. Após a produção do relatório, foi escrita uma carta de agradecimento à visitante. Cópias desses textos são apresentadas a seguir.

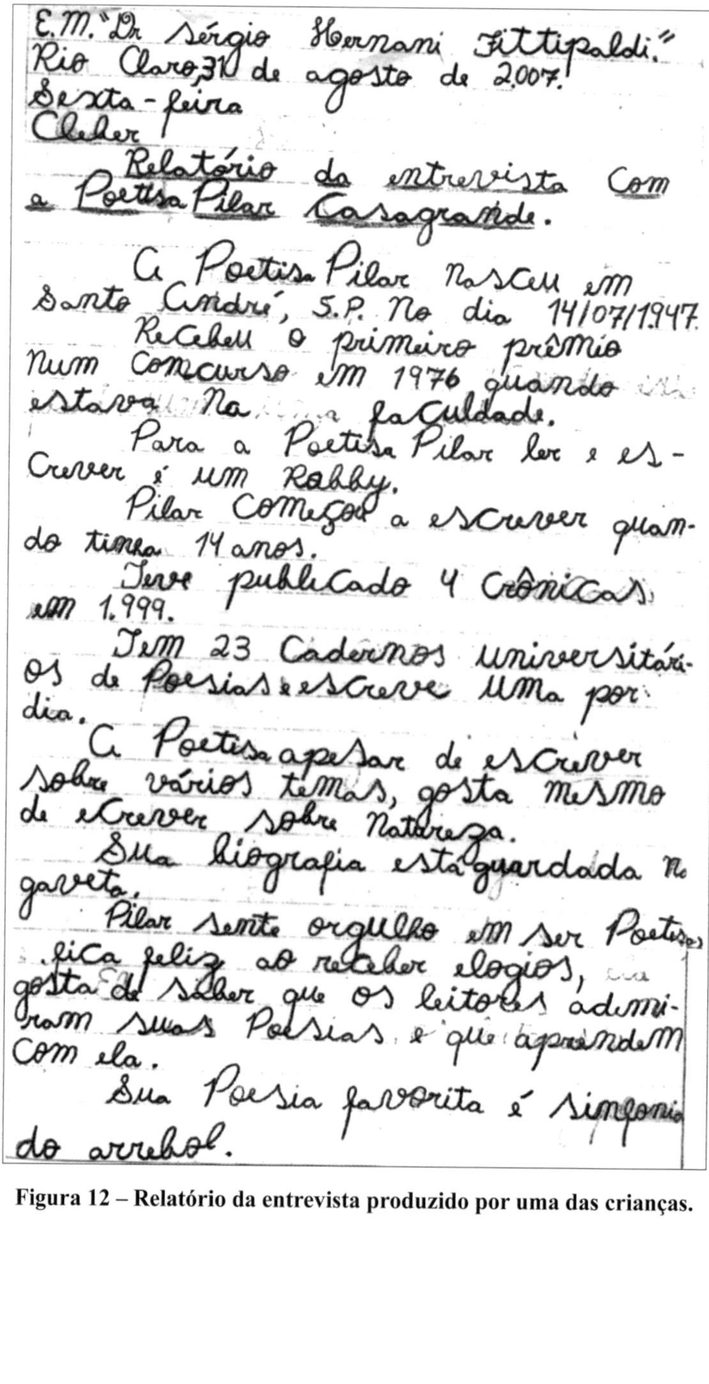

E.M. "Dr. Sérgio Hernani Fittipaldi."
Rio Claro, 31 de agosto de 2007.
Sexta-feira
Cleber

Relatório da entrevista com a Poetisa Pilar Casagrande.

A Poetisa Pilar nasceu em Santo André, S.P. no dia 14/07/1947.

Recebeu o primeiro prêmio num concurso em 1976 quando estava na faculdade.

Para a Poetisa Pilar ler e escrever é um hobby.

Pilar começou a escrever quando tinha 14 anos.

Teve publicado 4 crônicas em 1.999.

Tem 23 cadernos universitários de poesias e escreve uma por dia.

A Poetisa apesar de escrever sobre vários temas, gosta mesmo de escrever sobre natureza.

Sua biografia está guardada na gaveta.

Pilar sente orgulho em ser Poetisa, fica feliz ao receber elogios, gosta de saber que os leitores admiram suas poesias e que aprendem com ela.

Sua poesia favorita é sinfonia do arrebol.

Figura 12 – Relatório da entrevista produzido por uma das crianças.

E. M. E. F. Sérgio Hernani Fittipaldi
Rio Claro, 28 de Agosto de 2.007

Querida Poeta Pilar Reynes da Silva Casagrande.

Por meio desta Agradeço Sua presença em nossa sala, Agradeço também o livro que ganhei.
Espero que venha mais vezes nos visitar e que traga mais livros, pois gostei muito do que li.
Um abraço da aluna Sara Aparecida. 2º A.

Figura 13 – Carta de agradecimento produzida por uma das crianças.

Iniciaram-se então as reflexões sobre os trabalhos realizados e as aprendizagens desenvolvidas.

Atividades metacognitivas

Texto: carta
Professora: O que nos ajudou a produzir o texto?
Aluno: Ter escrito a carta para a diretora e para o tenente.

Aluno: Ler a ferramenta: carta.
Aluno: A professora.

Texto: roteiro da entrevista
Professora: O que nos ajudou a produzir o texto?
Aluno: Ter feito a entrevista com o sargento Itamar.
Aluno: Usar ponto de interrogação.
Aluno: Os colegas e a professora.

Texto: relatório
Professora: O que nos ajudou a produzir o relatório?
Aluno: Ter prestado atenção no que a Pilar falou.
Aluno: Conversar com os colegas e a professora.
Aluno: Ler o roteiro.
Aluno: Ter feito o relatório da entrevista com o sargento Itamar.

Projeto "Profissões" – entrevista com a professora de Educação Física

O interesse dos alunos por essa profissão surgiu após a entrevista com o bombeiro, quando constataram que aquele profissional faz treinamento físico. E diante das informações levantadas: "Quem trabalha como preparador físico tem que fazer faculdade de Educação Física e para ser professor de Educação Física na escola também", as crianças questionaram: "Onde mais essa pessoa pode trabalhar?". Para esclarecer a dúvida, decidimos convidar um profissional da área. Essa atividade iniciou-se com a produção da Figura 14.

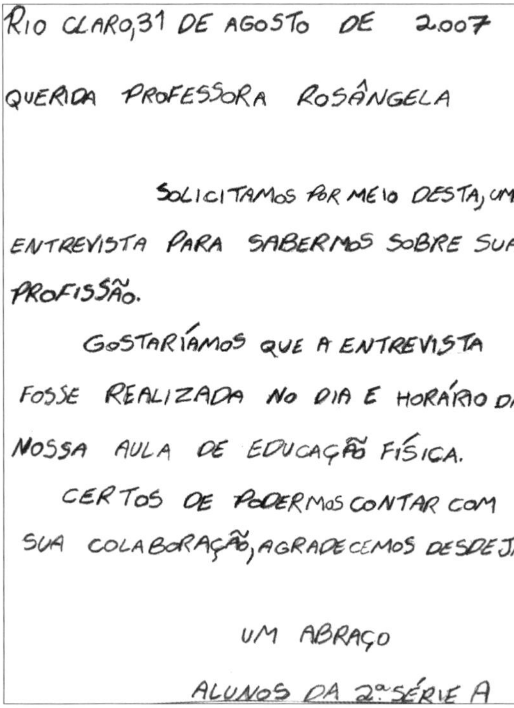

RIO CLARO, 31 DE AGOSTO DE 2007

QUERIDA PROFESSORA ROSÂNGELA

SOLICITAMOS POR MEIO DESTA, UMA ENTREVISTA PARA SABERMOS SOBRE SUA PROFISSÃO.

GOSTARÍAMOS QUE A ENTREVISTA FOSSE REALIZADA NO DIA E HORÁRIO DA NOSSA AULA DE EDUCAÇÃO FÍSICA.

CERTOS DE PODERMOS CONTAR COM SUA COLABORAÇÃO, AGRADECEMOS DESDE JÁ

UM ABRAÇO

ALUNOS DA 2ª SÉRIE A

Figura 14 – Carta à professora de Educação Física.

As crianças, ao elaborarem a carta, utilizavam adequadamente a silhueta desse texto. Após o recebimento da carta da professora aceitando o convite feito pelas crianças, foi elaborado coletivamente o roteiro da entrevista e, após a entrevista, foi produzido o relatório. Procedimentos semelhantes foram realizados para entrevistar outros profissionais – um guarda civil e um balonista, por ocasião do Campeonato de Balonismo sediado na cidade.

Avaliação do trabalho

Inicialmente, as crianças, recorrendo aos indícios e às ferramentas disponíveis, construíam o sentido do texto. À medida que realizavam as entrevistas, elas já apresentavam mais facilidade em leitura.

Após três meses do início do projeto ocorreram avanços significativos quanto à escrita. As crianças estavam tão envolvidas com os projetos que as atividades de leitura e escrita, geralmente tão árduas para a maioria delas, foram realizadas de maneira agradável por se tratar de situações reais de comunicação e da busca de um interesse imediato. As suas produções escritas evidenciam o acesso à escrita convencional e à apropriação da organização textual dos tipos de textos trabalhados.

A responsabilidade em relação ao cumprimento dos prazos estava cada vez mais evidente – cobravam ações adequadas uns dos outros para a continuidade do trabalho. Quanto ao trabalho cooperativo, observava-se o envolvimento de todos, e frases como "Posso auxiliar quem? Posso sentar com quem?" passaram a ser utilizadas naturalmente entre as crianças, demonstrando afetividade entre elas, uma vez que não escolhiam com quem fazer atividades e/ou auxiliar quem necessitava. O respeito para com as pessoas mais velhas passou a ser repensado entre os alunos. Percebia-se que analisavam as atitudes um do outro em relação às pessoas que chegavam à sala de aula e aos funcionários da escola.

Projeto "Escrita poética"

Como citamos em relação à visita da poetisa, inicialmente trabalhamos a poesia "Casa de avó", de Roseana Murray. A seguir, os alunos foram convidados a produzir sua própria poesia com a *estrutura indutora* "casa de avó é...". Quatro textos são apresentados no Quadro 6.

Poesia: Casa de avó **Autora: Nátaly Deróide**	**Poesia: Casa de avó** **Autor: Miguel Diney Vasques**	**Poesia: Casa de avó** **Autor: Matheus Procópio Pimentel**	**Poesia: Casa de avó** **Autor: Gustavo Henrique Sobreiro Cardoso**
casa de avó é o melhor lugar é o país do luar. quando passeio na casa da vovó meu mundo se torna melhor. a vovó tem um carinho de fada um pouco de árvore encantada.	casa de avó é um parque de diversões cheio de emoções. casa de avó é um grande coração cabem todos sem distinção.	casa de avó é como prata está sempre iluminada. casa de avó tem amor e paixão e por isso está gravada no meu coração.	casa de avó é como o programa cocoricó tem dança de galinha cavalos passeando alegria começando. na casa da minha avó as galinhas ciscam o galo canta ao amanhecer é tudo que gosto de ter.

Quadro 6 – Poesias produzidas pelos alunos.

Outra poesia escrita pelos alunos partiu do trabalho com a cantiga folclórica "Se esta rua" e do poema "Paraíso", de José Paulo Paes – no qual o autor também utiliza uma *estrutura indutora*, "se esta (e)...". Após análise dos dois textos os alunos produziram individualmente sua poesia com a liberdade de alterar o título, como é apresentado no Quadro 7.

Poesia: Se a lua encantada fosse minha **Autora: Giovana de Jesus Silva**	**Poesia: Se este mundo** **Autora: Sara Aparecida Matos**	**Poesia: Se este mundo fosse meu** **Autor: Edílson Alves da Luz**	**Poesia: O mundo** **Autor: Crystian Soares Cassiano**
Se esta lua, se esta lua fosse minha eu a mandava cantar para o meu amor se alegrar. Se esta lua fosse minha eu a mandava brilhar para o mundo iluminar.	Se este mundo se este mundo fosse meu eu mandava, eu mandava polvilhar com pozinho da amizade para este mundo melhorar.	Se esta rua fosse minha eu deixava a criancinha brincar e falava para não sujar. Se esta mata fosse minha eu não deixava derrubar para o ar não faltar. Se este rio fosse meu eu não deixava poluir os peixes não saberiam para onde ir.	Se esta rua fosse minha eu mandava colorir para a criança sorrir. Se este mundo fosse meu eu fazia tantas mudanças porque sou uma criança. Se esta mata fosse minha eu não deixava derrubar onde as árvores irão morar?

Quadro 7 – Poesias produzidas pelos alunos.

Em uma aula denominada Oficina Poética (produção de poema), trabalhamos o poema "Perguntas e respostas cretinas", de Elias José, e a música "Brincar de rimar" (Xuxa). Após leitura e análise do texto e ouvir a música, os alunos iniciaram sua produção individual com as estruturas indutoras "você conhece...? – aquele (a) que ...?". Alguns poemas produzidos pelas crianças são apresentados no Quadro 8.

<table>
<tr>
<td>Poema: Perguntas e respostas cretinas

Autora: Vanessa Sampaio de Farias

— Você conhece a Adriana?
— Aquela que é bacana?

— Você conhece a Maria?
— Aquela que tem pintinhas?

— Você conhece a Luana?
— Aquela com cara de banana?

— Você conhece o Edílson?
— Aquele que parece com o Edmilson?

— Você conhece a Vanessa?
— Aquela que fez careta?

— Você conhece o Salomão?
— Aquele que arruma o salão?

— Você conhece a Jane?
— Aquela que sonha em ir a Miame?

— Você conhece o espantalho?
— Aquele que espanta todos os papagaios?

— Você conhece o Joaquim?
— Conheço, mas chega... e fim!...</td>
<td>Poema: Perguntas e respostas cretinas

Autora: Thaynara Stefani Monteiro

— Você conhece a Mariana?
— Aquela que só come banana?

— Você conhece o Miguel?
— Aquela que só come pastel?

— Você conhece o Dedé?
— Aquele que tem dor no pé?

— Você conhece o Joaquim?
— Conheço, chega e fim!</td>
<td>Poema: Perguntas e respostas cretinas

Autor: Cleber dos Santos da Silva

— Você conhece o Zé?
— Aquele que lhe deu um pontapé?

— Você conhece a Dandara?
— Aquela que lhe deu um tapa na cara?

— Você conhece a Adriana?
— Aquela com cara de banana?

— Você conhece o Dariel?
— Aquele com cara de pastel?

— Você conhece o jogo pimbolim?
— Conheço, mas chega... e fim !...</td>
</tr>
</table>

Quadro 8 – Poemas produzidos pelos alunos.

Socialização e a avaliação do trabalho com textos poéticos

Uma das poesias foi apresentada para alunos da 1ª e 2ª séries após o culto à bandeira, realizado na escola todas as sextas-feiras, quando acontece a apresentação de jogral, teatro, dramatização de poesias etc.

O trabalho com esses textos foi muito significativo: as crianças demonstraram estar à vontade desde a primeira atividade proposta. O fato de cada uma escrever seu poema individualmente não quer dizer que não houve discussão entre os pares, ao tentar fazer uma rima ou concluir uma estrofe. Quando não encontravam a palavra adequada, as crianças conversavam entre si para finalizar trabalho; em seguida liam para os colegas. O importante nessas atividades foi a descoberta feita pelas crianças de que podem ser produtoras de poemas – algumas passaram a produzir esses textos sem solicitação da professora.

Projeto "Brinquedos e brincadeiras para hora do recreio"

A realização desse projeto foi prevista no início do ano letivo.

- **Elaboração do projeto com as crianças**
- **Objetivos:**
  - desenvolver a produção textual;
  - desenvolver conhecimentos de ortografia;
  - aprender a fazer a pontuação dos textos;
  - conhecer novos brinquedos e brincadeiras.

Inicialmente, foi elaborado um contrato (Quadro 9) com pouca interferência da professora, que apenas mediava a discussão das propostas dos alunos, que definiram as atividades e os tipos de textos e necessários para a realização do projeto.

Atividades	Recursos humanos	Material (lista parcial)
• Listar as brincadeiras e os brinquedos • Escrever como se faz e montar os brinquedos • Escrever como se brinca • Brincar • Montar um painel bem colorido	• Nós, alunos da 2ª série A • Professora Adriana	• caderno de língua portuguesa • folha sulfite • lápis n° 2 • borracha • caneta hidrocor • apontador • durex colorido • papel manilha ou pardo
	Data prevista para finalização do projeto: 31/10/2007	

Quadro 9 – Contrato do projeto (10/9/2007).

- **Tipos de textos necessários para a realização do projeto:**
  - ficha técnica;
  - lista.

A realização das atividades de leitura e escrita

As crianças, consultando as ferramentas disponíveis na sala de aula (dicionários, fichas, cartazes, cadernos), e a professora escreveram uma lista com os nomes dos brinquedos e das brincadeiras que gostariam de conhecer e executar (Quadro 10).

Brinquedos	Brincadeiras
• dominó • jogo da memória • can-can (da turma da Mônica) • ioiô • pebolim • caixa eletrônico • pés de lata • bilboquê • bola de meia • bolhas de sabão	• queimada • amarelinha • elefantinho colorido ou rio vermelho • pular corda • esconde-esconde • mãe da rua

Quadro 10 – Lista dos brinquedos e brincadeiras para a hora do recreio.

O trabalho sobre cada modalidade de brinquedo ou brincadeira consistia em observar a demonstração de sua execução, realizada por um ou mais alunos. Depois, os demais analisavam: idade ideal para brincar com determinado brinquedo ou brincadeira; o número de participantes; o local adequado; como brincar e/ou como fazer. Em seguida escreviam e reescreviam suas fichas técnicas individualmente, em dupla ou em grupo. Nas três primeiras semanas, mais precisamente depois da escrita de cinco fichas técnicas, os alunos elaboraram seus textos individualmente, como mostra a Figura 15.

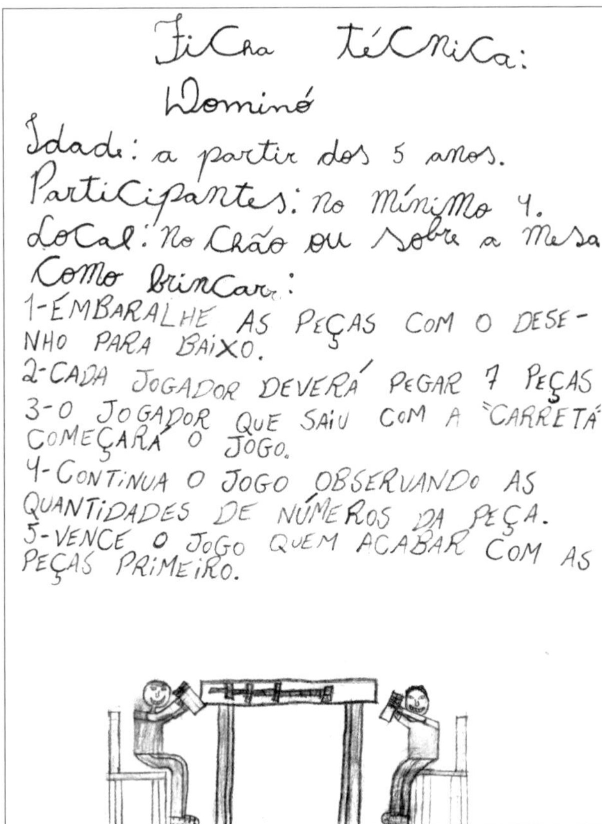

Figura 15 – Ficha técnica realizada por uma das crianças.

Após a leitura e análise de modelos de fichas técnicas de brinquedos, foram elaboradas ferramentas para a produção do texto (Quadro 11) e para a utilização de verbos no modo imperativo (Quadro 12).

Ficha técnica de um jogo ou brincadeira	Ficha técnica para a construção de um brinquedo
Título Idade Participantes Local para brincar Como brincar	Título Materiais Como fazer Como brincar

Quadro 11 – Ferramentas construídas a partir do trabalho com as fichas técnicas: jogo da memória e bilboquê.

Palavras que indicam ordem (Verbo no modo imperativo)	Subtítulos do texto	Blocos do texto	Palavras no singular	Palavras no plural
Distribua Tire Vença Amasse Corte Cubra Faça Decore Segure Tente	Iniciam com letra maiúscula: • Idade • Participantes • Local • Como brincar • Material • Como fazer ou instruções • Observação (se tiver)	Materiais: • um em cada linha • escrito com letra minúscula Como fazer ou como brincar • enumerar as frases • escrever o início das frases com letra maiúscula	garrafa pedaço folha rolo jornal bolinha furo tampa borda copo	participantes anos as peças figuras iguais pares das

Quadro 12 – Ferramentas referentes às fichas técnicas: jogo da memória e bilboquê.

Com a utilização desses instrumentos, as crianças reescreveram as fichas, como mostra a produção apresentada na Figura 16.

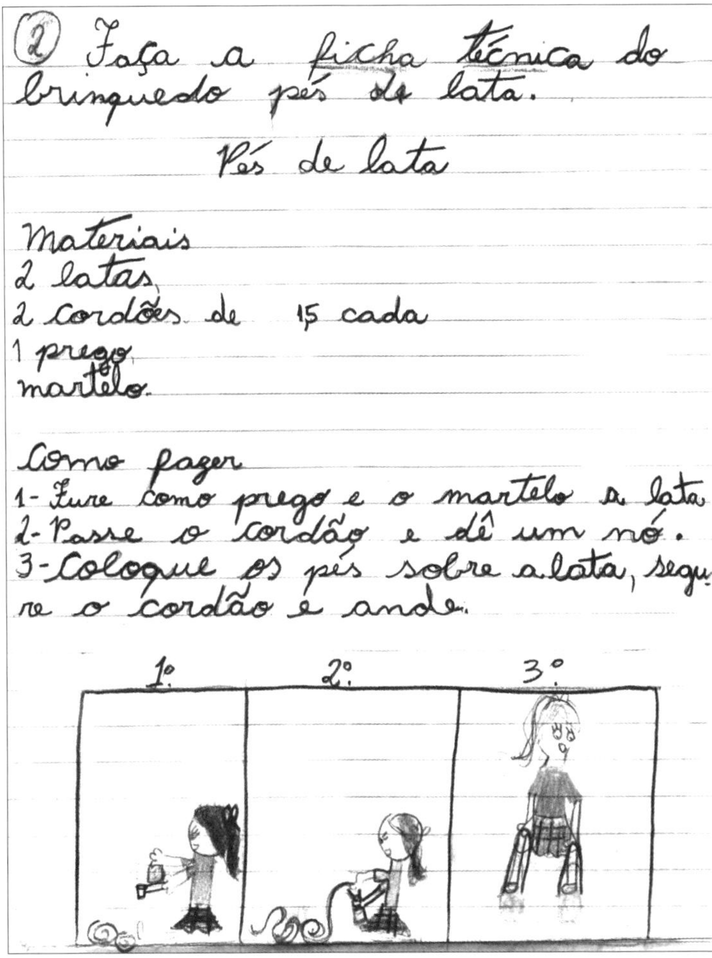

Figura 16 – Ficha técnica produzida por uma das crianças.

Atividades de sistematização metacognitiva

Professora: O que nos ajudou a realizar o projeto?
Aluno: Ter feito o projeto "Profissões".
Aluno: Organizar tudo o que era para ser feito.
Aluno: Ler o que era para ser feito.
Aluno: Trabalhar em dupla e grupo.
Aluno: Ler e ouvir todas as orientações da professora.

Aluno (referindo às demonstrações de como jogar e/ou como fazer um brinquedo): Observar o que o colega fazia.
Aluno: Ter responsabilidade, senão, não ia dar tempo de fazer tudo o que foi planejado.

Tipo de texto: lista
Professora: O que nos ajudou a escrever?
Aluno: Saber que coloca uma palavra embaixo da outra.
Aluno: Pode usar um "tracinho" antes da palavra.
Aluno: Saber que é uma palavra em cada linha.
Aluno: A professora escrevia na lousa os nomes dos brinquedos e brincadeiras e depois a gente "via" se estava certo ou errado

Tipo de texto: Ficha técnica
Professora: O que nos ajudou a escrever?
Aluno: A professora ter falado no começo do ano que esse texto ensina a gente a fazer alguma coisa.
Aluno (o aluno referiu-se a dobradura): Ter trabalhado a ficha técnica do gato.
Aluno: Ter lido a ficha técnica do jogo da memória e do dominó que tem aqui na escola.
Aluno: Tem alguma (ficha técnica) que tem: idade, número de participantes; local para brincar e outras não têm.
Aluno: A professora.

Avaliação

Reportando-me a um dos objetivos traçados para o trabalho a ser desenvolvido no decorrer do ano letivo – a compreensão e a produção de textos em situações reais de comunicação por meio da pedagogia de projetos –, os resultados obtidos foram, sem sombra de dúvidas, excelentes. Com as atividades de leitura e escrita integradas nos projetos, alunos que, no início do ano letivo, apresentavam escrita arbitrária passaram a escrever e a ler convencionalmente todos os tipos de textos trabalhados nos projetos aqui apresentados, bem como outros gêneros textuais que se fizeram necessários trabalhar durante o ano letivo. Os alunos que apresentavam escrita convencional, mas não tinham se apropriado das diversas organizações textuais obtiveram êxito na sua aprendizagem.

Quanto à escrita, foi possível observar a realização de produções individuais de diferentes tipos de textos, com a utilização terminologias próprias para cada texto e adequação às situações de comunicação. A carta e o convite são exemplos de apropriação de características linguísticas dos textos trabalhados. É importante ressaltar que os alunos, ao longo do processo de construção da escrita, passaram a se preocupar com o *status* do destinatário; diziam: "se conheço posso chamar de querido(a), se não conheço, não posso", evidenciando a aprendizagem de uma situação real de comunicação.

No caso da escrita da lista, as próprias crianças colocaram uma palavra em cada linha e separaram os brinquedos das brincadeiras – o que não havia sido solicitado –, demonstrando organização. Houve também apropriação da silhueta de textos poéticos.

Os avanços apresentados na escrita de textos durante os projetos foram decorrentes das oportunidades de leitura e escrita significativa propiciadas às crianças, uma vez que por meio de práticas reais aprenderam a se autoavaliar e atribuir sentido ao trabalho que correspondia aos seus interesses e eram planejados por elas. Observando as escritas, apresentadas na Figura 17, é possível identificar a utilização da escrita convencional e de terminologias adequadas quanto aos gêneros textuais.

É importante registrar algumas falas das crianças quanto à aprendizagem adquirida dada a questão "O que aprendi com os projetos?". Exemplos:

- "que tem que estudar bastante para seguir uma profissão"
- "a ouvir e olhar com atenção"
- "a observar as coisas que a gente faz"
- "a estudar"
- "a trabalhar em grupo"
- "a ler para saber sobre o que a gente vai escrever" (referindo-se à busca de informações)
- "a fazer texto coletivo"
- "que poesia fala de sentimentos bons e ruins"
- "que posso ser poeta"
- "como falar com a pessoa que conheço e não conheço"

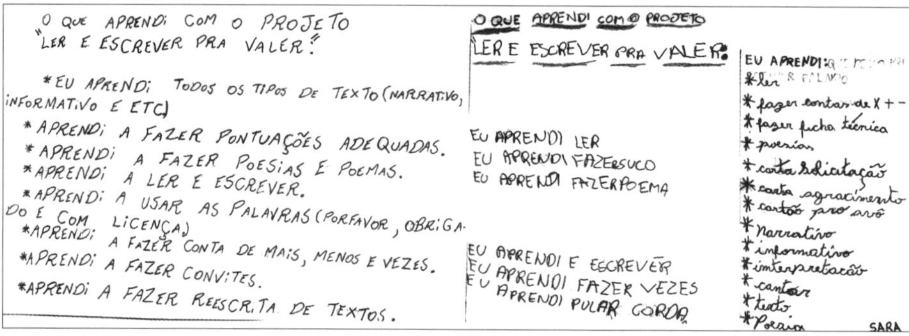
"O QUE APRENDI COM O PROJETO "LER E ESCREVER PRA VALER"

*EU APRENDI: TODOS OS TIPOS DE TEXTO (NARRATIVO, INFORMATIVO E ETC)
*APRENDI A FAZER PONTUAÇÕES ADEQUADAS.
*APRENDI A FAZER POESIAS E POEMAS.
*APRENDI A LER E ESCREVER.
*APRENDI A USAR AS PALAVRAS (POR FAVOR, OBRIGADO E COM LICENÇA)
*APRENDI: A FAZER CONTA DE MAIS, MENOS E VEZES.
*APRENDI A FAZER CONVITES.
*APRENDI A FAZER REESCRITA DE TEXTOS.

O QUE APRENDI COM O PROJETO
LER E ESCREVER PRA VALER:

EU APRENDI LER
EU APRENDI FAZER SUCO
EU APRENDI FAZER POEMA

EU APRENDI E ESCREVER
EU APRENDI FAZER VEZES
EU APRENDI PULAR CORDA

EU APRENDI:
*ler
*fazer contas de X + -
*fazer ficha técnica
*poesias
*carta solicitação
*carta agradecimento
*cartão para avó
*narrativo
*informativo
*interpretação
*cantar
*texto
*Poesia
SARA

Figura 17 – O que aprendi com os projetos.

Nas falas das crianças e nestes escritos ficam nítidos os seus avanços, nota-se a apropriação da leitura e escrita. Nas avaliações finais, correspondentes ao 3° e 4° bimestres, a maioria atingiu a nota máxima (A).

Quanto aos outros dois objetivos – identificar os recursos e tarefas necessárias; organizá-las no tempo e no espaço; valorizar o trabalho e a vida cooperativa –, concluímos, considerando-se as condutas relativas ao trabalho escolar e às tarefas realizadas em casa, que desenvolveram sua autonomia.

As atividades em sala eram planejadas diariamente e os alunos tomaram consciência de que os combinados – regras de convivência elaboradas com a participação de todos no início do ano letivo (não brigar com os colegas; conversar sempre sem agredir com palavras; falar um de cada vez, para que todos possam ouvir; participar das aulas; realizar todas as atividades com responsabilidade) – deveriam ser seguidos para que fosse possível executar o trabalho dentro do prazo estabelecido. Avaliar as atividades passou a fazer parte da rotina da maioria dos alunos; o trabalho cooperativo (já mencionado) permitiu que as atividades inseridas, ou não, nos projetos fossem realizadas por todos os alunos, mesmos os que apresentavam dificuldades.

A abertura da nossa sala de aula a outras pessoas (no caso do projeto "Profissões") possibilitou uma aprendizagem bastante significativa quanto à forma de se dirigir às pessoas, haja vista que vivemos em uma sociedade em que o respeito das crianças pelas pessoas mais velhas ou desconhecidas está se perdendo. Os pais perceberam as mudanças de atitude nos filhos diante das atividades desenvolvidas – notavam avanços.

A participação em reuniões de pais e mestres aumentou significativamente no decorrer do ano letivo. Nessas reuniões, era exposta toda a metodologia de trabalho, os avanços e os envolvimentos dos alunos.

Os resultados obtidos confirmam a validade da pedagogia por projetos, ao acentuar que os projetos surgem da convivência no dia a dia da sala de aula e que podem ser inicialmente propostos pelos alunos ou pela professora. Através deles, os alunos reconhecem a escola como um lugar privilegiado, onde se realizam aprendizagens significativas para eles, veem o professor como um facilitador da aprendizagem, que os ajudará quando surgirem dúvidas ou dificuldades, e veem seus colegas como parceiros com os quais é agradável compartilhar experiências e confrontar aprendizagens.

Notas

1 Estas produções estão apresentadas juntamente com outras produções poéticas no tópico "Projeto 'Escrita poética'".

Bibliografia

JOLIBERT, J. *Formando crianças leitoras*. Trad. Bruno C. Magne. Porto Alegre: Artes Médicas, 1994a.

_________. *Formando crianças produtoras de textos*. Trad. Walkiria N. F. e Bruno C. Magne. Porto Alegre: Artes Médicas, 1994b.

_________. *Além dos muros da escola:* a escrita como ponte entre alunos e comunidade. Trad. Ana Maria Netto Machado. Porto Alegre: , 2006.

MICOTTI, M. C. O. (org.) *Alfabetização*: entre o dizer e o fazer. Rio Claro: Instituto de Biociências, Unesp, 2001. p. 9 -22.

_________. *Alfabetização*: estudos e pesquisas. Rio Claro: Instituto de Biociências, Unesp, 1996, p. 9-60.

Do tradicional para pedagogia de projetos

Ângela Druzian da Silva

Resumo

O trabalho aqui apresentado foi desenvolvido em uma escola pública da zona rural, com 22 alunos de 2ª série, cuja idade média era de 8 anos e 5 meses, pertencentes a famílias com baixa escolaridade. Os pais, em geral, realizavam trabalhos braçais. As crianças não dispunham de estímulos para estudar, manifestavam desinteresse pelas aulas; apenas parte da turma escrevia de modo convencional. Com a escolha de projetos desenvolvidos nas aulas, sobretudo a confecção de um jogo de damas para presentear os pais, começa haver maior participação nas aulas da qual resulta a apropriação da escrita.

No início do ano letivo, a escola apresentou uma proposta pedagógica, que destacava a preocupação com a identidade da clientela escolar, com o respeito pela diversidade cultural e com a valorização da participação da família na escola, além de acentuar o propósito de promover uma educação com qualidade, a fim de avaliar os alunos e criar estratégias de progresso. Não houve em momento algum do ano letivo imposição do modelo de ensino a ser seguido. Deste modo, a pedagogia por projetos não foi um compromisso definido coletivamente, mas assumido por mim, a professora.

Havia um grande preocupação com a motivação da turma para realizar a escrita e a leitura, bem como com a extrema urgência de mudar de conduta profissional, que desvalorizava a identidade da turma e poderia contribuir para o desenvolvimento de personalidades submissas. Também, foi considerado de suma importância atrair o interesse dos pais pelas conquistas escolares dos filhos, uma vez que eram *raras* as suas manifestações quanto ao desempenho escolar dos filhos, demonstrando total desinteresse por seus estudos.

Nas aulas, predominava o desinteresse das crianças pelas atividades que "tradicionalmente" eram propostas por mim, o que ocorria, principalmente, em relação à leitura e a escrita. Os alunos, apesar da evidente capacidade para aprender, sempre apresentavam trabalhos incoerentes, confusos, difíceis de serem entendidos, não gostavam de ler, recusavam-se a participar de atividades que envolvessem leitura e, a maioria da turma, lia decodificando, sem compreensão.

As escritas feitas pelas crianças revelavam que nem todas dominavam o uso convencional do código alfabético. As reproduções de autoria de dois alunos, do conto "João e Maria", escritas na avaliação feita pela Secretaria de Educação em março de 2007 , compõem as Figuras 1 e 2.

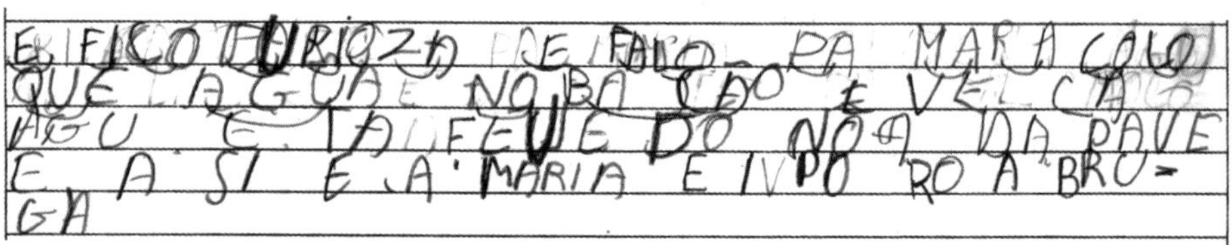

Figura 1 – Avaliação – aluno F.

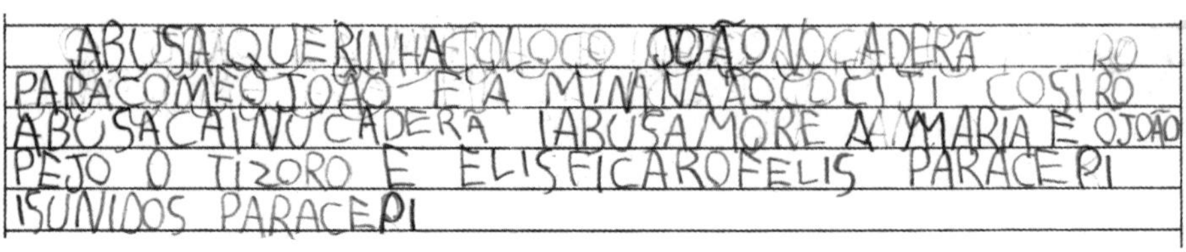

Figura 2 – Avaliação – aluno D.

Considerando-se os desempenhos e as condutas dos alunos nas aulas, a pedagogia por projetos, segundo a proposta de Jolibert (2006) et al., mostrou-se como alternativa possível para que houvesse de fato a mediação no processo de ensino e aprendizagem – uma vez que essa pedagogia valoriza a participação dos alunos em atividades que são de seu interesse, inseridas em contextos reais e significativos. O primeiro passo foi ouvir os alunos – algo que não era feito antes. A seguir, relato a minha primeira experiência com a nova pedagogia.

A elaboração do projeto com as crianças – projeto "Dia dos Pais"

Com a pergunta: "O que vocês querem aprender na escola?" surgiram muitas ideias que foram registradas em um cartaz. Novamente os alunos foram questionados: "São tantas ideias, mas por onde começaremos?". Então, sugeriram uma votação, que foi feita imediatamente com registros no próprio cartaz, que depois deixamos exposto na sala de aula.

Nós queremos	
Fazer maquetes	Fazer gincanas de esportes
Fazer brinquedos	Fazer palestras
Fazer teatros	Aprender a jogar vôlei
Escrever histórias	Aprender dobraduras
Aprender a costurar	Aprender sobre as comemorações
Aprender a ler e escrever bem	Aprender com os jogos
Fazer um livro de receitas	Desenhar mapas
Fazer receitas	Fazer um coral
Usar melhor a letra de mão	
	Alunos da 2ª série A

Quadro 1 – Registro das manifestações dos alunos.

O item mais votado foi: "Nós queremos... aprender sobre as comemorações". Quando a escolha foi feita, estávamos no início do mês de agosto e, por isso, os alunos decidiram que a comemoração do Dia dos Pais seria o nosso primeiro projeto.

O planejamento do projeto iniciou-se com uma tempestade de ideias norteada pelas questões:

- Que atividades vamos realizar para desenvolver o projeto?
- Quais serão os materiais necessários para desenvolvermos as atividades sugeridas?
- Quem serão os responsáveis para que as tarefas se realizem?
- Qual será o tempo necessário para o desenvolvimento de cada atividade?

Quando os alunos começaram a opinar, o processo foi bem tumultuado, falavam ao mesmo tempo e não conseguiam se entender. Até que perceberam a necessidade de se organizarem para que todos pudessem ser ouvidos; precisavam ser uma equipe e respeitar as regras de convivência que eles haviam elaborado no início do ano. Esse processo levou algum tempo para acontecer e necessitou da orientação da professora.

Todas as ideias apresentadas pelas crianças eram registradas e questionadas: um aluno sugeriu que fizéssemos uma apresentação para presentearmos os pais, porém, refletindo sobre a ideia, outro aluno disse que o tempo disponível, uma semana, seria insuficiente; um terceiro aluno disse que, nem todos os pais poderiam vir assistir à apresentação, pois muitos estariam trabalhando. Alguns sugeriram também que comprássemos um chaveiro ou qualquer outro presente, mas refletiram sobre essa ideia e concluíram que seria necessário arrecadar dinheiro, por isso desistiram. Após conversarem muito, um dos alunos deu a ideia de presentear os pais com um jogo e todos concordaram, pois verificaram que fazer esse presente era rápido e prático; nesse mesmo instante, sugeriram o uso de recicláveis na confecção e todos adoraram a ideia.

Além do presente, combinaram de escrever versinhos em um cartão, que fariam livremente. Mas houve alguns alunos que não gostaram da ideia de escrever versos, porque não sabiam como fazer essa tarefa. Eu, como professora, observei: "Poderemos aprender juntos?". "Sim, é verdade", a turma respondeu. Logo, muitos se ofereceram para ajudar e outro aluno justificou a ideia da escrita dos versos dizendo que, ao homenagear as pessoas, usam-se palavras para demonstrar sentimentos e que os versos revelariam o amor pelos pais. Foi possível, dessa maneira, começar a perceber e entender o que era uma "escrita real e significativa" – a turma estava vivenciando uma situação real, na qual precisariam escrever e fariam isso espontaneamente e com muito prazer.

Decidimos colar na capa do cartão uma dobradura da família, trabalho pelo qual se interessaram, ao ver um cartaz, de outra turma, exposto no pátio da escola. Pediram-me que lhes mostrasse como era feita essa dobradura.

A parte mais complexa foi planejar o tempo disponível: tínhamos apenas uma semana para realizar tudo o que já havíamos combinado. Para isso, conversamos novamente sobre o tempo necessário para escrever, reescrever os versos e confeccionar o cartão. As ideias sugeridas e as possíveis decisões eram examinadas, confrontadas, de modo que todos compreendessem a necessidade de discutir as sugestões, ouvir o outro, respeitar as opiniões.

- **Objetivos:**

  Fazer um jogo de damas.

- **Desenvolver:**
  - as estratégias de leitura com compreensão;
  - a escrita convencional;
  - a organização de ideias e a estruturação de textos;
  - a escrita de versos;
  - a conjugação de verbos no modo imperativo.

- **Textos necessários para a realização do projeto:**
  - textos poéticos (versos);
  - fichas prescritivas – regras do jogo.

Registramos os passos do projeto em cartazes e colocamos esses cartazes em uma das paredes da sala de aula.

- **As ações previstas:**

Atividades	Materiais	Responsáveis	Tempo
Fazer um cartão com versinhos	Cartolina, lápis, borracha, régua, tesoura, cola e versos	Toda a turma e a professora	07/08 08/08
Fazer a dobradura da família	Papel sulfite, cartolina, molde, lápis e tesoura	Toda a turma e a professora	08/08
Fazer um jogo de damas	Papelão, papel sulfite, régua, tesoura, lápis, tampinhas e regra do jogo	Toda a turma e a professora	09/08 10/08

Quadro 2 – Cartazes: registro do planejamento do projeto.

Cabe ressaltar que, ao término do projeto, o esquema apresentado acima ganhou mais uma coluna, a coluna da avaliação coletiva, que será explicada adiante.

O projeto em ação: a escrita de versos

No planejamento, combinamos que a primeira atividade seria a confecção de um cartão em que seriam escritos os versinhos criados pelos alunos. Durante a troca de ideias com a turma, observou-se que alguns entendiam o significado da palavra versos, mas outros não. Então, as crianças sugeriram como tarefa de casa uma pesquisa sobre o assunto com os pais, amigos ou vizinhos, cujo resultado seria trazido por escrito no dia seguinte.

No dia seguinte, registramos todos os versos trazidos e fizemos oralmente a observação da estrutura, da silhueta e das características desse tipo de texto, como rimas e ritmos. A seguir, as crianças foram orientadas na primeira escrita dos versos para o cartão do papai, de modo que tivessem de pensar sobre o destinatário dos versos. Imediatamente, os alunos responderam "papai". Com isso, foram solicitados a dizer palavras que lembrassem o nosso destinatário:

> Professora: O que lembra o papai?
> Aluno: Papai lembra amor.
> Aluno: Lembra paixão, lembra carinho.
> Professora (questionando novamente os alunos): Vocês observaram que versos têm rimas. Então, como rimaremos as palavras sugeridas?
> Aluno: Amor, professora, rima com calor.
> Aluno: Rima com corredor e trabalhador.
> Aluno: Paixão rima com gratidão e amigão.
> Aluno: Rima com fortão, né, professora?
> Aluno: E carinho rima com amiguinho e papaizinho.

Todos esses levantamentos foram registrados, constituindo uma ferramenta para a consulta dos alunos durante a primeira produção que foi feita em duplas:

Palavras que lembram o papai:		
AMOR rima com... Calor Corredor Trabalhador	**PAIXÃO** rima com... Gratidão Amigão Fortão	**CARINHO** rima com... Papaizinho Amorzinho Espertinho

Quadro 3 – Cartaz: escrita dos versos.

Após a primeira escrita, as produções foram trocadas com outras duplas, que inicialmente fizeram a leitura. Em seguida, os alunos foram solicitados a pensar como os autores daqueles versos poderiam melhorá-los.

As ideias que surgiram foram registradas coletivamente com o uso de símbolos, mediante diálogos tais como:

> Aluno: Professora, eles se esqueceram de usar letra maiúscula.
> Professora: O que podemos fazer para que os autores melhorem isso?
> Aluno: Podemos circular.

Além de ferramentas que foram criadas por nós e registradas em cartazes expostos na sala, os alunos também consultaram o dicionário, pois esse sempre foi um hábito da turma.

Os alunos observavam as produções dos colegas, consultavam as ferramentas disponíveis, faziam as modificações que julgavam necessárias e devolviam o trabalho para os autores.

Algumas vezes, as modificações registradas nas produções não consistiam em correções de erros ortográficos, mas em indicações para melhorar a letra e terem mais cuidado ao apagarem as palavras, para não fazer borrões. Os alunos justificavam essas anotações dizendo que, tudo isso, dificultava a compreensão do texto. Também aconteceu de os próprios autores dos versos dizerem "Olha professora! Eles não viram que nesta palavra precisávamos melhorar, porque nos esquecemos do acento". Assim, é possível concluir que houve melhora quanto ao desenvolvimento crítico tanto para a leitura, como para a escrita, pois essas atividades passaram a ser feitas com maior cautela.

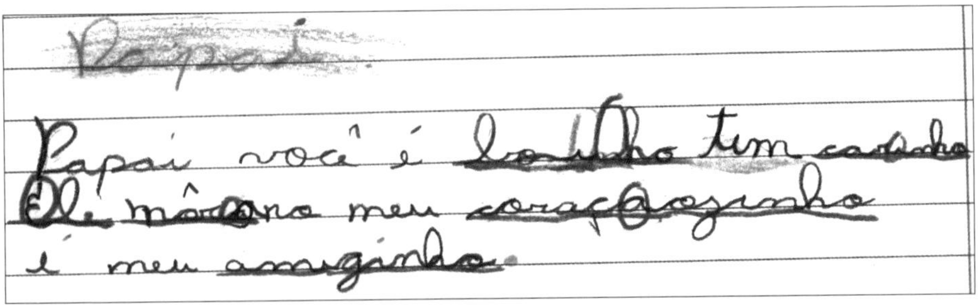

Figura 3 – Primeira produção da dupla A.

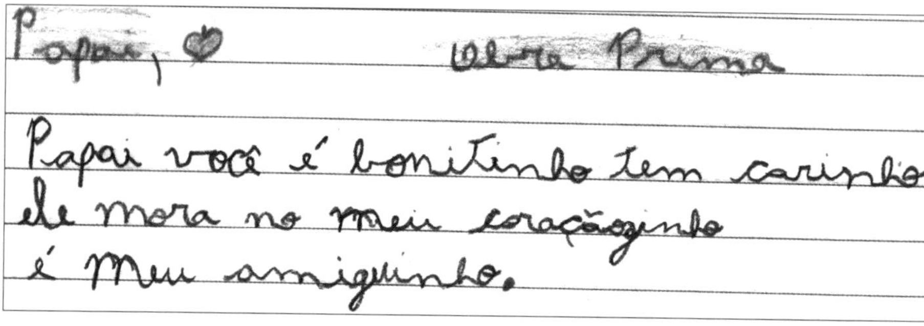
Papai, ♥ Obra Prima

Papai você é bonitinho tem carinho
ele mora no meu coraçãozinho
é meu amiguinho.

Figura 4 – Obra-prima da dupla A.

As produções apresentadas nas Figuras 3 e 4 de versos destinados aos pais, demonstram como as ferramentas construídas coletivamente foram úteis para as modificações necessárias dos textos. Por meio da utilização dessas ferramentas, os autores desenvolveram uma autoavaliação, criando estratégias de aprendizagem, analisando o que precisavam melhorar.

Obra-prima

Como essa era a primeira vez que estávamos trabalhando com a pedagogia por projetos, os alunos não conheciam a expressão "obra-prima". Procurou-se explicar fazendo comparações:

> Professora: O que um autor faz para que o livro dele venha até nossas mãos?
> Aluno: Primeiro ele escreve.
> Professora: Como assim?
> Aluno: Usando a cabeça.
> Aluno: Ele escreve tudo e depois ele vende.
> Professora: Mas será que tudo está certo? Já está pronto para ser vendido?
> Aluno: Acho que sim.
> Professora: Vejam os versos de vocês. Já podemos escrevê-los no cartão do papai?
> Aluno: Claro que não, professora. Acho que deve ter erros.
> Professora: Sim. Você tem razão e isso também acontece com todos os autores. Eles escrevem, fazem a leitura, melhoram, acrescentam partes, tiram o que acham que não ficou bom, pedem a opinião de outra pessoa,

corrigem os erros, até chegar à produção final, "obra-prima", que será publicada.

Assim, os alunos compreenderam que o próximo passo a ser feito seria a "obra-prima".

O momento da produção final é muito valioso, pois faz o aluno refletir sobre seu próprio processo de produção, a organização das ideias, a ortografia, a escrita convencional.

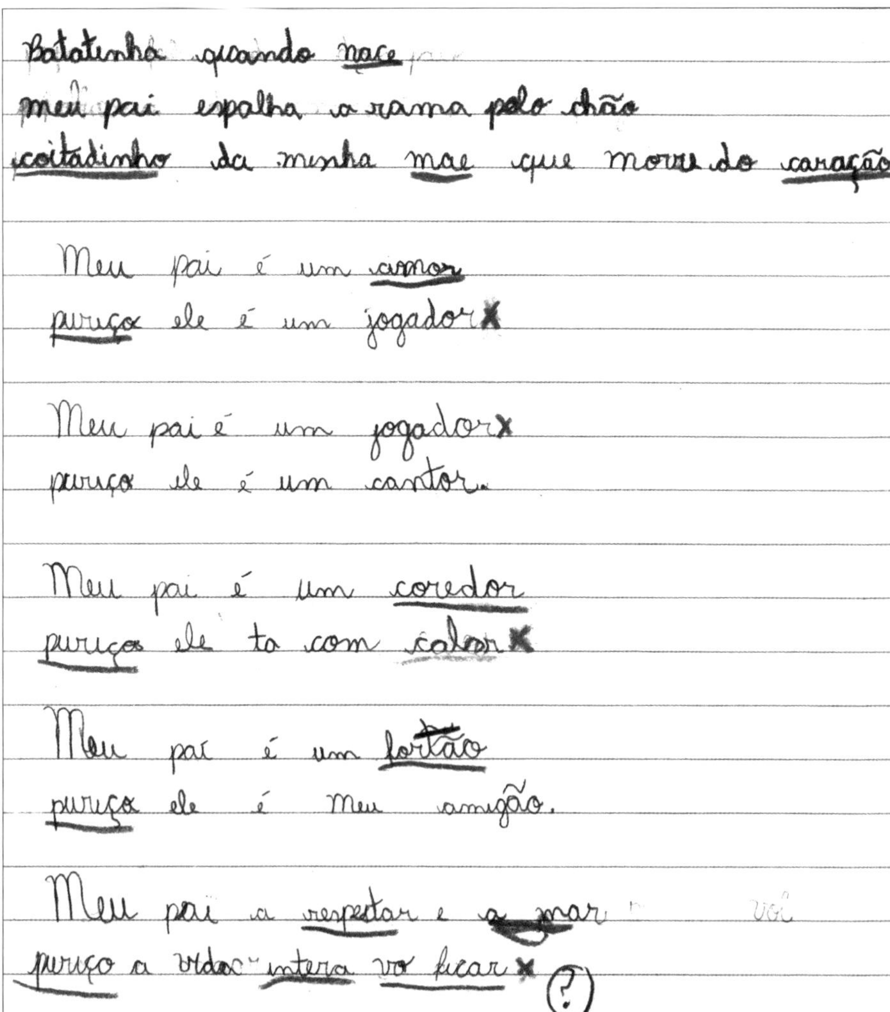
Batatinha quando nace
meu pai espalha a rama pelo chão
coitadinho da minha mae que morre do caração

Meu pai é um amor
puruço ele é um jogador

Meu pai é um jogador
puruço ele é um cantor.

Meu pai é um coredor
puruço ele ta com calor

Meu pai é um fortão
puruço ele é meu amigão.

Meu pai a respetar e a mar você
puruço a vida inteira vo ficar

Figura 5 – Primeira produção da dupla B.

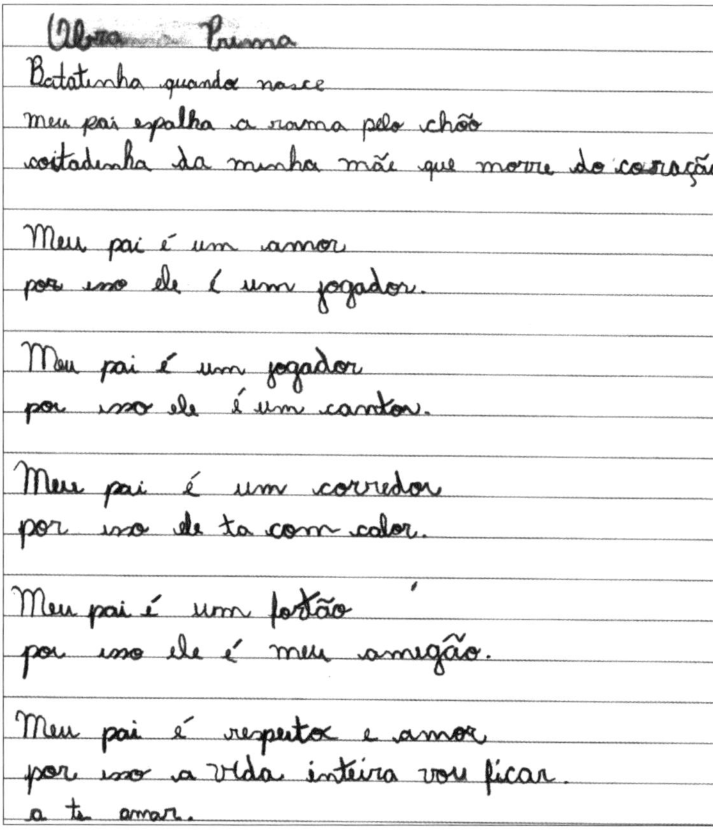
Obra Prima
Batatinha quando nasce
meu pai espalha a rama pelo chão
coitadinha da minha mãe que morre do coração

Meu pai é um amor
por isso ele é um jogador.

Meu pai é um jogador
por isso ele é um cantor.

Meu pai é um corredor
por isso ele ta com calor.

Meu pai é um fortão
por isso ele é meu amigão.

Meu pai é respeito e amor
por isso a vida inteira vou ficar
a te amar.

Figura 6 – Obra-prima da dupla B.

Quando a obra-prima ficou pronta, os alunos foram convidados a fazerem a leitura e, surpreendentemente, já constataram-se mudanças nas atitudes: os mais desinibidos topavam, se ofereciam, liam com satisfação e os tímidos recebiam o incentivo dos outros amigos, que se mostravam empolgados com os versos que ouviam. Muitas vezes, os alunos se ofereciam para ler os versos do colega ou para ajudá-lo na leitura e, mesmo sem lerem com competência, as crianças manifestavam interesse bem diferente do que ocorria quando "tradicionalmente" fazíamos uma leitura dirigida e imposta de textos sem significados para elas.

Durante essa atividade, quando necessário, a professora indicava ao aluno a possibilidade de melhorar o texto. Se ele dissesse que não sabia como melhorar uma determinada palavra ou oração, e concordasse com uma consulta aos colegas, solicitávamos à turma sugestões para solucionar o problema.

Foi o que ocorreu com a obra-prima da dupla B (Figura 6). Ao ser lida pelos autores, a professora observou que na primeira produção "poriço" estava em destaque e os autores haviam substituído "poriço" por "porisso". Então, o processo descrito anteriormente (indicar ao aluno possíveis melhoras) foi realizado. Depois, fizemos o registro em um banco de palavras para futuras consultas, ficando como um dicionário da turma.

Com os versos prontos, passamos para o próximo passo do planejamento, confeccionamos o cartão. Cada aluno criou um modelo de sua preferência, demonstrando muita criatividade, passamos os versos para o cartão fazendo dedicatórias: "Para o melhor pai do mundo", "Para o papai do meu coração" e finalizamos com a colagem da dobradura da família que confeccionamos juntos.

Confecção do jogo de damas – o presente

A ideia de presentear os pais com um jogo ocorreu durante o planejamento do projeto. Foram sugeridos diversos presentes, mas o jogo foi o escolhido. Porém, as crianças não conseguiam definir qual seria o jogo. Para isso, a professora solicitou que fossem até o fundo da sala, onde encontraram uma prateleira com diversos jogos e, juntos, decidiram que o jogo a ser confeccionado seria o de damas. Alguns alunos mencionaram que não conheciam o jogo, outros disseram que era fácil brincar de dama. No meio dessa situação, a professora perguntou como poderíamos fazer para que todos aprendessem. A resposta veio rapidamente: "Podemos jogar". Concordando, a professora pediu que os alunos se organizassem em grupos, pois na sala só tínhamos quatro jogos, e que em cada grupo, tivesse no mínimo um aluno que conhecesse as regras para auxiliar os colegas em caso de dúvida.

Depois da brincadeira, as regras do jogo descritas nas embalagens foram lidas coletivamente e interpretadas oralmente. Em seguida a professora iniciou com a turma uma colheita oral sobre o que tinham entendido, quais eram as regras que direcionavam a partida, quais os materiais que compunham o jogo e como fazer para vencer esse jogo. As respostas que deram a essas perguntas foram registradas pela professora e, ainda no mesmo dia, iniciamos a confecção do tabuleiro e a divisão das tampinhas que representavam as pedras. Cabe ressaltar que essa tarefa também envolveu diversos conceitos matemáticos como medidas, sequência e divisão.

No dia seguinte, revendo os registros sobre a aula do dia anterior, fizemos coletivamente as regras do jogo que foram escritas pela professora. A produção coletiva mostrou-se o caminho válido para propiciar a compreensão das características presentes nesse tipo de texto, pois era a primeira vez que a turma estava tendo contato com uma ficha prescritiva. Durante a colheita oral, os alunos foram percebendo que as frases sempre começavam com ações indicando ordem; perceberam o uso dos verbos no modo imperativo; notaram que há título e subtítulo e quiseram usar marcadores nas orientações, porque se recordaram que na regra do jogo utilizada como modelo era assim.

Entretanto, o produto final não foi adequado, pois, lembrando novamente, esse foi o primeiro contato com textos como o citado, mas a escrita coletiva desse texto ficou como ferramenta de comparação e reflexão para novos processos de produção.

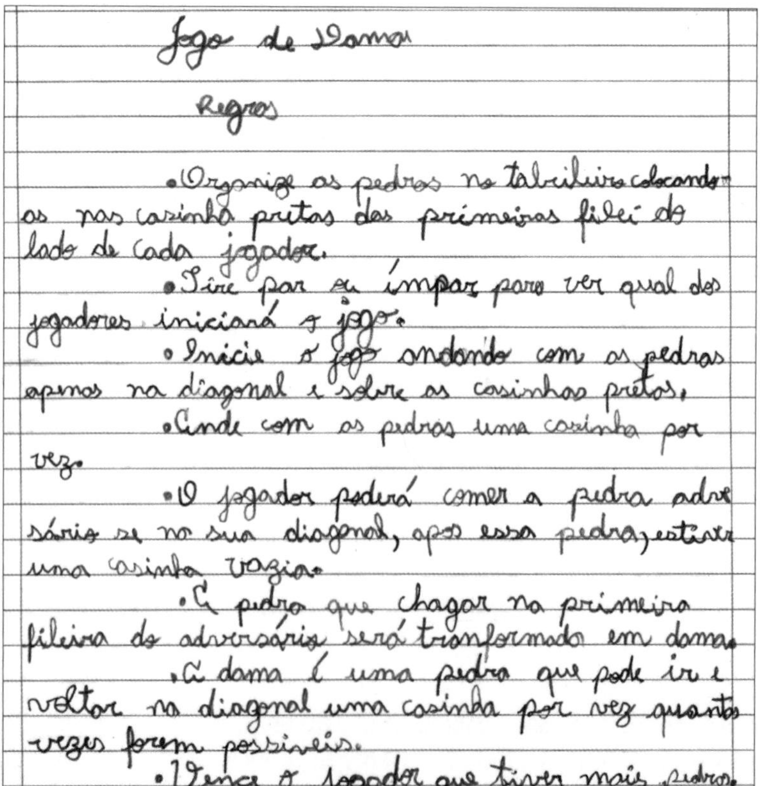
Jogo de Damas

Regras

• Organize as pedras no tabuleiro colocando-as nas casinhas pretas das primeiras fileiras do lado de cada jogador.

• Tire par ou ímpar para ver qual dos jogadores iniciará o jogo.

• Inicie o jogo andando com as pedras apenas na diagonal e sobre as casinhas pretas.

• Ande com as pedras uma casinha por vez.

• O jogador poderá comer a pedra adversária se na sua diagonal, após essa pedra, estiver uma casinha vazia.

• A pedra que chagar na primeira fileira do adversário será transformada em dama.

• A dama é uma pedra que pode ir e voltar na diagonal uma casinha por vez quantas vezes forem possíveis.

• Vence o jogador que tiver mais pedras.

Figura 7 – Produção coletiva: regras do jogo.

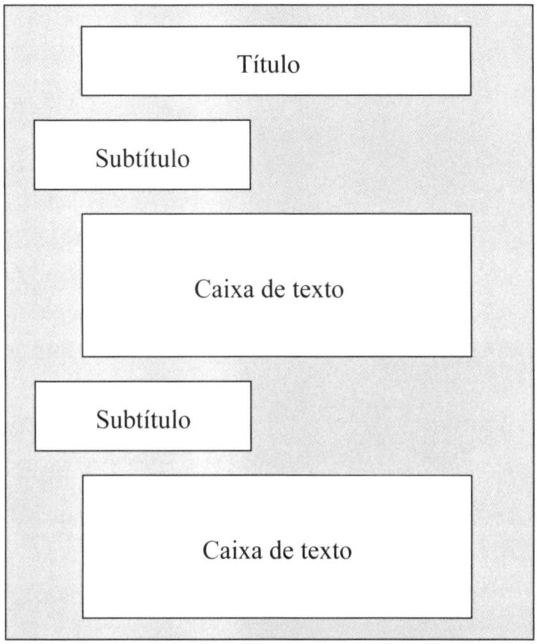

Figura 8 – Silhueta de uma ficha prescritiva.

Socialização

Quando o projeto foi encerrado com a entrega dos presentes aos pais, fizemos uma avaliação coletiva sobre o desenvolvimento do trabalho realizado. Registramos os comentários em uma quinta coluna no cartaz do planejamento (Quadro 2) e, de forma geral, eles foram muito positivos. Todos disseram ter jogado damas com o papai e que até a mamãe quis jogar. Disseram ter percebido a emoção dos pais quando leram os versos. Também notaram que o bom resultado do trabalho está na colaboração de todos, na responsabilidade que precisaram ter para cumprir as tarefas – as atividades dentro do tempo e da forma como haviam planejado.

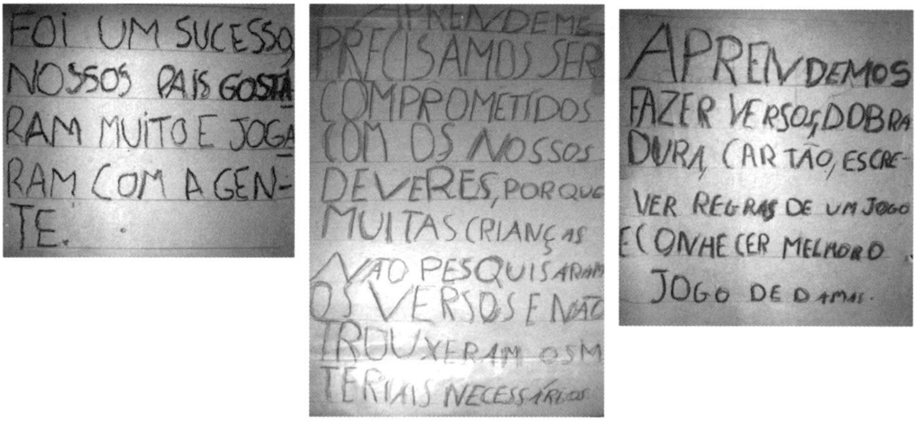

Figura 9 – Registros da avaliação coletiva.

Avaliação

O trabalho desenvolvido aumentou a motivação para a leitura, que era sempre relacionada a contextos reais e significativos para as crianças.

A linguagem escrita desenvolveu-se por meio da reflexão e do confronto, rumo à escrita convencional. Podemos perceber os progressos, comparando os textos dos alunos F e D mencionados inicialmente nas Figuras 1 e 2 com os textos criados por eles, também em avaliação elaborada pela Secretaria da Educação Municipal de Limeira, aplicada em novembro de 2007, após quatro meses do trabalho com a pedagogia por projetos ter sido iniciado.

Essa avaliação seguiu orientações vindas da Secretaria Municipal da Educação, segundo as quais, antes de produzirem o texto, os alunos deveriam confeccionar um marcador de textos, de acordo com um entre vários modelos. O modelo escolhido pelos alunos foi o de um marcador com o formato de uma gravata. Nas Figuras 10 e 11 são apresentados os textos produzidos por dois alunos.

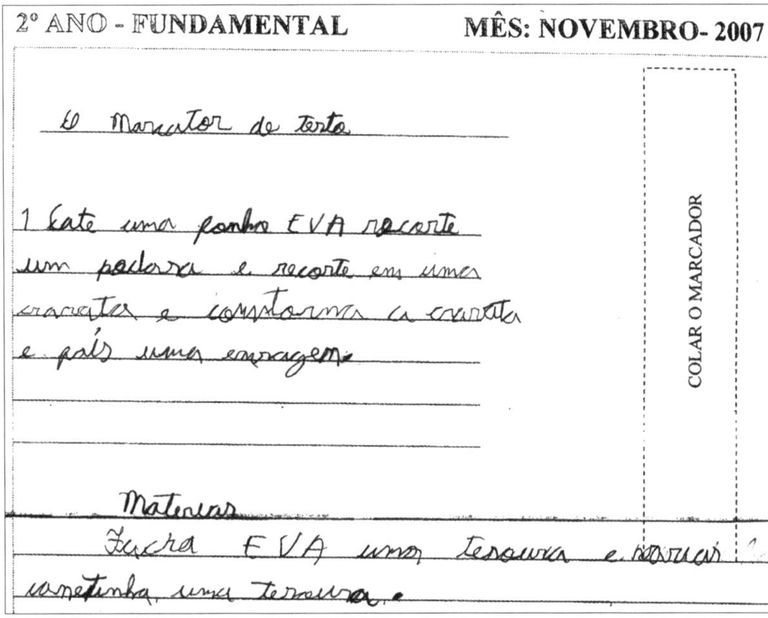

Figura 10 – Avaliação – aluno F.

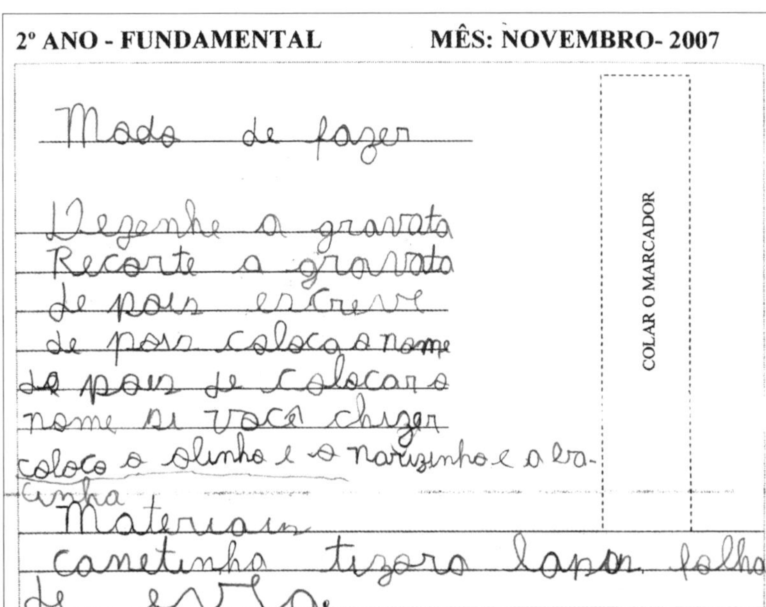

Figura 11 – Avaliação – aluno D.

Esses alunos (F e D), antes, se recusavam a escrever e agora escrevem com prazer. Eles não sabiam organizar a escrita, não tinham noções de organização textual e agora podemos observar uma silhueta, uma sequência. Uma ficha prescritiva como a solicitada na avaliação, exige que o aluno consiga expor a finalidade, exige que as informações sejam reduzidas ao essencial, que haja uma silhueta específica visível, um título, dois blocos de textos com subtítulos. Também é necessário que as instruções sejam escritas na ordem correta, que haja coerência com os verbos, enfim, que haja uma interação do aprendiz com a escrita em toda a sua complexidade e por isso são mostrados a seguir mais exemplos dessa mesma avaliação, para que possamos analisar o resultado obtido por mais dois alunos (A e C).

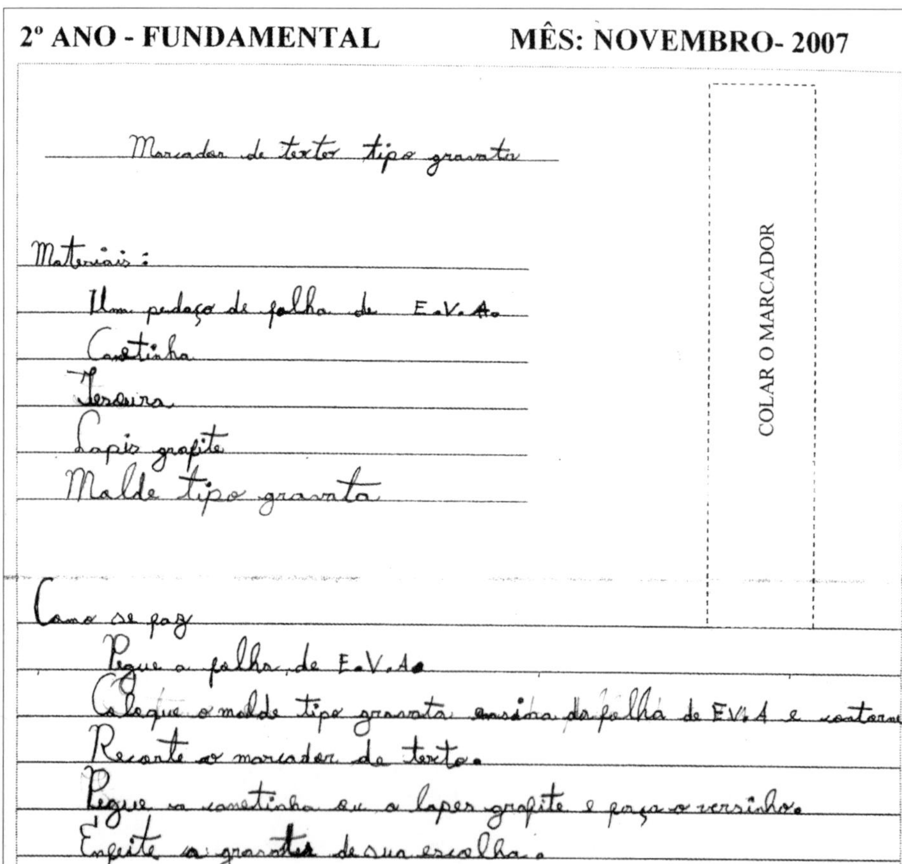
2º ANO - FUNDAMENTAL MÊS: NOVEMBRO- 2007

Marcador de texto tipo gravata

COLAR O MARCADOR

Materiais:
Um pedaço de folha de E.V.A.
Canetinha
Tesoura
Lapis grafite
Molde tipo gravata

Como se faz
Pegue a folha de E.V.A.
Coloque o molde tipo gravata encima da folha de EVA e contorne.
Recorte o marcador de texto.
Pegue a canetinha ou o lapes grafite e faça o versinho.
Enfeite a gravata de sua escolha.

Figura 12 – Avaliação – aluno A.

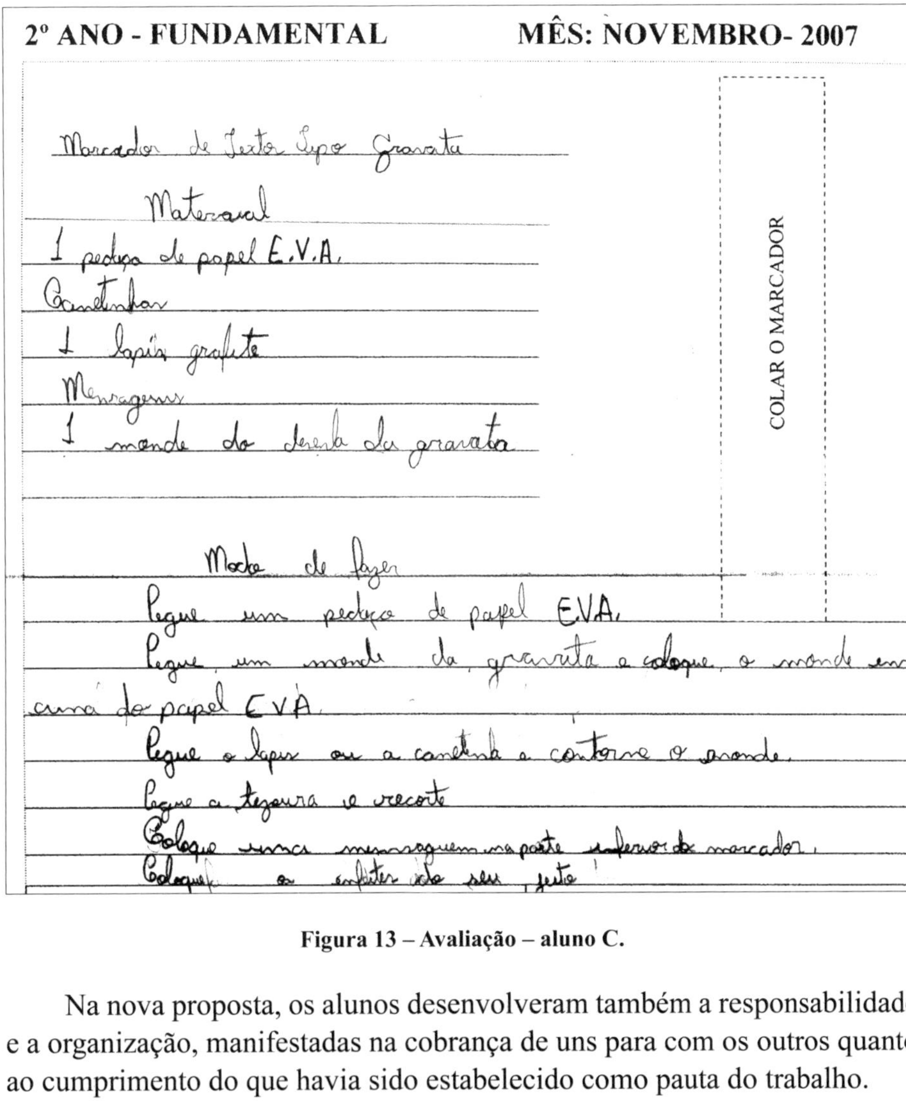

2º ANO - FUNDAMENTAL MÊS: NOVEMBRO- 2007

Marcador de Texto tipo Gravata

Material

1 pedaço de papel E.V.A.

Canetinhas

1 lápis grafite

Mensagens

1 molde do desenho da gravata

Modo de fazer

Pegue um pedaço de papel E.V.A.

Pegue um molde da gravata e coloque o molde em cima do papel EVA

Pegue o lápis ou a canetinha e contorne o molde.

Pegue a tesoura e recorte

Coloque uma mensagem na parte inferior do marcador.

Coloque o enfeite do seu jeito

COLAR O MARCADOR

Figura 13 – Avaliação – aluno C.

Na nova proposta, os alunos desenvolveram também a responsabilidade e a organização, manifestadas na cobrança de uns para com os outros quanto ao cumprimento do que havia sido estabelecido como pauta do trabalho.

Quanto ao interesse dos pais pela aprendizagem dos filhos, nesse trabalho já demos o primeiro passo, pois construiu-se, por meio dos versos produzidos pelos alunos em homenagem aos pais, uma ponte que os levaram ao conhecimento das conquistas obtidas pelos filhos na instituição escolar.

A primeira experiência da professora com a pedagogia por projetos mudou sua conduta profissional, mostrou como avaliar o processo e não apenas o resultado, sistematizando com os alunos o que é aprendido e como é aprendido, o que deu certo e o que é necessário melhorar; deixou claro que projeto não é um tema pronto, imposto, mas sim planejado e sugerido pelos alunos.

As aulas são "construtivas", o silêncio foi substituído por um "barulho produtivo", uma agitação que catalisa o ato de conhecer. A sala de aula é um espaço onde os alunos têm a liberdade responsável e consciente de ir e vir, entendendo que o bom funcionamento daquele ambiente depende de todos. E é por tudo isso que outros projetos surgiram depois desse e a cada novo projeto sempre colhemos frutos surpreendentes.

Bibliografia

Brande, A. C. Produção de textos na escola: aprendendo a ensinar. In: Micotti, M. C. O. *Alfabetização*: o trabalho em sala de aula. (org.). Rio Claro: Instituto de Biociências, Unesp, 2000, p. 121-147.

Jolibert, J. et al. *Além dos muros da escola:*a escrita como ponte entre alunos e comunidade. Trad. Ana Maria Netto Machado. Porto Alegre: Artmed, 2006.

________. *Formando crianças leitoras.*Trad. Bruno Charles Magne. Porto Alegre: Artes Médicas, 1994a.

________. *Formando crianças produtoras de textos.*Trad. Walkiria N. F. Settineri e Bruno Charles Magne. Porto Alegre: Artes Médicas , 1994b.

Farinaccio, M. Leitura e educação infantil: uma abordagem construtivista. In: Micotti, M. C. O. *Alfabetização*: o trabalho em sala de aula. (org.). Rio Claro: Instituto de Biociências, Unesp, 2000, p. 79-119.

Ferreira, A. Ler e escrever com prazer. In: Micotti, M. C. de O. *Alfabetização*: entre o dizer e o fazer. (Org). Rio Claro: Instituto de Biociências, Unesp, 2001. p. 125-140.

Micotti, M. C. O. O trabalho do professor em sala de aula: ensinando a ler e a escrever. *Educação: teoria e prática*. Rio Claro, v. 16, n. 28, p. 15-28, jan.-jul. 2007.

________. O ensino e o aprendizado da escrita – novos olhares. *Educação: teoria e prática*. Rio Claro, v. 16, n.28, pp. 29-46, jan.-jul. 2007.

Alfabetização: um processo para a vida

Rosemary Ap. Vaz Gonçalves
Vanessa Bueno Arnosti

Resumo

Abordamos o trabalho pedagógico realizado durante dois anos com uma mesma turma do ensino fundamental, de alunos provenientes de famílias com baixa renda. A professora trabalhava nos moldes tradicionais, mas desanimada com o desinteresse e a conduta das crianças nas aulas, resolve modificar o modo de ensinar, desenvolvendo um projeto voltado, sobretudo, para a melhoria da convivência em sala de aula. No relato é apresentada a evolução das crianças na aquisição da escrita e na convivência em sala de aula.

Em 2006, uma de nós assumiu a responsabilidade por uma classe de 2º ano de escolaridade, composta de 26 alunos. O grande desafio que norteava essa responsabilidade era a de apoiar as crianças em seu processo de alfabetização.

Segundo as professoras que trabalharam com essas crianças em 2005, elas escreviam de modo, predominantemente, arbitrário, faltavam muito, não se interessavam pelas aulas, saíam frequentemente da sala com o pretexto de ir ao banheiro, manifestavam muitas dificuldades no aprendizado da leitura e da escrita. A análise feita pelas professoras sobre o desempenho dessas crianças foi confirmada pelos resultados da avaliação, realizada no final desse ano letivo, segundo as normas da Secretaria Municipal de Educação. Após o primeiro ano do ensino fundamental, as crianças escreviam juntando letras ao acaso, exceto para grafar algumas poucas palavras muito conhecidas.

Considerando os resultados dessa avaliação, fomos selecionando, elaborando e organizando materiais, pensamentos e estratégias para atingir, no ano seguinte, nosso principal objetivo – a alfabetização. Mas, na prática, as coisas mostraram-se bastante complicadas. Neste capítulo, descrevemos a trajetória que percorremos com esses alunos durante dois anos letivos.

O trabalho realizado em 2006

No início do ano, as condutas das crianças durante as aulas revelavam baixa autoestima. Ao serem solicitadas a fazer as atividades respondiam: "não sei" ou "não consigo". Elas manifestavam carência afetiva e de ordem material, além de apresentarem graves problemas familiares. Nas reuniões, focalizávamos a importância do apoio dos familiares para o sucesso escolar das crianças. Incentivamos os pais a acompanharem a vida escolar dos filhos, a valorizarem todas as suas conquistas.

Inicialmente, nossas práticas pedagógicas tendiam mais para a orientação tradicional. Apesar disso, procurávamos relacionar o ensino com situações que integravam as vivências fora da escola, buscando favorecer o desenvolvimento da compreensão e do raciocínio. Mas os resultados não eram os que esperávamos.

Preparávamos as aulas, escolhendo os temas que achávamos interessantes, buscando a melhor forma de desenvolvê-los, sempre querendo que as crianças aprendessem o que pretendíamos ensinar. Entretanto, algo frustrante acontecia. Os alunos nem sempre conseguiam realizar as atividades propostas ou aprender algo que, de nosso ponto de vista, seria significativo para eles. Isso nos frustrava, já que tínhamos tido tanto trabalho, havíamos pensado muito em como agradá-los e eles não se mostravam motivados.

Percebemos então a necessidade de buscar novos caminhos, de modificar algumas práticas pedagógicas.

No segundo semestre participamos de um grupo de estudos sobre a pedagogia por projetos, oferecido pela Universidade Federal Paulista (Unesp) de Rio Claro. Inicialmente, discutimos a organização do ambiente de aprendizagem; ficamos um pouco descontentes porque não conseguíamos perceber como a organização da sala de aula possibilitaria às crianças se alfabetizarem. Alguns pensamentos nos perturbavam, como: "Nossa sala não precisa ser modificada, arrumada, pois ela já é bonita e organizada, o que queremos é saber como as crianças irão aprender a ler e a escrever, já que apresentam tantas dificuldades". A partir do 4º ou 5º encontro começamos a perceber as diferenças entre a pedagogia por projetos e o ensino tradicional. Optamos então por trabalhar com a pedagogia por projetos, proposta por Jolibert e colaboradores (1994a, b), considerando a ênfase dada por essa pedagogia ao respeito por todas as pessoas na convivência escolar, à interação entre os participantes, à participação dos alunos nas opções relativas à organização do trabalho a ser realizado nas aulas e ao desenvolvimento da compreensão por parte das crianças da "razão de ser" do trabalho escolar.

Projeto relativo à vida cotidiana

A primeira e grande mudança significativa que fizemos nas práticas pedagógicas teve por objeto a nossa interação com as crianças. Começamos a deixar de lado alguns paradigmas e a colocar em ação situações às quais antes não atribuíamos muito valor para o aprendizado.

Resolvemos então modificar nosso modo de agir, desenvolvendo um projeto voltado, sobretudo para a melhoria da convivência em sala de aula.

Elaboração do projeto com as crianças

- **Objetivos:**
  - aprendizado da leitura e da escrita;
  - desenvolvimento da autoestima por parte das crianças;
  - desenvolvimento da percepção de cada um como participante ativo das atividades que compõem o cotidiano em sala de aula;
  - melhoria das relações interpessoais.
- **Atividades:**
  - leitura e escrita;
  - troca de ideias sobre a organização do trabalho em sala de aula;
  - textos necessários – vários (cartas, convites e bilhetes);
  - integração com os familiares.

Desenvolvimento do projeto

Neste processo, valorizamos a linguagem oral, respeitando e ouvindo falas, pensamentos, ideias e opiniões das crianças. Decidimos prestar mais atenção ao que elas diziam de modo a identificar o que realmente esperavam da escola, a fim de que pudéssemos utilizar essas informações para ajudá-las na construção de seus conhecimentos.

As atividades de leitura e a escrita passaram a ser inseridas em situações, nas quais a comunicação de fato ocorria, situações em que estavam presentes as vivências reais dos alunos, não apenas o "faz de conta". Assim, cartas, convites, bilhetes e outros tipos de textos trabalhados nas aulas passaram a ter propósitos específicos, com respostas reais e significativas sobre assuntos que faziam parte da vida em sala de aula e contemplavam o interesse da turma. Para isso, começamos a construir ferramentas para serem utilizadas na leitura e na escrita. Em nosso trabalho, a cooperação passou a ser constante e essencial; pensávamos juntos, planejávamos, desenvolvíamos as estratégias para concretizar nossas intenções.

Essas ações pedagógicas diferiam das anteriores no tocante à ênfase atribuída ao caminho percorrido, não apenas ao produto final. As crianças estavam aprendendo a valorizar as situações de aprendizagem: participando, opinando e colaborando, podendo perceber a interferência de sua participação, de suas ideias e desejos ao final de cada projeto.

Os pais participavam do processo, inteirando-se em reuniões sobre o novo trabalho – como seria desenvolvido; fazendo sugestões; interagindo com a proposta e se envolvendo com o aprendizado dos filhos. Pudemos perceber esse envolvimento quando propuseram que emprestássemos livros para que as crianças realizassem a leitura em casa, assim eles também poderiam ajudá-las, participando e interagindo com os filhos.

Avaliação

Nas aulas, os problemas de indisciplina e desinteresse pela realização das atividades foram amenizados. As crianças não demonstravam mais tanta agressividade física e verbal e falta de respeito com o próximo; demonstravam mais comprometimento com a aprendizagem, pois começaram a apresentar maior disposição para realizar as atividades, fator que, de modo geral, contribuiu para elevar sua autoestima. Elas passaram a perceber a importância da leitura para a vida, ao começarem a compreender mais o significado dos escritos e de que modo estes são úteis na vida cotidiana.

Alguns pais mostraram-se satisfeitos com as mudanças feitas no ensino, relatando que as crianças passaram a ler o que encontravam – as placas e painéis de propaganda, informações nos ônibus, livros e/ou jornais em casa. Esses desempenhos os surpreendiam, pois acreditavam que as barreiras que os alunos encontravam no aprendizado dificilmente seriam vencidas.

O ano acabou com conquistas que consideramos bastantes significativas, porém o acesso à leitura e à escrita ainda não estava completo. Diante dessa situação, resolvemos, com o Conselho de Escola, continuar com a mesma turma no ano seguinte.

O projeto de trabalho para o ano de 2007

A elaboração do projeto com as crianças

- **Objetivos**

  Desenvolvimento da convivência social e a apropriação da escrita.

- **Atividades previstas**

  Logo no início do ano letivo, nós todos conversamos sobre a questão do aprendizado da leitura e da escrita. Nessa conversa, as expectativas das crianças para aquele ano foram destacadas. Dessa ação, desenvolvida de uma maneira bastante ampla, porém simples e objetiva, resultaram as propostas de realização no decorrer do ano letivo de 2007, apresentadas a seguir (Figura 1).

Figura 1 – Resultados do levantamento das perspectivas de aprendizagem para 2007.

- **Textos necessários para a realização do projeto**
  - bilhetes;
  - cartazes;
  - mensagens de congratulações.

O projeto em ação

Desde a primeira aula, os alunos foram instigados a pensar, mediante questionamentos, debates e tempestades de ideias, e a escrever o que pensavam. No ensino, não nos prendíamos à ortografia, mas à utilização da linguagem escrita como meio de comunicação.

A participação dos alunos no encaminhamento das atividades cotidianas foi integrada à rotina de trabalho da classe, mas havia ainda alguns indícios de insegurança por parte deles frente à postura adotada pela professora. As atividades de linguagem oral passaram a ser cada vez mais frequentes e valorizadas, tanto pelo professor como pelos alunos, uma vez que contribuíam efetivamente para o aprendizado e o desenvolvimento dos saberes.

No decorrer das aulas, passamos a notar que os intercâmbios verbais auxiliam no aprendizado. Ao mesmo tempo em que a criança fala o que pensa, sabendo que pode ser questionada tanto pelo professor como pelos demais colegas, ela reflete se o que está pensando e sugerindo é apropriado àquela situação, se é viável, se é seguro etc. Os demais alunos também refletem sobre o que o colega diz, avaliando a sua proposta em seus vários aspectos.

Para exemplificar, citamos um episódio ocorrido durante a discussão para proposição das regras de convivência da classe. Uma criança sugeriu que quando alguém não seguisse o combinado, a professora deveria bater nesse aluno. Essa sugestão foi anotada no quadro, assim como as demais. Depois, ao analisarmos as regras propostas, foi possível perceber que a sugestão incomodava às crianças e quanto elas estavam pensando sobre ela, apesar de não falarem abertamente sobre isso. Todavia, verificamos que havia comentários a respeito assunto; alguns alunos posicionavam-se favoravelmente e outros contra a medida sugerida pelo colega.

Antes da votação, ao fazermos a análise das regras em pauta, as crianças utilizavam muitos argumentos para defender o seu ponto de vista. Entretanto, a maioria verificou que essa ação não deveria ser realizada por tratar-se de uma agressão, não constituindo uma atitude ponderada e respeitosa, seja por parte de professora ou de qualquer pessoa.

Atividades de leitura e produção de textos

Em relação a várias outras questões, também percebemos o quanto as crianças refletiam ao efetuarem a votação, considerando que teriam de pensar naquilo que seria bom para todos, não apenas para algumas situações particulares ou individuais. Depois da votação, as regras aprovadas foram transcritas para um cartaz (Figura 2) que ficava exposto na sala de aula para as consultas.

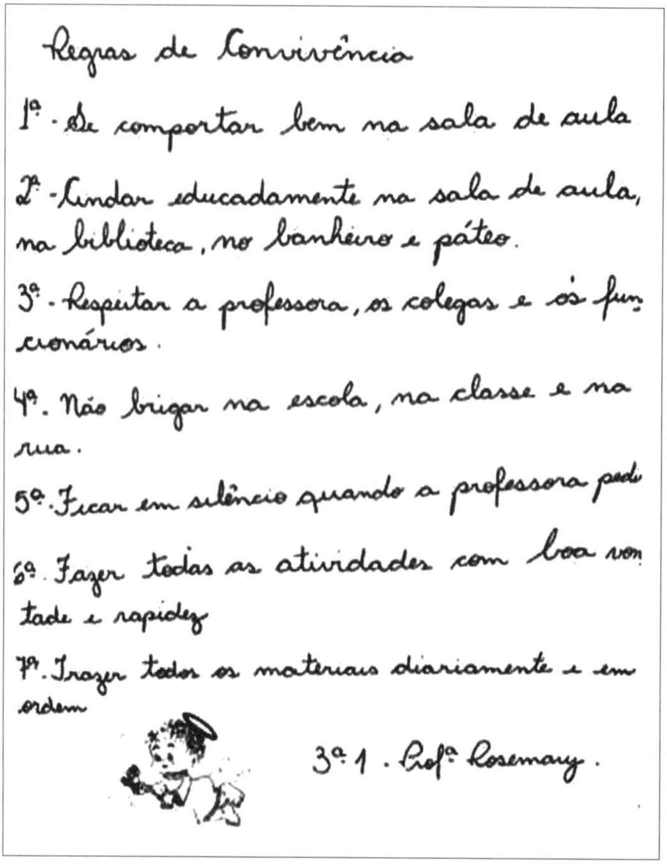

Regras de Convivência

1º. Se comportar bem na sala de aula

2º. Andar educadamente na sala de aula, na biblioteca, no banheiro e páteo.

3º. Respeitar a professora, os colegas e os funcionários.

4º. Não brigar na escola, na classe e na rua.

5º. Ficar em silêncio quando a professora pede

6º. Fazer todas as atividades com boa vontade e rapidez

7º. Trazer todos os materiais diariamente e em ordem

3ª 1. Profª Rosemary.

Figura 2 – Cartaz das regras aprovadas pelos alunos da 3ª série.

Atividades dessa natureza propiciam a valorização da oralidade por parte das crianças e o desenvolvimento moral; mediante a fala, a audição, as trocas de ideias e informações, as crianças pensam sobre o que consideram ser melhor, não apenas para um momento em particular, mas para a realidade da vida social. Em conversas e nas discussões que antecedem as decisões relativas às atividades que pretendemos realizar, as crianças conseguem dizer o que pensam e o que pretendem, além de detalhar os meios necessários para alcançar determinados objetivos.

As escritas eram efetivadas a partir de longas conversas, abrindo espaços para que todos falassem o que estavam pensando ou sentindo. As autoavaliações eram feitas para direcionar os próximos passos, não como mecanismos de controle do que se aprendeu ou deixou de aprender, mas para verificarmos o que precisávamos melhorar e como poderíamos desenvolver técnicas para efetivar essa melhora. Utilizamos, também, para o aprimoramento da escrita, diferentes ferramentas propostas por Jolibert (2006), como as silhuetas dos textos trabalhados para a percepção de seu formato, as palavras-referências; os dicionários ilustrados serviam como fonte de consultas diárias bem como os dicionários convencionais. Desenvolvemos as atividades metacognitivas e metalinguísticas para sistematizar os conhecimentos de leitura e de escrita, as estratégias utilizadas para realizar determinados trabalhos, a utilização de ferramentas como cadernos dicionários etc.

O cultivo da leitura de diferentes modalidades de textos foi realizado com visitas à biblioteca da escola e a disponibilidade de materiais na sala de aula como o cantinho de leitura e a exposição de cartazes.

As visitas semanais à biblioteca envolviam a possibilidade da escolha de livros por parte de cada criança. Estas, após folhearem e se deterem em uma obra específica, faziam a leitura silenciosa para seu próprio prazer e depois liam em voz alta para a professora e para os colegas, com o intuito de demonstrar que conseguiam ler. (Vale lembrar que essas crianças foram alfabetizadas no final da 2ª série.)

Os livros do cantinho da leitura eram utilizados no decorrer das aulas e levados para casa semanalmente para que as crianças pudessem compartilhar as leituras com os familiares.

Os cartazes expostos na sala de aula continham textos trocados semanalmente, constituíam material de leitura espontânea e ao mesmo tempo serviam de ferramentas para a produção de textos.

Esses cartazes continham, por exemplo, textos poéticos, jornalísticos, propagandas, trava-línguas, copiados de publicações ou recortados de jornais. A renovação semanal desse material propiciava a apreciação de novidades e o desenvolvimento do gosto e prazer da leitura como um caminho para a comunicação oral e escrita.

Nesse contexto, as crianças começaram a tomar iniciativas que indicavam com clareza a compreensão das funções sociais da escrita, como, por exemplo, quando um aluno foi transferido e os outros quiseram confeccionar um cartão de despedida. Foi uma situação bastante rica no que se refere à utilização da comunicação escrita em situações do cotidiano escolar. Foi possível perceber como a leitura e a escrita haviam tomado rumos diferentes na vida dessas pequenas criaturas que estão a descobrir o mundo que as cerca. Na produção desse texto, os próprios alunos passaram a tomar a iniciativa de realizar a escrita, a autoavaliação, a correção e a reescrita.

No Dia Internacional da Mulher, no Dia dos Pais, Dia das Mães e em outros eventos, as próprias crianças escreviam mensagens. Elas crianças tomavam a iniciativa de escrever os cartões, consultando as ferramentas pré-elaboradas e fazendo autoavaliações, realizavam o confronto das próprias produções com as dos colegas até atingir a obra-prima. No dia do aniversário da professora, por iniciativa própria, escreveram uma mensagem, comemorando a data. Essa mensagem compõe a Figura 3.

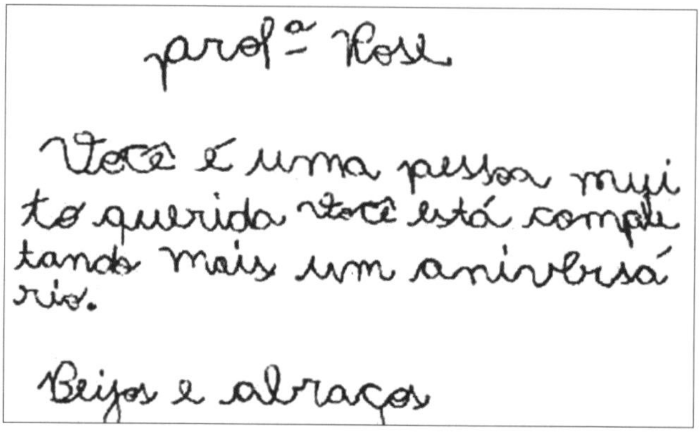
profª Rose

Você é uma pessoa mui
to querida você está comple
tando mais um aniversá
rio.

Beijos e abraços

Figura 3 – Escrita autônoma realizada por uma das crianças.

O projeto "Cinema com pipoca"

Esse projeto, proposto pela coordenação da escola, visava a envolver todas as classes, cabendo a cada professor planejar e definir as ações que seriam realizadas com sua turma no âmbito nesse projeto.

A elaboração do projeto com as crianças

As crianças de nossa turma estavam interessadas em saber mais a respeito de como estourar pipocas. Optaram pela escrita de um texto coletivo, sobre os procedimentos necessários para a preparação da pipoca a ser encaminhado à funcionária que realizaria essa tarefa.

- **Objetivos**

  A realização desse projeto inclui as seguintes atividades:
  - pesquisar como fazer para estourar o milho pipoca;
  - consultar quem já sabe cozinhar;
  - organizar e escrever uma ficha técnica (receita) que possibilite o preparo da pipoca;
  - encaminhar para a funcionária que será responsável pela realização dessa tarefa.

- **Aprendizagens visadas:**
  - organizar a ficha técnica;
  - conjugar verbos no modo imperativo.

- **Ações previstas:**
  - leituras de fichas técnicas para ver como essas atividades são organizadas;
  - leitura de fichas técnicas (receitas culinárias);
  - produção da ficha técnica;
  - convite para participar do evento.

- **Textos necessários para a realização do projeto:**
  - fichas técnicas;
  - bilhetes;
  - convites;
  - cartão de agradecimento.

Realização das atividades

Trabalhamos com texto instrucional, favorecendo a escrita de receita, a sua estruturação com a utilização do modo verbal imperativo, além de outros aspectos que já haviam sido trabalhados com as crianças. Também fizemos o convite escrito para os funcionários participarem do cinema, bem como um cartão de agradecimento pela colaboração deles durante o projeto.

Para essas escritas, utilizamos as ferramentas de aprendizagem que contemplavam a silhueta da estrutura do texto, como se observa abaixo, na

Figura 4 e as palavras-chave e a conjugação de alguns verbos que seriam utilizados no texto.

Bilhete – silhueta

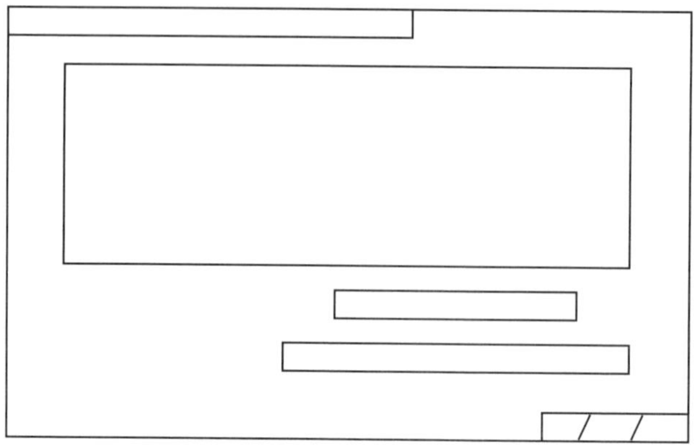

Lembrar:

Para quem?
Assunto
Despedida
Quem mandou?
Data

Figura 4 – Ferramenta para aprendizagem: silhueta de estruturas de texto epistolar.

Avaliação – projeto "Cinema com pipoca"

Após a realização das atividades, fizemos a avaliação, levantando todas as situações reais de utilização da leitura e da escrita para a comunicação.

Utilizamos a autoavaliação sobre os desempenhos relativos aos vários aspectos do projeto, conforme mostram os Quadros 1 e 2.

Autoavaliação: comportamentos e atitudes		
Aspectos avaliados	**sim**	**não**
1 – Colaborei com a limpeza da classe?		
2 – Ajudei na organização da sala de aula?		
3 – Me comportei bem durante a exibição do filme?		
4 – Respeitei a professora e meus amigos durante a atividade?		
5 – Poderia ter contribuído mais com o grupo?		
6 – De que forma?		

Quadro 1 – Instrumento para autoavaliação de comportamentos e atitudes.

Autoavaliação: Bilhete		
Aspectos avaliados	**sim**	**não**
1 – Coloquei o nome de quem vai receber o bilhete?		
2 – Pulei linha para começar a mensagem?		
3 – Escrevi a mensagem com o tema correto?		
4 – Pulei linha para escrever a despedida?		
5 – Escrevi a despedida?		
6 – Usei pontuação?		
7 – Pulei linha para escrever quem mandou o bilhete?		
8 – Escrevi o nome de quem mandou o bilhete?		
9 – Escrevi a data?		
10 – Iniciei as frases com letras maiúsculas?		
11 – Utilizei a letra maiúscula em nomes próprios?		
12 – Utilizei a linha inteira?		

Quadro 2 – Autoavaliação da produção escrita.

A professora servia de mediadora e colaboradora entre todas as ações executadas e as situações vivenciadas pelo grupo. A ajuda mútua se estabeleceu nesse ambiente, favorecendo aos que manifestavam maiores dificuldades, pois os que já conseguiam fazer a sua obra-prima colaboravam para que os demais também conseguissem produzi-la. Essa atitude de cooperação marcou as mudanças de posturas dos alunos e da professora, pois todas as etapas do processo foram construídas coletivamente e valorizadas, não apenas o produto final.

Avaliação dos dois anos de trabalho com a pedagogia por projetos

A postura das crianças alterou-se significativamente, elas tornaram-se mais ativas, participantes, questionadoras, desenvolvendo o pensamento crítico e a cidadania. Deixaram de ser seres passivas e desinteressadas, para aventurarem-se na construção do saber. Essas atitudes simples, mas que aderiram às mudanças de vida, nos fizeram felizes, pois percebemos que não estávamos trabalhando para que as crianças aprendessem apenas os códigos linguísticos ou para fazerem provas para mudar de classe, mas para o desenvolvimento de ações que poderão mudar expressivamente o futuro de cada uma delas.

Quanto à apropriação da escrita, a comparação da produção textual dessas crianças em diferentes momentos da escolaridade, desde o final de 2005 até o término dos dois anos de trabalho com a pedagogia por projetos, permite melhor avaliar o aprendizado realizado.

Os registros gráficos, a seguir apresentados, constituem a reescrita do conto "A galinha ruiva", de Elza Fiusa, feita sem intervenção do professor ou consulta ao texto na avaliação do final de ano letivo. Essa atividade, segundo orientações da Secretaria Municipal de Educação deveria basear-se apenas na leitura realizada previamente pela professora para a classe.

UMAVI UMAGALIA GHAMAVA COCORI-
CO A CHO E MHA DITILHO ECOVIDOPARA-
NHATIEMRTOITOASI STK-DOUIKISPDUHC
HSIPISTCIS TDSH PDIO RSISTISTISIS

Figura 5 – Escrita inicial feita por um dos integrantes do 1º ano em dezembro de 2005.

No primeiro semestre de 2007, apesar de já terem superado a escrita arbitrária, as crianças ainda demonstravam grandes dificuldades na ortografia, na pontuação, na segmentação de palavras e frases, o que constituiu um fator de preocupação. A seguir apresentamos uma produção realizada em meados do ano de 2007.

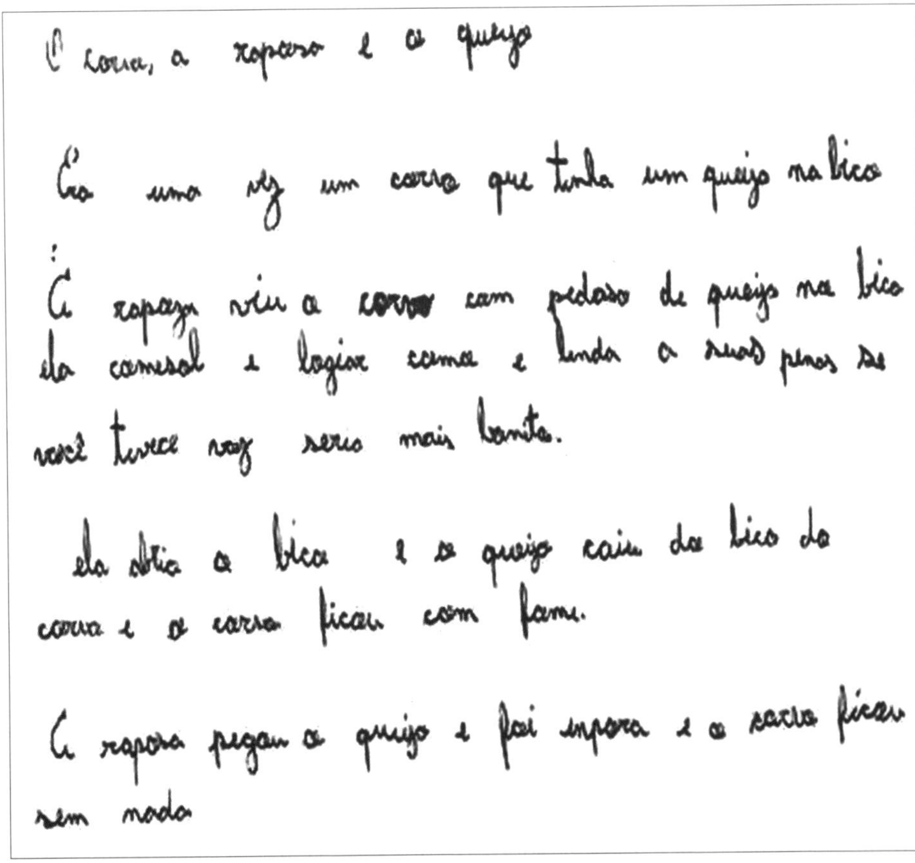

Figura 6 – Escrita realizada em julho de 2007.

Apesar das dificuldades que marcavam a escrita de textos, as crianças escreviam cartas, bilhetes, convites, cartazes, produziam histórias lidas ou ouvidas e demonstravam satisfação ao fazê-lo em qualquer ambiente. Sentiam-se seguras para expressar ideias e opiniões e o faziam de forma clara e ordenada, ainda que apresentassem alguns pequenos erros ortográficos. Somente a satisfação de ver os bons frutos de nosso trabalho bastou para continuarmos com ele.

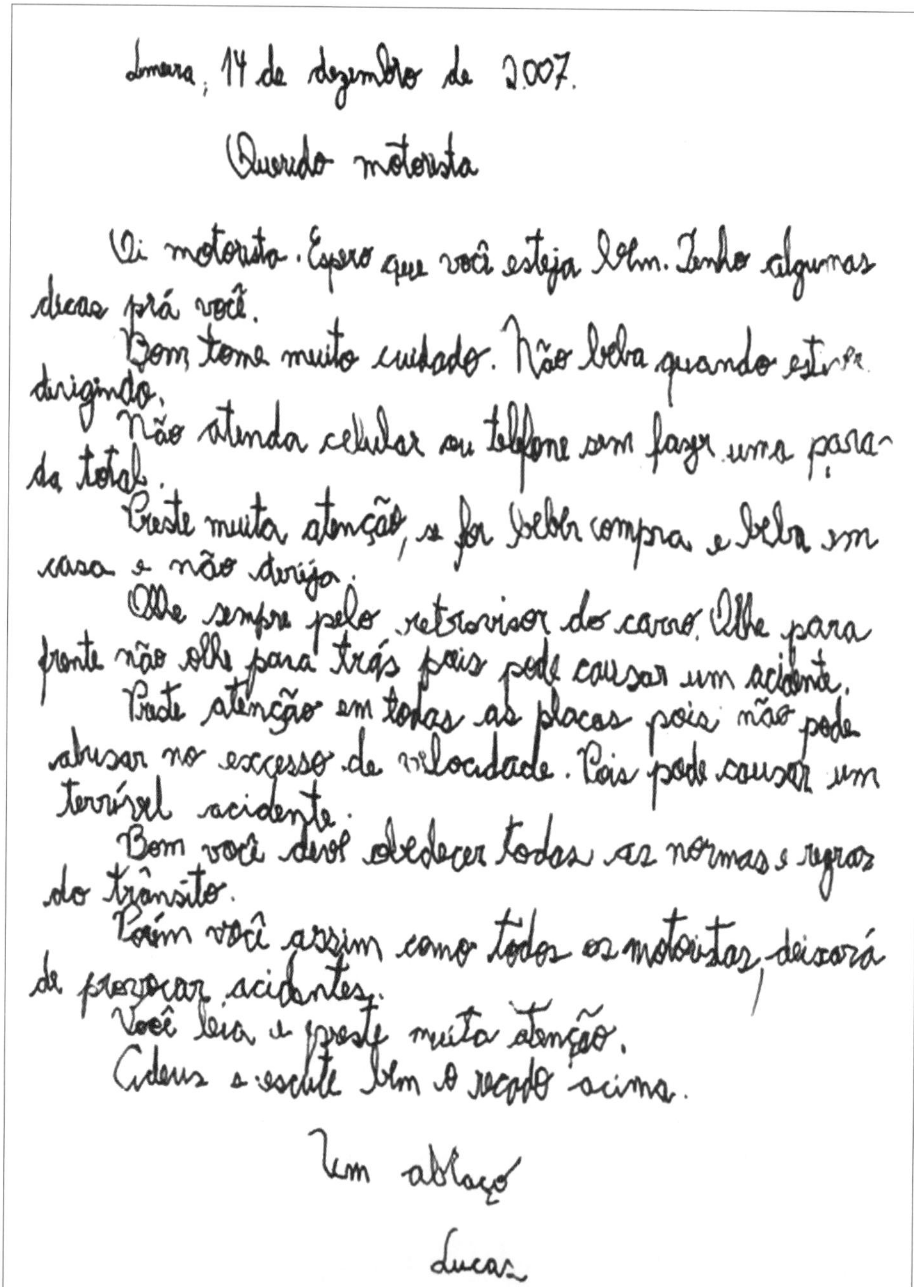

Amora, 14 de dezembro de 2007.

Querido motorista

Oi motorista. Espero que você esteja bem. Tenho algumas dicas prá você.

Bom, tome muito cuidado. Não beba quando estiver dirigindo.

Não atenda celular ou telefone sem fazer uma parada total.

Preste muita atenção, se for beber compra e beba em casa e não dirija.

Olhe sempre pelo retrovisor do carro. Olhe para frente não olhe para trás pois pode causar um acidente.

Preste atenção em todas as placas pois não pode abusar no excesso de velocidade. Pois pode causar um terrível acidente.

Bom você deve obedecer todas as normas e regras do trânsito.

Porém você assim como todos os motoristas, deixará de provocar acidentes.

Você leia e preste muita atenção.

Adeus e escute bem o recado acima.

Um abraço

Lucas

Figura 7 – Escrita "final" realizada em trabalho sobre o trânsito – dezembro de 2007.

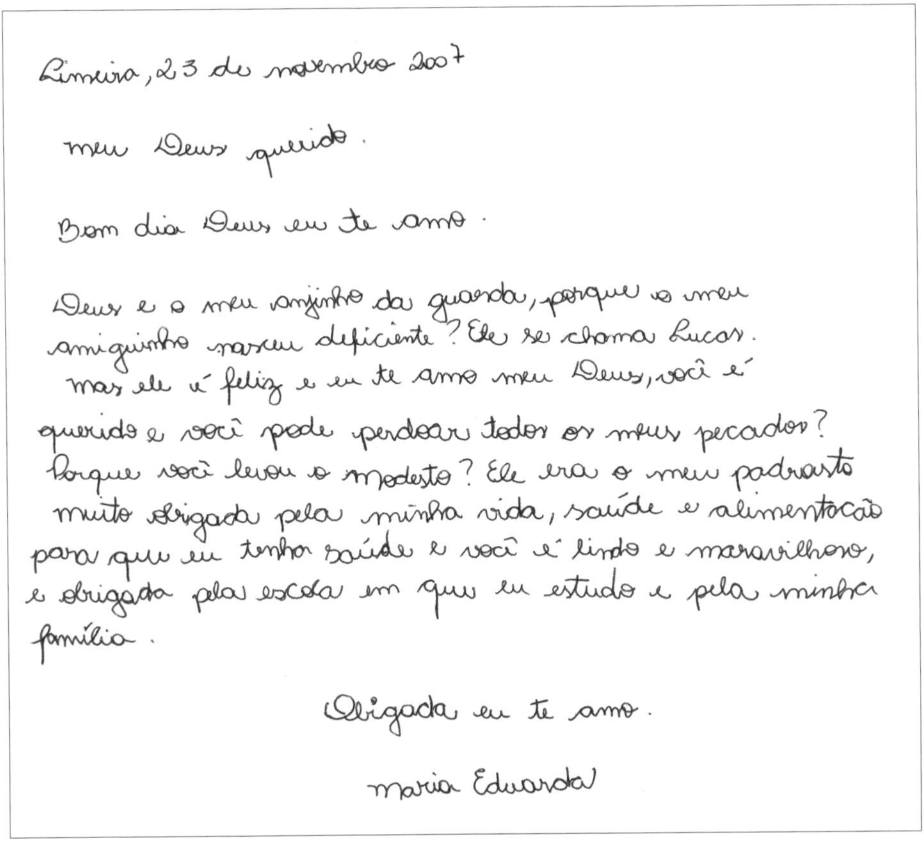

Limeira, 23 de novembro 2007

meu Deus querido.

Bom dia Deus eu te amo.

Deus e o meu anjinho da guarda, porque o meu
amiguinho nasceu deficiente? Ele se chama Lucas.
mas ele é feliz e eu te amo meu Deus, você é
querido e você pode perdoar todos os meus pecados?
Porque você levou o Modesto? Ele era o meu padrasto
muito obrigada pela minha vida, saúde e alimentacão
para que eu tenha saúde e você é lindo e maravilhoso,
e obrigada pela escola em que eu estudo e pela minha
família.

Obrigada eu te amo.

Maria Eduarda

Figura 8 – Produção de texto, realizada por um aluno após o trabalho com a pedagogia por projetos.

Todas essas conquistas foram significativas em comparação com o que ocorreu nos anos anteriores, quando essas crianças se expressavam como seres incapazes de estabelecer relações da leitura e a escrita e o mundo real de cada uma e a utilização de seus conhecimentos. As dificuldades do dia a dia foram superadas e todas aprenderam a ler e a escrever; cada criança desenvolveu o aprendizado em seu ritmo e a seu modo, no decorrer do trabalho comprometido e pautado pela pedagogia por projetos, como revelam as produções escritas aqui apresentadas. Esse trabalho trazia a cada dia um desafio a ser superado e um obstáculo a ser vencido, oferecendo a oportunidade para uma nova conquista.

Bibliografia

JOLIBERT, J.; JACOB, J. et al. *Além dos muros da escola*: a escrita como ponte entre aluno e comunidade. Porto Alegre: Artmed, 2006.

________. et al. *Formando crianças leitoras*. Porto Alegre: Artmed, 1994a.

________. *Formando crianças produtoras de textos*. Porto Alegre: Artmed, 1994b.

________; CABRERA, I. et al. *Transformando a formação docente*. Porto Alegre: Artmed, 2007.

MICOTTI, M. C. O. (org.). *Alfabetização*: a produção de saberes. Rio Claro: Instituto de Biociências, Unesp, 2003.

________. Alfabetização: entre o dizer e o fazer. In:____. *Alfabetização*: o ensinar e o aprender. Rio Claro: Instituto de Biociências, Unesp, 2001.

Os projetos, o aprendizado e a formação dos alunos

Márcia Schuveter

Resumo

Ao assumir uma turma de alunos de 3ª série que apresentavam incivilidade na convivência com os colegas e ainda não sabiam ler e escrever textos de modo convencional, a autora deste capítulo passou a desenvolver projetos selecionados com a participação de todos. A limpeza da sala de aula constituiu o primeiro de vários projetos cuja realização envolveu a leitura e a escrita em situações reais de comunicação. No final do ano letivo, tanto as condutas dos alunos em sala de aula como a leitura e a escrita de textos melhoraram muito.

Aqui, relatamos o trabalho pedagógico realizado com alunos matriculados na 3ª série do ensino fundamental, de escola pública, situada na periferia da cidade de Limeira, no interior do estado de São Paulo. Nos primeiros dias do ano letivo, fizemos uma avaliação diagnóstica com procedimentos comumente utilizados pelos demais professores da escola. Os resultados obtidos revelaram que, entre 34 alunos, 18 não escreviam frases, 13 conseguiam escrever frases, mas, destes, apenas 4 escreviam corretamente. Os alunos que conseguiam fazer a leitura oral não compreendiam o sentido do texto. Os demais (9) escreviam frases curtas sem pontuação, com erros ortográficos, ausência de algumas letras na palavra, início da frase com letra minúscula e falta de coerência. As crianças não apresentavam noções de espaço e de tempo, nem conhecimentos, geralmente utilizados no dia a dia, como os nomes dos dias da semana ou dos meses do ano; também manifestavam dificuldades para responder a questões básicas em matemática.

Durante as aulas, as crianças dispersavam a atenção, falavam bastante e alto, inclusive palavras de baixo calão; mudavam constantemente de lugar e demonstravam hostilidade e agressividade, sendo frequentes as ameaças aos colegas. Manifestavam, ainda, desinteresse pelos estudos e perguntavam, insistentemente, quando seria o recreio.

A situação de aprendizado tornava-se ainda mais complicada em decorrência da falta de higiene por parte dos alunos e na sala de aula. Diante dessa realidade, como desenvolver um processo educativo que favorecesse a aprendizagem, particularmente da leitura e da escrita? Nossas reflexões indicavam que o atendimento das reais necessidades e expectativas dos alunos, relativas ao trabalho escolar, colocava-se como fator imprescindível para o êxito no aprendizado, uma vez que esse atendimento pode estimular o interesse pelos estudos e a evolução da própria autoestima.

Diante dos problemas presentes no cotidiano escolar, consultamos referenciais teóricos que oferecessem alternativas para o desenvolvimento do ensino, uma vez que o senso pedagógico, predominante na escola, nos pareceu insuficiente para solucionar tais problemas; o aluno era visto como um ser passivo, um espaço vazio a ser preenchido pelos conteúdos transmitidos pelo professor a fim de serem memorizados.

Nessas consultas, encontramos as publicações de Jolibert e colaboradores (1994a, b; 2006) sobre a pedagogia por projetos e a construção de conhecimentos por crianças em diferentes níveis de escolaridade. Optamos por essa pedagogia, uma vez que compreende o aprendizado do aluno como fruto de seu próprio engajamento nas atividades escolares, o que lhe permite "viver numa escola real", favorecendo o desenvolvimento de competências necessárias para a participação efetiva na sociedade.

A importância que a pedagogia por projetos atribui ao sentido que o trabalho escolar tem para os alunos e à colaboração dos pais no processo educativo oferece novas perspectivas para a realização de nosso trabalho. Fizemos, então, uma nova leitura da situação em que nos encontrávamos à luz dessa pedagogia e percebemos que novos caminhos se abriam para o sucesso do aprendizado e do ensino. Iniciamos, assim, o trabalho com projetos.

Projeto "A escola é minha, é sua, é nossa"

Elaboração do projeto com as crianças

Os participantes do projeto, alunos cuja idade variava de 8,5 anos a 10, conversavam sobre o início das aulas, quando os questionamos sobre as intenções de cada um quanto à vida escolar. A necessidade de aprender a ler e a escrever foi logo lembrada por alguns e confirmada pelos demais. Nesse contexto, foi lembrada a importância de um ambiente gostoso, sem bagunça para que todos pudessem aprender melhor.

A situação atual da sala de aula foi mencionada em seguida. Organizamos as queixas, questionando as condições em que se encontrava a sala: "Como está a sala de aula? Por que está assim? Quem a deixou assim? Como gostariam que ela estivesse?".

Os alunos responderam que a classe estava suja e com mau cheiro. Concluíram, ainda, que mereciam uma escola limpa, com cheiro agradável. Por conseguinte, elaboraram propostas para mudar a realidade, ou seja, para responder à pergunta "o que fazer?". Diversas alternativas foram apresentadas; por meio de eleição, a limpeza da sala como proposta a ser trabalhada foi selecionada pela turma.

O processo foi demorado; algumas propostas foram rejeitadas na discussão. Por exemplo, no início, alguns alunos se propuseram a limpar a escola toda, inclusive os banheiros. Observamos que esse trabalho não era de responsabilidade das crianças que frequentam a escola para estudar e a escola dispõe de funcionários para fazer o serviço. Ponderamos, então, que, para atingir esse objetivo, muitas atividades seriam necessárias, inclusive buscar apoio de adultos para a realização da limpeza da sala de aula. A discussão continuou e as crianças perceberam que precisávamos apresentar nossa proposta, por escrito, à direção da escola. Com isso, todos tiveram a oportunidade de verificar que a realização do projeto envolvia a leitura e escrita de textos. Assim formulamos nossos objetivos.

- **Objetivos**

O que queremos atingir com o projeto? Desenvolver:

- a valorização do espaço da sala de aula, tornando-o limpo e agradável;

- a comunicação dos alunos entre si e destes com outros segmentos da comunidade escolar, com os funcionários, com a direção e com os pais;
- a responsabilidade individual e coletiva;
- a capacidade de trabalho intelectual individual e coletivo;
- o aprendizado da leitura e da produção de textos;
- a mobilização de todos para o aprendizado.

▪ **Atividades necessárias à realização do projeto:**

- limpeza da sala de aula;
- levantamento da realidade a ser trabalhada;
- escrita individual e coletiva dos problemas detectados e possíveis soluções;
- leitura e escrita de textos necessários para a concretização dos objetivos propostos;
- busca de apoio da direção da escola;
- busca de parcerias para a realização do projeto (direção da escola e pais).

▪ **Tipos de textos necessários à realização do projeto:**

- textos informativos;
- cartas;
- bilhetes;
- cartazes;
- fichas técnicas;
- relato de filmes.

Leituras e produções textuais necessárias à realização do projeto

Após o planejamento do projeto, iniciamos a produção de uma carta para a diretora da escola, relatando o que foi discutido sobre a situação da sala de aula, apresentando a intenção de promover a limpeza do espaço e solicitando o apoio necessário para realizar essa limpeza.

Combinamos com os pais uma reunião para expor o trabalho pedagógico construtivista que pretendíamos desenvolver. Os alunos colaboraram informando-os oralmente e com a escrita de um convite para participarem da reunião. No encontro com os pais, foram trabalhadas duas questões: "Qual é o sentido de aprender ler e a escrever?" e "Qual é a contribuição que os pais podem dar aos filhos e ao trabalho escolar?".

A escrita da carta para a diretora da escola foi iniciada com a elaboração coletiva de roteiro com o qual os alunos puderam verificar o que já sabiam e o que precisavam aprender para a produção do texto. Todos os alunos, mesmo os que ainda não apresentavam escrita convencional, escreveram, individualmente, uma carta, apresentando a proposta do grupo e solicitando à direção da escola, composta pela diretora, pela vice-diretora e pela professora coordenadora, autorização e apoio para a limpeza da classe.

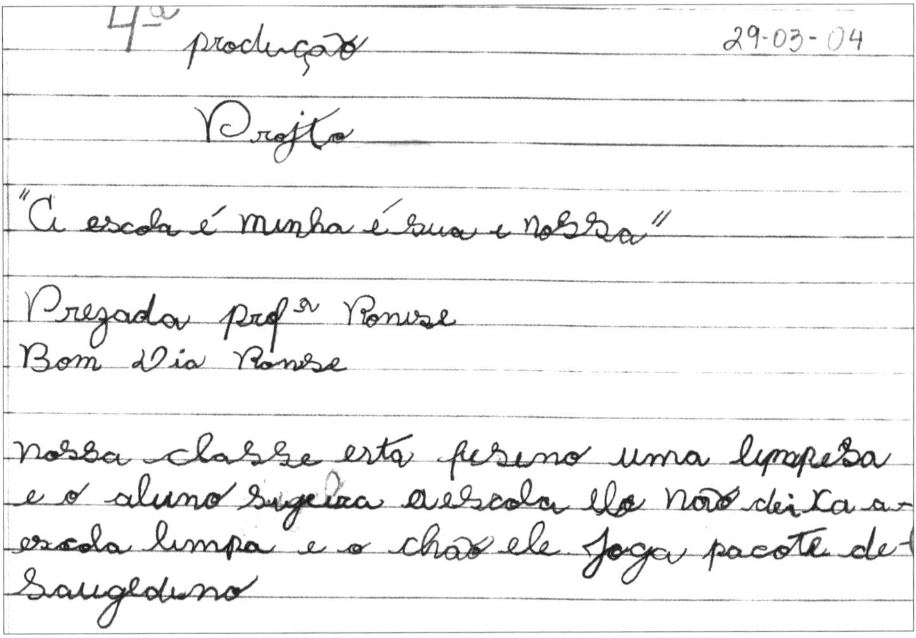
4ª produção 29-03-04
Projeto
"A escola é minha é sua e nossa"
Prezada profª Ronise
Bom Dia Ronise
nossa classe está fesino uma limpeza
e o aluno sujeira a escola ele não deixa a
escola limpa e o chão ele joga pacote de
salgadino

Figura 1 – Exemplo de primeira escrita individual da carta para a diretora.

Após a escrita inicial, cada aluno confrontou sua produção com a de um colega (dupla) e, a partir daí, reescreveram o texto com o apoio das ferramentas construídas.

Em seguida, realizamos:

- leitura das cartas produzidas pelos alunos para conhecimento dos colegas;
- escolha da carta que mais contemplava o projeto;
- correção e reescrita coletiva da carta escolhida.

A escolha da carta que melhor expressava a intenção da turma foi feita por votação, com a participação de todos os alunos. A carta selecionada foi corrigida coletivamente na lousa. Nesse momento, cada aluno pôde confrontar suas hipóteses e elucidar suas dúvidas. Por ocasião da escrita da carta, surgiu a necessidade de construir ferramentas, tais como: ficha técnica com os procedimentos para limpeza, uma lista de palavras relacionadas ao tema etc.

O projeto em ação: a limpeza da sala de aula

Com a resposta positiva da diretora para a classe, iniciamos as atividades de limpeza da sala. Nesse processo, contamos com o apoio dos pais, que, convidados mediante bilhete escrito nas aulas, compareceram às reuniões em que as diretrizes do ensino mediante a pedagogia por projetos foram discutidas com a participação de todos.

Os alunos e a professora, com apoio de um funcionário, realizaram a limpeza da sala de aula. Após a limpeza, os alunos discutiram entre si e perceberam que seria importante, naquele momento, conservar a classe limpa.

A limpeza da sala trouxe um novo desafio para o grupo: o de manter o ambiente asseado e a sala arrumada, sem prejuízo das atividades que deveriam ser realizadas.

Após a limpeza, os alunos discutiram entre si e perceberam que seria importante, daquele momento em diante, conservar a classe limpa. Por isso, eles se comprometeram em manter a sala limpa até o final do ano.

Os alunos fizeram uma campanha sobre limpeza e conservação do ambiente da sala de aula, que consistiu na produção de cartazes com frases otimistas e poesias sobre a importância e a necessidade da conservação da limpeza.

Para facilitar o trabalho, elaboramos algumas ferramentas que poderiam ser utilizadas na produção e na escrita dos textos. Elaboramos um roteiro com o qual os alunos puderam verificar o que já sabiam e o que precisavam aprender para escrever os vários tipos de texto: de acordo com a exigência do texto, precisariam de um roteiro e de uma lista de palavras relacionadas ao tema.

De fato, os alunos mantiveram a sala limpa até o final de ano.

Avaliação

No decorrer da realização de todo o projeto e após sua conclusão, os alunos realizaram avaliações individuais e coletivas que envolveram, além do aprendizado da leitura e da produção de textos, reflexões sobre o papel que a educação escolar desempenha na vida das pessoas e na das crianças.

Nessas avaliações, as crianças apresentaram os problemas, as suas dificuldades, as satisfações e as insatisfações que vivenciaram em todo o processo. Cada aluno expôs como se mobilizou intelectualmente, descreveu o funcionamento dos grupos, a vida cooperativa e a própria atuação.

Desdobramentos

O projeto "A escola é minha, é sua, é nossa" nos auxiliou muito, servindo como referência para as atividades de outros projetos: "Poesia", "Filmes", "Leitura", "Cartas à merendeira", "Meio ambiente e materiais recicláveis", "História das figuras geométricas" e "Ortografia". A seguir, apresentaremos uma breve descrição de alguns desses projetos.

Projeto "Poesia"

Animados com a sala limpa e com as conquistas relativas ao aprendizado da escrita, desenvolvemos o projeto "Poesia". O objetivo desse projeto foi o de dar os primeiros passos na pesquisa e na construção de textos poéticos. Dessa maneira, nossos esforços direcionaram-se para escrita de poesias sobre diversos temas; os alunos desejavam manter a sala limpa e queriam utilizar os textos poéticos para lembrar a importância da higiene no ambiente em que vivemos. Desejavam, também, tornarem-se escritores assim como a professora. A manifestação desse desejo ocorreu ao tomarem conhecimento de que a professora participaria do lançamento de um livro, no qual ela havia redigido um capítulo.

Para que tal projeto obtivesse êxito, combinamos que todos pesquisariam em casa sobre o tema poesia. Eles deveriam ser auxiliados por familiares, amigos (grupos) e a pela utilização das ferramentas disponíveis.

No final de abril, as crianças apresentaram avanços significativos em leitura e produção de textos e estavam muito animadas com a sala de aula limpa e o ambiente de trabalho mais equilibrado.

Diariamente, nos primeiros 20 minutos da aula, as crianças liam e declamavam poesias. Assim, o projeto "Poesia" envolveu tanto a leitura de textos de poetas consagrados como a de textos produzidos pelas próprias crianças. A seguir apresentamos alguns textos que exemplificam as produções realizadas no decorrer do projeto.

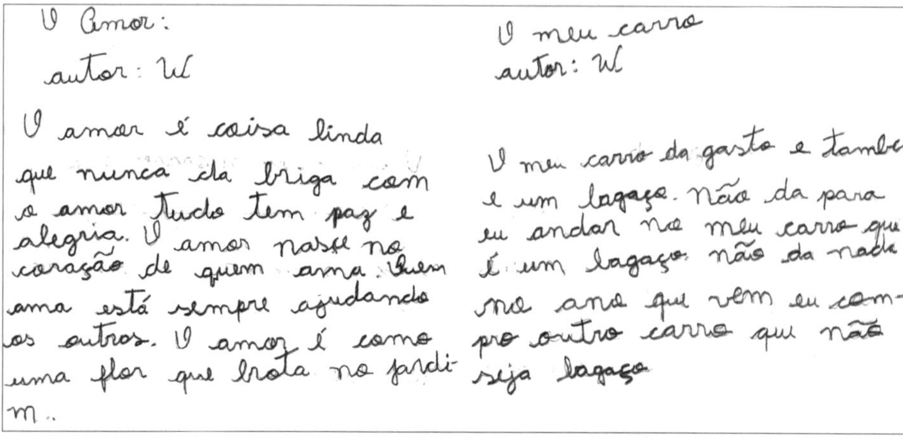

O Amor:
autor: W

O amor é coisa linda que nunca da briga com o amor. Tudo tem paz e alegria. O amor nasse no coração de quem ama. Quem ama está sempre ajudando os outros. O amor é como uma flor que brota no jardim..

O meu carro
autor: W

O meu carro da gasto e tambem e um lagaça. Não da para eu andar no meu carro que é um lagaço não da nada no ano que vem eu compro outro carro que não seja lagaça

Figura 2 – Texto produzido pelo aluno William.

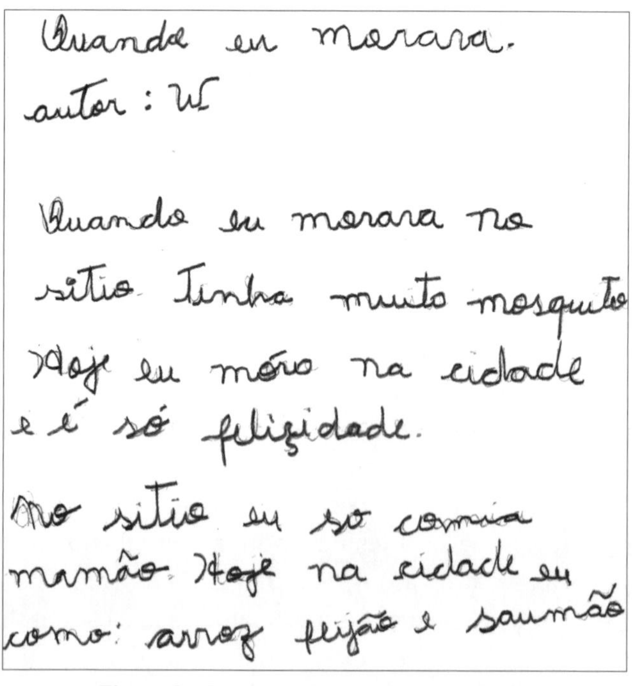

Quando eu morara.
autor: W

Quando eu morara no sitio Tinha muito mosquito Hoje eu moro na cidade e é só felizidade.

No sitio eu so comia mamão Hoje na cidade eu como: arroz feijão e saumão

Figura 3 – Produção feita pelo aluno William.

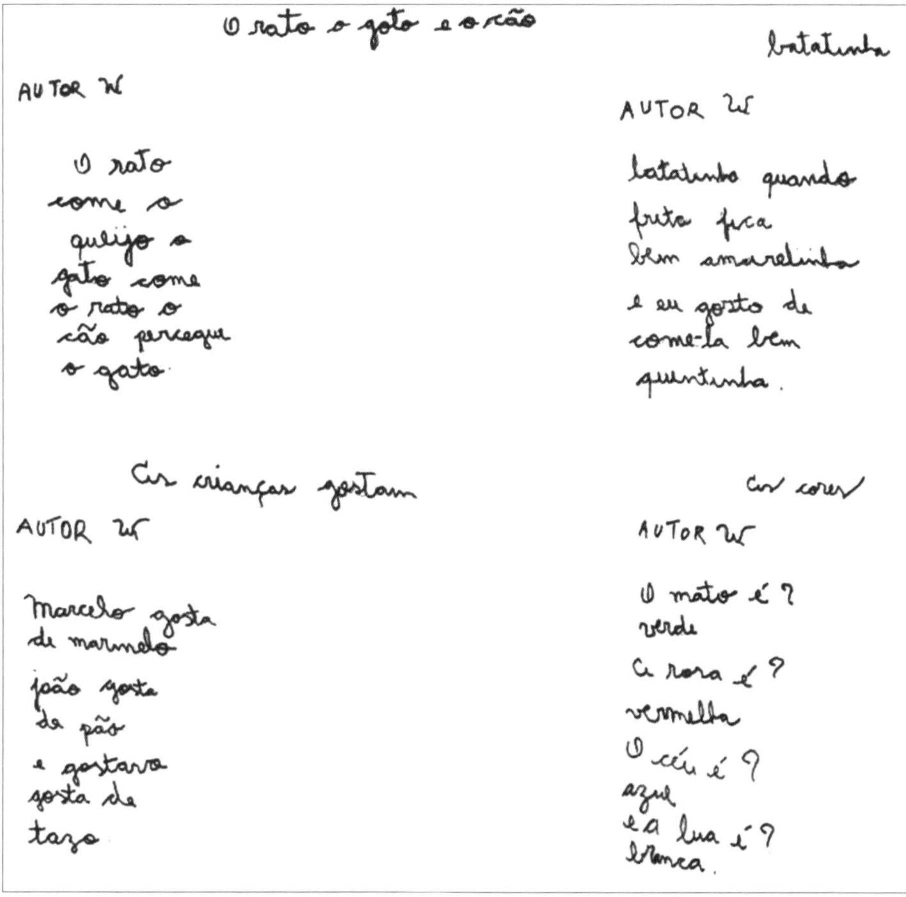

O rato o gato e o cão

AUTOR W

O rato
come o
queijo o
gato come
o rato o
cão persegue
o gato.

batatinha

AUTOR W

batatinha quando
fruta fica
bem amarelinha
e eu gosto de
comê-la bem
quentinha.

As crianças gostam

AUTOR W

Marcelo gosta
de marmelo
joão gosta
de pão
e gostava
gosta de
tazo

As cores

AUTOR W

O mato é ?
verde
a rosa é ?
vermelha
O céu é ?
azul
e a lua é ?
branca.

Figura 4 – Textos produzidos pelo aluno Wendel.

Notamos nesses textos, escritos em setembro, a evolução da criança; apesar da simplicidade das produções, elas apresentam avanços no acesso à escrita convencional e à organização textual.

Projeto "Meio ambiente e materiais recicláveis"

Elaboração do projeto com as crianças

Os alunos, após se ocuparem da sala de aula, de sua limpeza e conservação, voltaram o olhar para o ambiente externo e observaram a degradação da natureza e o lixo produzido pelas pessoas. Decidimos, então, estudar mais o assunto, realizando esse projeto.

- **Objetivos**

  O projeto visa a:

  - desenvolver o pensamento crítico sobre o ambiente em que vivemos;
  - refletir sobre a preservação e melhoria no meio ambiente;
  - promover a mobilização individual e coletiva para a preservação ambiental.

- **Atividades necessárias à realização do projeto:**

  - levantamento dos problemas ambientais presentes na vizinhança da escola;
  - realização de trabalhos (maquetes) com materiais recicláveis;
  - realização de uma exposição;
  - entrevista com os pais.

- **Atividades de leitura e escrita necessárias à realização do projeto:**

  - leitura de textos informativos;
  - lista de palavras;
  - construção de maquetes com materiais recicláveis;
  - elaboração de relatório.

O projeto em ação

Após o levantamento dos problemas ambientais, fizemos uma lista das palavras alusivas ao tema – árvores, floresta, saúde, vida, água, bairro, natureza, insetos, deficientes, Brasil, alimentos, limpeza, escola. Essas palavras foram ditadas pelos alunos para que a professora as escrevesse na lousa. Em seguida, selecionamos, por meio de votação, algumas palavras entre as sugeridas como as mais significativas para o projeto. Assistimos, ainda, a um filme sobre preservação do meio ambiente a fim de suscitar novas ideias. Após estudos de ecologia e meio ambiente, os alunos desenvolveram um projeto, utilizando materiais recicláveis.

O trabalho com recicláveis teve dois propósitos: desenvolver a autonomia e construir em equipe, fora do espaço escolar, uma maquete para apresentar em uma exposição. O principal critério, estabelecido através de um acordo, para a realização do projeto, foi o da participação de todos.

Desse modo, os alunos se organizaram em três grupos, que se reuniram fora do horário escolar para realizar as diversas – fases do projeto: discussão, decisão, execução, autoavaliação e avaliação. Contudo, a estruturação do projeto – a escolha dos temas, a finalidade, a intenção, o horário – foi discutida nos 15 minutos finais da aula. Também foi realizada uma entrevista semiestruturada, com o intuito de descobrir qual era a opinião dos pais em relação ao tema.

Para viabilizar a construção do projeto, os alunos reportaram-se às aulas anteriores (mobilizaram seus conhecimentos) a respeito de meio ambiente, principalmente sobre lixo reciclável e sobre os desequilíbrios da natureza. Esse referencial subsidiou as reuniões e discussões em grupos.

As crianças, após a escolha do tema, desenvolveram um projeto com todos os procedimentos necessários, fora do horário das aulas. Elas deveriam apresentar o projeto por escrito contendo no final um relatório sobre os procedimentos utilizados, uma autoavaliação de sua atuação e uma avaliação coletiva do grupo. Durante a avaliação coletiva, cada grupo leu o seu relatório.

Após a leitura, desenvolvemos reflexões sobre o encaminhamento dado ao trabalho e sobre a participação dos autores; nesse processo, foram apresentadas críticas e sugestões para a melhoria dos desempenhos de todos.

Avaliação do trabalho feito pelos grupos

Após a exposição, avaliamos a construção e apresentação dos resultados do projeto, no caso, uma maquete. Verificamos, ainda, a coerência e a qualidade do projeto.

Os relatórios apresentados pelos alunos demonstraram as etapas percorridas para a realização do projeto, as dificuldades encontradas, o quanto e como aprenderam. O grupo que contou com a participação de todos os seus membros e que especificou data, hora e local de encontro, concluiu o trabalho com êxito. Já o grupo do qual os membros ora participavam, ora não, apresentou um trabalho comprometido e precisou de ajuda externa. O terceiro grupo não tomou cuidado, pois esqueceu a maquete na chuva, e por isso teve que refazê-la apressadamente para apresentá-la na data estabelecida.

Desdobramentos do projeto: a construção de ferramentas

Diante das autoavaliações e das avaliações feitas pela professora, relativas aos projetos anteriores, os alunos perceberam a necessidade de escrever melhor para que outros compreendessem os seus escritos e também para que pudessem escrever com mais autonomia.

A solução foi desenvolver um projeto de leitura no decorrer do qual os alunos tivessem a oportunidade de indicar palavras que apresentassem, para eles, maior dificuldade ortográfica. Todos concordaram que as palavras indicadas seriam anotadas em um caderno para consulta. Mediante pesquisas, foram identificadas dificuldades para escrever as palavras grafadas com "s", "ss" e "sc", "x", "ç", "ch", "nh", "lh", "ex". Confeccionamos, então, fichas em que foram grafadas as palavras com essas "dificuldades" apontadas pelos alunos e que constituíram importante ferramenta pedagógica para o aprendizado.

Avaliação

Em ambientes cooperativos, preconizados pela pedagogia por projetos, são aproveitadas todas as oportunidades reais para realizar a leitura e a produção de textos, mediante o engajamento pessoal das crianças, responsáveis pela própria aprendizagem. Essa pedagogia não fragmenta, não infantiliza o ensino nem artificializa as atividades escolares, pelo contrário, encara a produção escrita como resposta às necessidades concretas dos alunos, surgidas nas vivências em sala de aula. Portanto, possibilita aos alunos aprenderem a planejar seus trabalhos, oferecendo-lhes condições para que construam seus conhecimentos relativos à leitura e à escrita.

Percebemos, no decorrer das atividades aqui relatadas, que com o desenvolvimento dos projetos, as atividades de leitura e de escrita começaram a ter sentido para os alunos, pois tais atividades estavam vinculadas às experiências concretas, vividas em sala de aula. Elas possibilitaram aos alunos conhecer mais sobre si mesmos e sobre a realidade em que vivem. Possibilitaram a percepção de como é possível resolver problemas, esperar respostas, comunicar-se com outras pessoas, compartilhar significados da experiência vivida – a satisfação de ter a classe limpa, por exemplo.

Os resultados do trabalho evidenciaram maneiras diferentes daquelas dominantes no espaço escolar, de ver o aluno, o professor, os pais dos alunos e os saberes. O trabalho revelou um novo papel para o professor, o de mediador e facilitador do processo de aprendizagem, intervindo quando necessário para provocar reflexões, incentivando os alunos em suas indagações e contribuindo com informações, experiências e conhecimentos. Desse modo, o professor não representa o detentor absoluto do saber. A participação dos pais é fundamental na educação escolar, que não é vista como contraditória em relação à educação familiar. Assim, pais, alunos e professores se envolvem num mesmo processo de aprendizagem, colaborando uns com os outros para a construção dos saberes dos alunos.

Nas avaliações procuramos superar os modelos tradicionais, focalizando as competências aprendidas com o objetivo de detectar os obstáculos e construir ferramentas para que os alunos os superassem e construíssem novas competências.

Quanto aos aspectos analisados, a professora e os estudantes fizeram avaliações cognitivas, metacognitivas e metalinguísticas. No aspecto cognitivo foram verificadas as competências necessárias para a vida em sociedade. Verificamos que o domínio da leitura e escrita foi ampliado.

Com relação ao desenvolvimento da metacognição, realizamos atividades de autoavaliação, reflexões sobre o próprio processo de realização das atividades, introduzindo questões como: "O que aprendi hoje? Como aprendi? Por que aprendi? Para que aprendi?".

Quanto às questões metalinguísticas, desafiamos os alunos a refletirem sobre os conhecimentos adquiridos. Para isso, elaboramos um roteiro do tipo: "Por que usar este pronome e não outro? Por que utilizar este verbo e não outro? O que é um substantivo?".

Na sequência, apresentamos alguns textos produzidos pelos alunos sobre o desenrolar de seu aprendizado (Figuras 5 e 6).

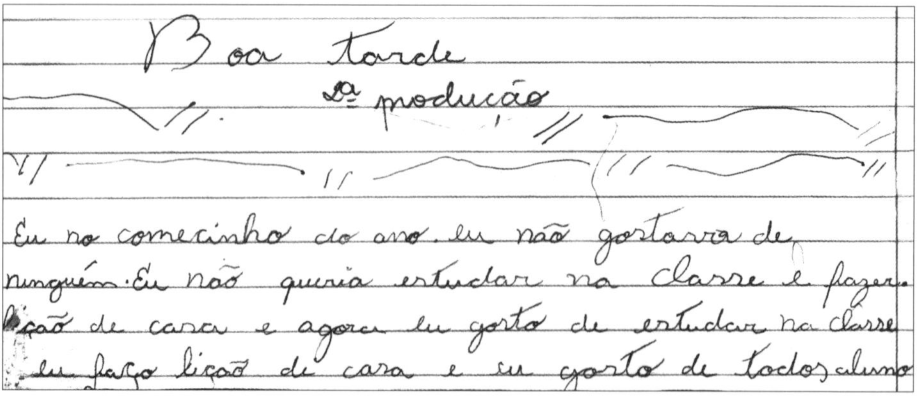

Boa tarde
2ª produção

Eu no comecinho do ano. eu não gostava de ninguém. Eu não queria estudar na classe e fazer lição de casa e agora eu gosto de estudar na classe eu faço lição de casa e eu gosto de todos alunos

Figura 5 – Texto escrito pelo aluno P.

O aluno P, em março, não apresentava a escrita convencional. Durante o ano a criança manifestou progressos satisfatórios em suas produções.

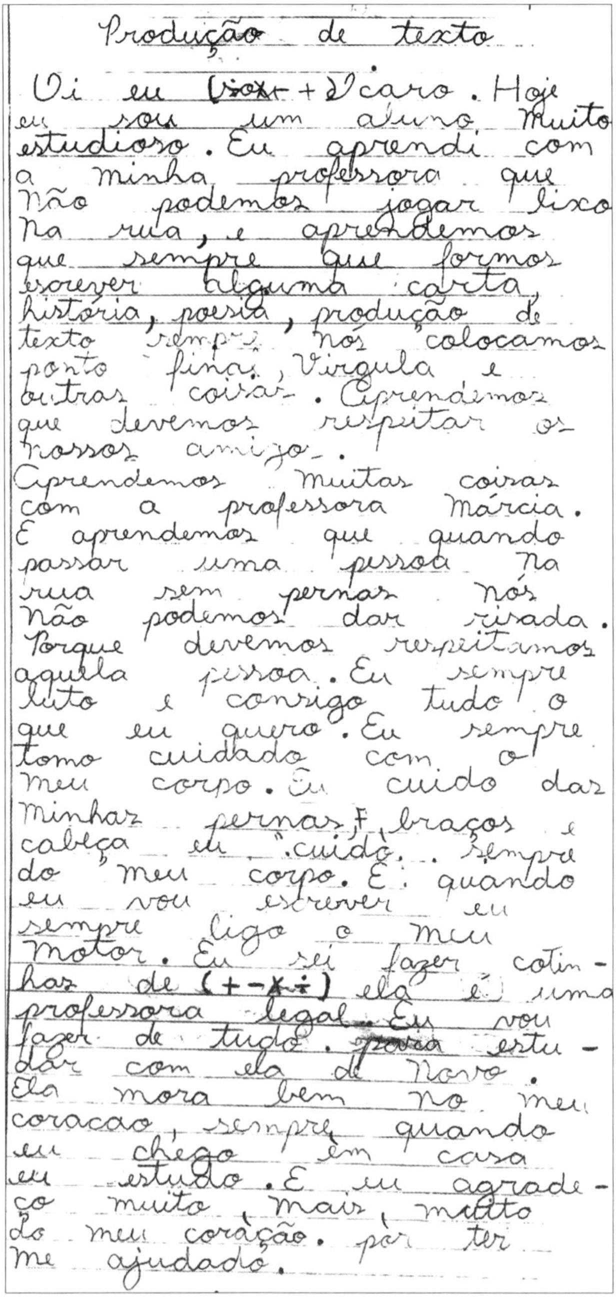

Produção de texto

Oi eu + Ícaro. Hoje eu sou um aluno muito estudioso. Eu aprendi com a minha professora que não podemos jogar lixo na rua, e aprendemos que sempre que formos escrever alguma carta, história, poesia, produção de texto sempre nós colocamos ponto final, virgula e outras coisas. Aprendemos que devemos respeitar os nossos amigos. Aprendemos muitas coisas com a professora Márcia. E aprendemos que quando passar uma pessoa na rua sem pernas nós não podemos dar risada. Porque devemos respeitamos aquela pessoa. Eu sempre luto e consigo tudo o que eu quero. Eu sempre tomo cuidado com o meu corpo. Eu cuido das minhas pernas, braços e cabeça eu cuido sempre do meu corpo. E quando eu vou escrever eu sempre ligo o meu motor. Eu sei fazer continhas de (+ - x ÷) ela é uma professora legal. Eu vou fazer de tudo para estudar com ela de novo. Ela mora bem no meu coracao, sempre quando eu chego em casa eu estudo. E eu agradeço muito, mais, muito do meu coração. por ter me ajudado.

Figura 6 – Produção de texto do aluno A.

A leitura do texto revela avanços consideráveis no aspecto linguístico; o aluno relata que aprendeu a respeito de valores, sobre o cuidado de si mesmo e de outras pessoas e do meio ambiente. Expressa ainda seus sentimentos em relação à professora.

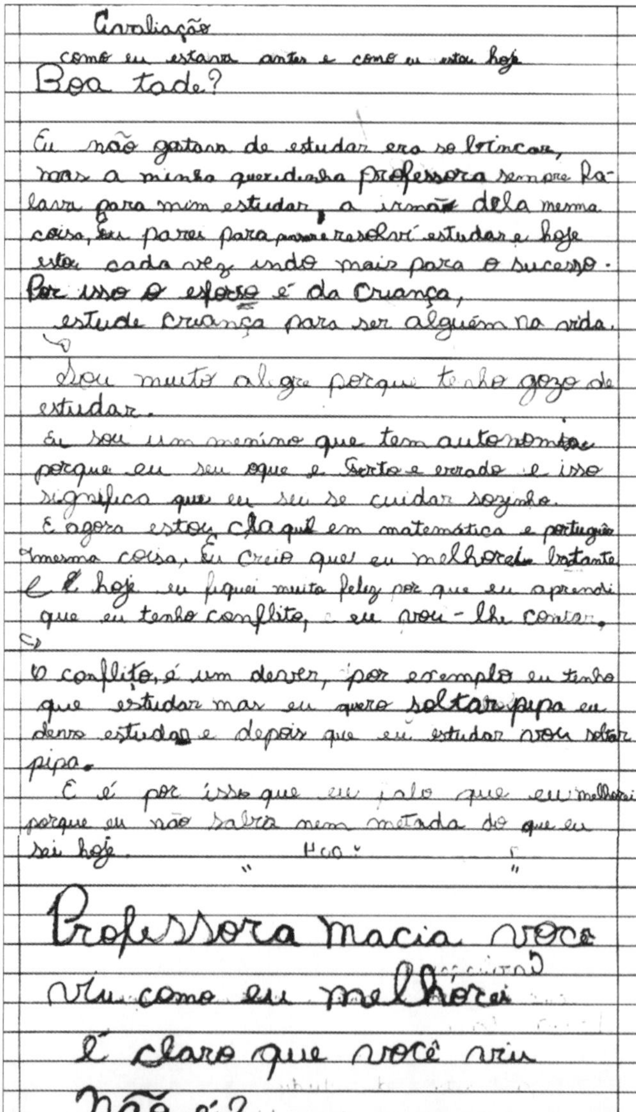

Figura 7 – Exemplo de autoavaliação do aluno M.

No início do ano, o aluno M apresentava condutas inadequadas na convivência com a professora e com os colegas. No depoimento, contido na Figura 7, o aluno faz comentários sobre a transformação de seu modo de agir e seus deveres. Assinala a sua falta de interesse pelos estudos com argumentos de que não queria e não gostava de frequentar as aulas. Com o tempo, esse aluno se envolveu nas atividades demonstrando interesse e satisfação em suas produções.

Conclusão

Uma das decorrências mais importantes do trabalho realizado na perspectiva da pedagogia por projetos é a interferência na forma pela qual as crianças veem a escola, as aulas e as atividades, que deixaram de ser apresentadas nos moldes do ensino tradicional, para serem propostas, decididas e avaliadas pelos envolvidos. Os alunos passaram a ser mais assíduos e a participar mais das atividades, mostrando satisfação em realizá-las.

A leitura e a escrita estiveram presentes em todos os momentos da vida dos alunos; os problemas e as dificuldades detectados, no início do ano letivo, foram resolvidos à medida que a leitura e a escrita ocorriam, para dar andamento às realizações que compunham cada um dos projetos.

As experiências aqui descritas apontam caminhos e possibilidades. Elas mostram que é possível transformar os espaços escolares em espaços educativos significativos para os alunos, por meio de ações pedagógicas que possibilitem, verdadeiramente, a construção de saberes, tendo como ponto de partida os conhecimentos já adquiridos pelos alunos em suas experiências cotidianas. Dessa forma, os projetos de aprendizagem constituem elementos-chave para aproveitar os conhecimentos prévios dos alunos na construção de novos saberes, aprimorando competências e construindo outras, necessárias para a vida comunitária e social.

Bibliografia

JOLIBERT, Josette (coord.). *Formando crianças leitoras*. Trad. Walkiria M. F. Settineri e Bruno Charles Magne. Porto Alegre: Artmed, 1994a.

________. *Formando crianças produtoras de texto*. Trad. Walkiria M. F. Settineri e Bruno Charles Magne. Porto Alegre: Artmed, 1994b.

MICOTTI, Maria Cecília de Oliveira. *Alfabetização*: assunto para pais e mestres. Rio Claro: Instituto de Biociências – Unesp, 1998.

________. *Alfabetização*: o trabalho em sala de aula. Rio Claro: Instituto de Biociências – Unesp, 2000.

Práticas com a pedagogia por projetos

Rosana Torquato da Silva
Vanessa Bueno Arnosti

Resumo

Relatamos aqui o trabalho desenvolvido em classe de 3ª série de uma escola pública, situada na periferia de Limeira. A maioria dos alunos, cuja média de idade era de 8 anos e 8 meses, pertencia a famílias sem muitos recursos para participar de atividades culturais. No início do ano, parte dos alunos apenas identificava as letras, os demais liam silabando, sem compreender o que decifravam em voz alta. A escolha de projetos, feita com a participação da turma, aumentou o interesse pelas aulas. Os projetos, especialmente a escrita de um conto infantil e a sua representação teatral impulsionaram o aprendizado da leitura e da escrita de textos, elevando a autoestima das crianças.

Projeto "Chapeuzinho Vermelho"

Como a proposta pedagógica da escola pauta-se pelo reconhecimento do aluno como razão principal de seu trabalho, houve aceitação das práticas de ensino, segundo a pedagogia por projetos.

No início do ano letivo, estávamos animados. A professora, com a perspectiva de trabalhar com uma nova turma, e os alunos, prontos para mais uma etapa de vida escolar, mas, em meio a esse entusiasmo, havia um desafio para os professores – o de manter acesa a chama da motivação.

Os alunos, alfabetizados com práticas tradicionais, identificavam as letras do alfabeto e liam silabando, sem compreender o que decifravam oralmente. Na escrita, apesar de grafarem palavras corretamente, apresentavam grande dificuldade na elaboração de ideias e na estruturação de textos; ao escrever, ignoravam a necessidade de levar em consideração o destinatário. Não reconheciam a função social dos diferentes gêneros textuais, dificilmente percebiam os diversos portadores de textos que as rodeavam.

A convivência em sala de aula era bastante difícil, sobretudo quando se tratava de compartilhar textos, atividades e, até mesmo, brincadeiras.

Decidimos, então, fazer parte do Projeto Raios de Sol – *RED Latinoamericana para melhoria de la enseñanza de la lengua materna*, no qual, mediante a leitura e a discussão de assuntos pertinentes à educação e à melhoria do ensino, trocamos experiências relevantes para a prática educativa, tendo como foco a pedagogia por projetos.

Considerando-se as dificuldades das crianças e a proposta de desenvolvimento da pedagogia por projetos de Jolibert (1994; 2006) começamos a incentivar cada aluno a desenvolver condutas mais adequadas às situações de aprendizagem e ao trabalho em grupo, valorizando tanto seu desempenho como o dos outros e aprendendo a conviver com os colegas.

Inicialmente, realizamos uma dinâmica em que o aluno se apresenta à classe dizendo seu nome, o que gosta e o que não gosta de fazer e realiza um movimento; o aluno seguinte apresenta-se, repete o movimento feito pelo colega e faz outro movimento; após cinco movimentos, inicia-se nova sequência.

A elaboração do projeto com os alunos

Uma vez que já sabíamos quem éramos e do que gostávamos, começamos a conversar com a turma sobre outras situações, pois era preciso saber o que queríamos aprender no decorrer do ano letivo.

Nesse contexto, ocorreu a primeira tempestade de ideias; as crianças expuseram seus anseios e suas expectativas sobre o que gostariam aprender. A partir daí, o professora tornou-se a escriba da classe e anotava as manifestações. Para nossa surpresa, as crianças demonstram ter clareza do que queriam e justificavam as suas escolhas, apresentadas no Quadro 1.

O que queremos aprender	
1. Organização da escola	10. Cardápio
2. Matemática	11. Música
3. Idiomas	12. Mais cruzadinhas e caça-palavras
4. Contas	13. Dança
5. Teatro	14. Geografia/localização da sala (escola)
6. Cozinha (receita)	15. Pintar
7. Multiplicação	16. Educação física
8. Aniversariantes	17. Brincadeiras na classe
9. Escola mais bonita	18. Aula de desenho

Quadro 1 – Escolhas apresentadas pelos alunos – fevereiro de 2007.

Entre as inúmeras situações que poderiam servir como base para o desenvolvimento do processo de ensino-aprendizagem, buscamos as que possibilitassem a realização de atividades pelas quais as crianças manifestavam interesse. Considerando-se as propostas feitas por elas, começamos a pensar sobre as possibilidades de desenvolver alguns projetos que contemplassem as buscas pessoais das crianças e, ao mesmo tempo, pudessem desenvolver os aprendizados previstos para o 3º ano de escolaridade.

Perguntamos aos alunos o que eles gostariam de fazer para desenvolver a leitura e como gostariam que isso acontecesse. Assim, iniciamos o projeto "Chapeuzinho Vermelho", tendo em vista que os educandos começaram a escolher livros, bem como outros tipos de textos que achavam interessantes para o projeto.

- **Ações previstas**

Além da confecção de um livreto e da organização da biblioteca da classe, a realização do projeto compõe-se das seguintes ações:

- escrita de textos baseados no conto "Chapeuzinho Vermelho";
- leitura de várias versões do conto "Chapeuzinho Vermelho";
- produção de um texto de autoria dos alunos da classe;
- ensaios da representação do conto;
- obtenção do figurino;

- produção dos convites;
- apresentação da peça.

▪ **Aprendizagens visadas:**

- desenvolvimento da compreensão da leitura de textos;
- desenvolvimento da produção escrita: inserção da escrita em situação social de comunicação; organização textual; pontuação; paragrafação; ortografia; inserção de diálogos no texto;
- desenvolvimento da expressão corporal;
- melhoria do convívio em sala de aula.

▪ **Textos necessários para realizar o projeto:**

- textos narrativos;
- carta;
- convite;
- peça de teatro.

O projeto em ação

Para facilitar as atividades de leitura, reorganizamos o ambiente da sala de aula, facilitando a interação dos alunos com os textos. Criamos o cantinho do baú da leitura, uma caixa grande decorada pelas crianças. No baú havia vários gêneros textuais à disposição de todos, sem que a leitura constituísse uma obrigação, mas um prazer. Os alunos tinham acesso livre a qualquer canto de leitura. Cartazes eram expostos nas paredes e nos mesmos eram colados: vários tipos de textos trazidos pelas crianças, os objetivos de aprendizagem (o que queremos aprender); os textos funcionais da vida escolar cotidiana; as informações que chegavam regularmente à sala de aula: avisos, bilhetes para os pais, para os alunos; havia ainda cartazes que continham as ferramentas para a sistematização da escrita de textos, bem como aqueles que continham as produções escritas.

É importante salientar que todos os cartazes eram utilizados para consultas dos alunos, servindo de apoio para esclarecer dúvidas e ajudar a superar as dificuldades, favorecendo um maior envolvimento com as atividades de leitura e escrita.

A organização das atividades de leitura

Considerando-se que todos eram responsáveis pelos projetos coletivos, construímos, juntos, as regras práticas para que o desempenho dos projetos acontecesse de maneira organizada, satisfatória e significativa, sendo que todos tinham que colaborar com:

- a realização das leituras dos livros do baú sem atrapalhar as atividades que estavam sendo realizadas pelos colegas;
- a organização do baú, considerando que o próximo a usá-lo deveria encontrá-lo em ordem, lembrando ainda a questão do respeito ao espaço de outrem;
- a leitura dos cartazes quando precisassem ou quisessem, porém sem se aglomerarem em frente deles, atrapalhando os demais colegas de classe;
- a organização da sala, observando a disposição das carteiras, considerando que em algumas situações seria necessária a mudança delas e que era preciso que ocorresse sem tumultos;
- a limpeza da sala, efetivando a harmonia e a higiene do ambiente e favorecendo a aprendizagem e a leitura;
- a organização da estante de livros didáticos e pastas de uso diário, em que são colocadas as atividades após a correção;
- o efetivo cumprimento das ações e responsabilidades de cada um em sala de aula, respeitando o rodízio e o cronograma para facilitar o trabalho e aproveitar o tempo e o espaço de leitura.

Foi nesse contexto que se iniciaram as atividades do projeto "Chapeuzinho Vermelho" – os alunos escolheram os livros que gostariam que a professora lesse para eles. Por votação, definiram a frequência, os dias da semana em que as leituras seriam feitas e os textos.

Esse processo foi importante, já que estávamos escrevendo as fichas de leitura, nas quais os alunos descreviam o que consideravam os melhores momentos dos livros infantis lidos. Na ficha de leitura deveriam ser registrados: o nome do autor, o do ilustrador, o título e outras informações contidas na capa e na contracapa. Vale ressaltar que os primeiros preenchimentos da ficha de leitura foram realizados coletivamente e, posteriormente, cada aluno passou a executá-lo sozinho. Num segundo momento, as crianças desenhavam a parte da história de que mais tinham gostado e relatavam sua opinião sobre o livro lido.

Esse trabalho favoreceu o desenvolvimento da produção de textos escritos, inicialmente, em grupo e, com o passar do tempo, individualmente, utilizando as ferramentas elaboradas. O preenchimento das fichas de leitura propiciou a confecção de um livreto, que incluía vários gêneros textuais e diferentes versões de um mesmo texto.

A escrita de textos

O desenvolvimento dos alunos na produção de textos escritos ficou bastante evidente quando fizeram a reescrita do texto "Chapeuzinho Vermelho". Inicialmente, a escrita efetivava-se num amontoado de palavras, sem pontuação, sem parágrafos; algumas palavras precisavam ser adivinhadas, como revela a observação da Figura 1.

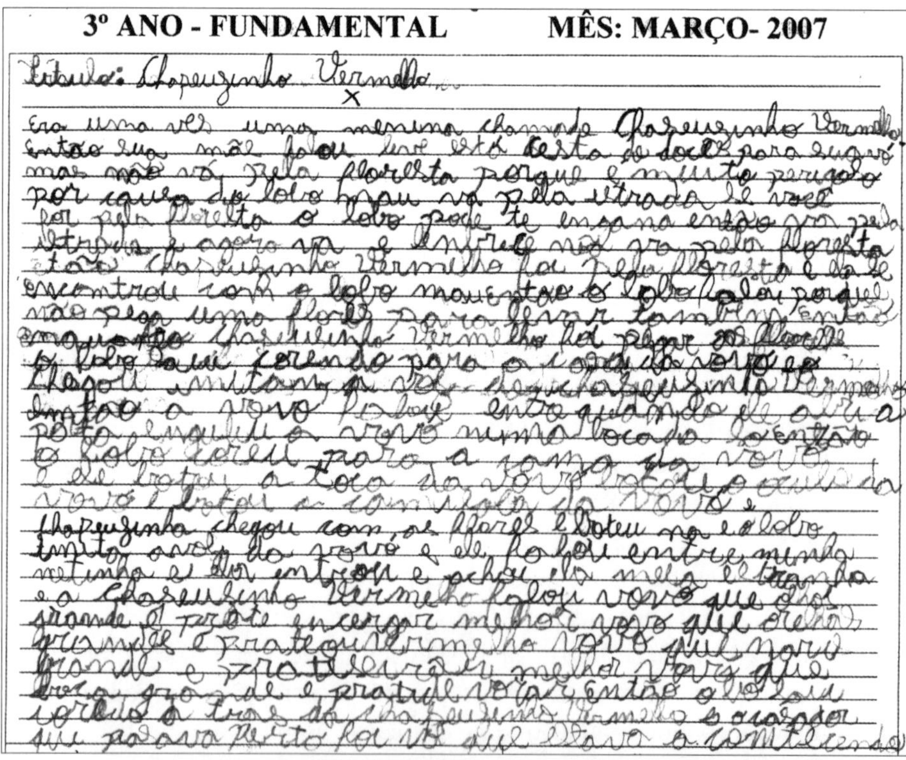
3º ANO - FUNDAMENTAL MÊS: MARÇO- 2007

Titulo: Chapeuzinho Vermelho

Era uma vez uma menina chamada Chapeuzinho Vermelho

Figura 1 – Primeira escrita do texto "Chapeuzinho Vermelho" realizada por um aluno da 3ª série – março de 2007.

Começamos então a explorar todas as etapas do processo de escrita de textos, recorrendo à metalinguística e a metacognição.

Na escola, além dos livros da classe, tínhamos acesso aos da biblioteca. Em uma das visitas, como o ambiente da biblioteca incentiva a leitura, os alunos se dispuseram a ler contos de fadas, que é o gênero preferido da maioria da turma.

Depois dessa visita, conversamos sobre o conto de fadas preferido de cada um e ainda, após a leitura de vários outros contos que ainda não conheciam, qual era aquele de que mais haviam gostado. Porém, apesar de novas leituras e descobertas, o preferido continuava a ser "Chapeuzinho Vermelho".

Outros questionamentos foram realizados para que eles percebessem que as histórias também podem ser contadas de outros modos, reforçando-se, assim, a ideia de apresentação de uma peça de teatro.

Nesse momento percebemos certo despreparo de nossa parte, pois gostaríamos que esse trabalho tivesse impacto na vida das crianças, ao mesmo tempo em que apresentasse qualidade que contemplasse a leitura como forma de aprimorar a aprendizagem e a escrita como canal de comunicação de significados.

Atividades para o desenvolvimento da expressão corporal

Não queríamos que as crianças apenas chegassem ao palco, como em geral acontece, e realizassem algo que não revelasse todo o valor do trabalho. Então, procuramos brincadeiras para trabalhar a expressão corporal, por exemplo, a imitação de animais e cantigas acompanhadas de movimentos. Os alunos inventaram uma brincadeira envolvendo diferentes representações, dependendo do personagem sorteado. A professora escreveu em vários papeizinhos as palavras: corte, príncipe ou princesa, bruxa ou bruxo. Dependendo do sorteio, a criança desempenhava um determinado papel. Quem recebia o papel escrito com a palavra "princesa" ou "príncipe" seria aquele que iria descobrir quem era a bruxa ou o bruxo. Já os alunos que pegaram o papel com a palavra "corte", fariam parte da corte do castelo e, ao toque da bruxa ou do bruxo, fingiriam um desmaio, caindo no chão, alguns segundos após terem sido tocados pelo encanto.

Essas brincadeiras, juntamente com as que realizamos nas aulas de educação física, ajudaram o desenvolvimento da socialização, da percepção, da memorização, contribuindo para o trabalho escolar em seu conjunto. Enquanto esse trabalho era feito nas aulas de educação física, diferentes versões do conto

"Chapeuzinho Vermelho" eram lidas. Iniciava-se o trabalho de escrita coletiva. Trabalhávamos, em conjunto, a pontuação de trechos da história e, em outros momentos, as atividades eram realizadas individualmente – pontuação de texto e escrita de pequenos diálogos contidos na história.

A escrita do texto para a representação teatral

Apesar de todos conseguirem escrever a história, os alunos perceberam a necessidade de escrever uma versão única para o teatro; argumentaram que se cada um escrevesse a seu modo, algumas coisas seriam escritas de maneira diferente, o que poderia gerar conflitos na continuidade do projeto. Optaram, então, por uma escrita coletiva para resolver essa situação. Observaram ainda que, durante a escrita, deveriam considerar alguns aspectos importantes para que os espectadores conseguissem perceber que se tratava de uma versão do conto, cujas situações vivenciadas pelos personagens eram as mais compatíveis com a realidade, ou seja, deveriam ter o cuidado de não colocar ações que eram irreais na vida cotidiana, como, por exemplo, a vovó ser devorada pelo lobo e depois sair viva da barriga dele. Pensando em todas essas observações, elaboraram o texto descrito no Quadro 2.

PEÇA DE TEATRO

Chapeuzinho Vermelho

Narrador:

Era uma vez uma linda menina chamada Chapeuzinho Vermelho.

Seu nome era esse porque sua mãe havia feito pra ela um capuz vermelho.

Certo dia, sua mãe preparou alguns doces e pediu a Chapeuzinho Vermelho para levá-los à vovó, que morava ao lado do bosque.

Mãe:

— Chapeuzinho, venha cá!

— Leve estes doces para a vovó.

— Mas preste atenção!

— Não pare e nem converse com estranhos no caminho. É muito perigoso!

Narrador:

Quando muito feliz atravessava o bosque encontrou o lobo.

O lobo teve vontade de comê-la, mas não teve coragem porque havia caçadores por perto.

Lobo:

— Para onde vai, linda menina?

Chapeuzinho:

— Vou visitar minha avó que está doente e levar estes deliciosos docinhos para ela.

— A casa de minha avó é a primeira depois do bosque.

Lobo:

— Se quiser acompanho você à casa de sua avó.

Chapeuzinho:

— Não obrigada, eu vou sozinha.

Narrador:

O Lobo pegou o caminho mais curto e foi mais que depressa para a casa da avó de Chapeuzinho Vermelho.

Chegando lá bateu na porta.

Vovó:

— Quem está ai?

Lobo:

— É a sua neta! Chapeuzinho Vermelho.

Vovó:

— Puxe a tranca que a porta se abrirá.

Narrador:

O lobo entrou avançou e trancou a vovó dentro do guarda roupa para comer depois.

Em seguida se vestiu de vovó e de deitou na cama esperando Chapeuzinho Vermelho chegar.

Pouco depois, Chapeuzinho Vermelho chegou batendo na porta.

Lobo:

— Quem está ai?

Chapeuzinho:

— É a sua neta, Chapeuzinho Vermelho.

— Vim trazer alguns doces que minha mãe mandou.

Lobo:

— Puxe a tranca que a porta se abrirá.

Narrador:

A porta se abriu e Chapeuzinho Vermelho entrou. Chapeuzinho Vermelho estranhou e perguntou:

Chapeuzinho:

— Que olhos grandes são esses, vovó?

Lobo:

— É para te ver melhor!

Chapeuzinho:

— Que nariz grande é esse vovó?

Lobo:

— É para te cheirar!

Chapeuzinho:

— Que boca grande é essa vovó?

Lobo:

— É para te comer!

Narrador:

Neste momento o lobo pega Chapeuzinho, e ela consegue escapar.

Um caçador escutou os gritos de socorro e foi até lá.

Caçador:

— Vou te salvar menina!

Narrador:

O lobo tentou fugir, mas o caçador o prendeu. E o levou embora.

Chapeuzinho tirou a vovó do guarda-roupa.

E todos viveram felizes para sempre.

Quadro 2 – Reescrita coletiva do conto "Chapeuzinho Vermelho".

Após a reescrita, a professora, que sempre estava mediando às ações do grupo, para propiciar situações de aprendizagem, entregou uma cópia do texto para cada criança, a fim de que todas realizassem a leitura em casa. Posteriormente, foram formados seis grupos, cada um com, aproximadamente, seis integrantes para que organizassem a peça teatral, considerando todo o trabalho já feito.

Cada criança teve oportunidade de escolher um personagem para interpretar. Vale ressaltar que a definição dos papéis (personagens) foi organizada dentro do próprio grupo; as regras predeterminadas e elaboradas pela turma foram respeitadas e a disciplina e o respeito mútuo foram fatores essenciais para a consecução da atividade. Os ensaios da peça eram realizados durante as aulas de educação física e arte, de forma que podíamos trabalhar a leitura e a escrita durante a interpretação dos personagens.

Como os alunos já dispunham do texto "Chapeuzinho Vermelho" para realizar a leitura, era preciso verificar a escrita, de maneira que pedimos uma produção para acompanhar a ortografia, a pontuação e o próprio conteúdo da história. Combinamos que cada um iria escrever a versão da história que mais lhe agradava, já que havíamos contemplado a versão de vários autores. Também combinamos que a escrita seria uma narrativa. Nesse momento, percebemos um grande avanço no desempenho das crianças em relação à pontuação, à ortografia, à estética e com preocupação com a melhoria do trabalho, evitando erros, fazendo consultas, refletindo antes da escrita. Podemos visualizar um exemplo desse trabalho na Figura 2.

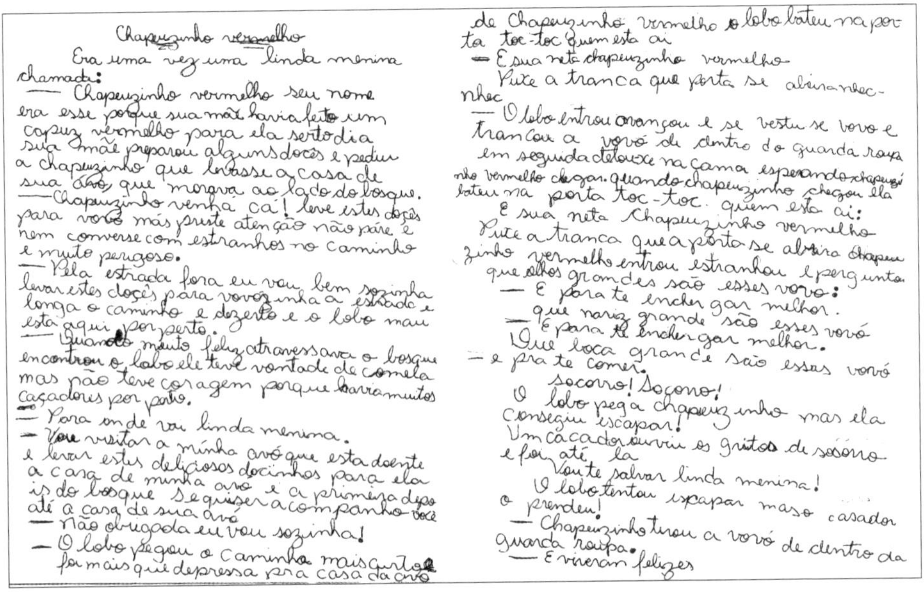

Chapeuzinho vermelho

Era uma vez uma linda menina chamada:
— Chapeuzinho vermelho seu nome era esse porque sua mãe havia feito um capuz vermelho para ela sertodia sua mãe preparou alguns doces e pediu a chapeuzinho que levasse a casa de sua avó que morava ao lado do bosque.
— Chapeuzinho venha cá! leve estes doces para vovó mas preste atenção não pare e nem converse com estranhos no caminho e muito perigoso.
— Pela estrada fora eu vou bem sozinha levar estes doces para vovozinha a estrada e longa o caminho e dezerto e o lobo mau esta aqui por perto.
— Quando muito feliz atravessava o bosque encontrou o lobo ele teve vontade de comela mas não teve coragem porque haviam muitos caçadores por perto.
— Para onde vai linda menina.
— Vou visitar a minha avó que esta doente e levar estes deliciosos docinhos para ela a casa de minha avó e a primeira depois do bosque se quiser acompanho você até a casa de sua avó
— não obrigada eu vou sozinha!
— O lobo pegou o caminho mais curto e foi mais que depressa pra casa da avó de Chapeuzinho vermelho o lobo bateu na porta toc-toc Quem esta ai
— E sua neta chapeuzinho vermelho
Puxe a tranca que porta se abrira nhec nhec
— O lobo entrou avançou e se vestiu se vovo e trancou a vovó de dentro do guarda roupa em seguida deitou-se na cama esperando chapeuzinho vermelho chegar. quando chapeuzinho chegou ela bateu na porta toc-toc. quem esta ai:
E sua neta Chapeuzinho vermelho
Puxe a tranca que a porta se abrira Chapeuzinho vermelho entrou estranhou e perguntou que olhos grandes são esses vovó:
— E para te enchergar melhor.
— que nariz grande são esses vovó
— E para te enchergar melhor.
Que boca grande são essas vovó
— e pra te comer.
socorro! Socorro!
O lobo pega chapeuzinho mas ela conseguiu escapar!
Um caçador ouviu os gritos de socorro e foi até la
Vou te salvar linda menina!
O lobo tentou escapar mas o casador o prendeu!
— Chapeuzinho tirou a vovó de dentro da guarda roupa.
— E viveram felizes

Figura 2 – Segunda reescrita do conto "Chapeuzinho Vermelho" – maio de 2007.

Avaliações das produções textuais

Depois de ler os textos produzidos pelos alunos, dialogamos sobre a próxima atividade – a obra-prima. Esse diálogo é apresentado no Quadro 3.

> Professora: Que tal transformar este texto numa obra-prima?
>
> Aluno: Vamos virar pintor?
>
> Professora: Pintores não, mas escritores que escrevem textos bonitos.
>
> Aluno: O que vamos fazer agora, então?
>
> Professora: Vamos agora ler nossos textos para ver falhas e vermos o que podemos melhorá-lo. Será que há alguma palavra que escrevemos que não está correta, será que somos capazes de perceber isso em nosso próprio texto?

Quadro 3 – Diálogo entre a professora e os alunos sobre a obra-prima.

Foi feita a primeira correção. Achávamos que teriam muitas dificuldades, mas eles estavam felizes por rever e escrever os próprios textos. Recolhemos o texto e observamos as correções feitas. A capacidade e a autonomia das crianças na realização dessa tarefa nos surpreenderam.

Passados três dias, devolvemos os textos e lançamos a eles o desafio de fazerem a coavaliação entregando a própria produção ao colega, para realizar a leitura. Eles olharam minuciosamente o texto dos colegas, procurando ainda encontrar erros de ortografia e pontuação.

Essa modalidade de correção foi bastante aceita pelos alunos e muito produtiva, pois o texto final apresentou maior organização, poucos erros ortográficos, de pontuação e concordância.

Depois disso realizaram uma autoavaliação, conforme Figura 3, observando alguns critérios que seriam importantes para complementar o processo e fazer a escrita final.

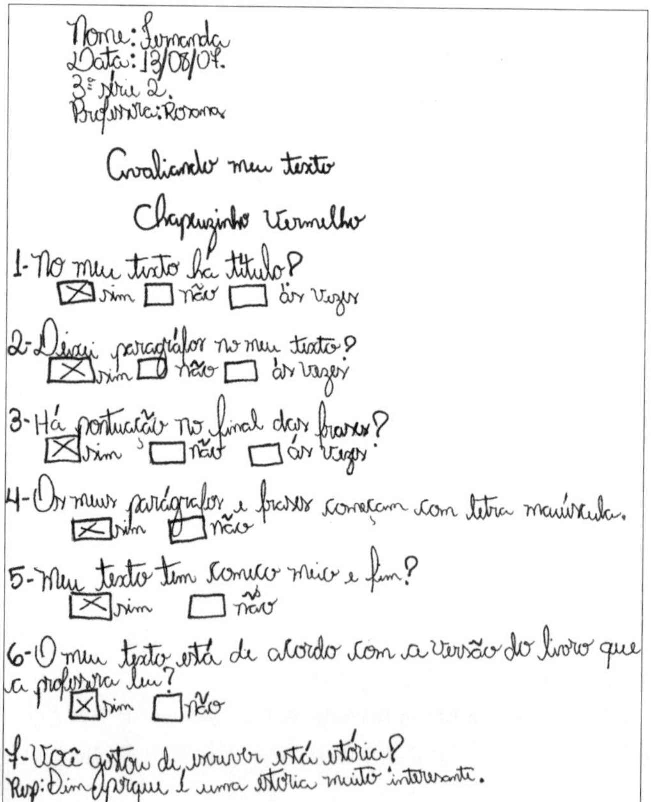
Nome: Fernanda
Data: 13/08/07.
3ª série 2.
Professora: Rosana

Avaliando meu texto

Chapeuzinho Vermelho

1- No meu texto há título?
[X] sim [ ] não [ ] às vezes

2- Deixei parágrafos no meu texto?
[X] sim [ ] não [ ] às vezes

3- Há pontuação no final das frases?
[X] sim [ ] não [ ] às vezes

4- Os meus parágrafos e frases começam com letra maiúscula.
[X] sim [ ] não

5- Meu texto tem começo meio e fim?
[X] sim [ ] não

6- O meu texto está de acordo com a versão do livro que a professora leu?
[X] sim [ ] não

7- Você gostou de escrever está história?
Resp: Sim porque é uma história muito interessante.

Figura 3 – Autoavaliação da reescrita do conto "Chapeuzinho Vermelho" – junho de 2007.

Após a autoavaliação, iniciamos a outra reescrita. As crianças se empenharam para que o resultado fosse excelente. E, conseguiram como podemos perceber observando a Figura 4.

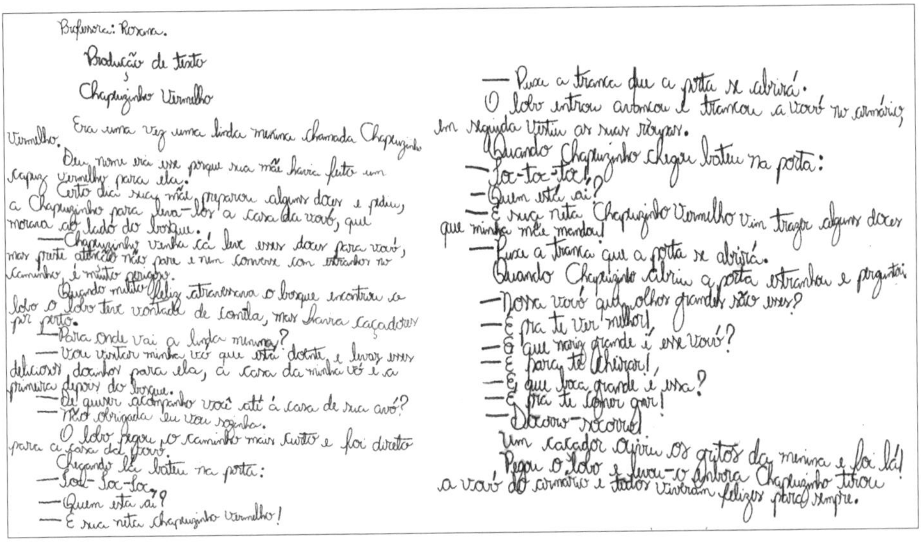

Figura 4 – Produção de obra-prima da reescrita do conto "Chapeuzinho Vermelho" – julho de 2007.

A escrita de carta para providenciar o figurino

Como faltava o figurino para a representação teatral, conversamos sobre a maneira de consegui-lo. As crianças fizeram varias sugestões, entre as quais a de pedirem à diretora que providenciasse esse material. Avaliamos que, por ser uma pessoa muito ocupada, se pedíssemos verbalmente, ela poderia se esquecer. Surgiu então a ideia da escrita de uma carta. Esse era nosso objetivo. Entretanto, em lugar de propor que escrevessem, deixamos que as próprias crianças percebessem a necessidade da escrita e sua utilidade nesse momento.

Por já ter trabalhado com cartas, segundo orientações de Jolibert (1994), as crianças tiveram bastante facilidade na escrita: as ferramentas (silhuetas do texto carta) já estavam expostas na sala de aula.

Durante a escrita, as crianças, mostravam-se felizes, pois diziam já saber escrever a carta sem precisar consultar o quadro. Para as que precisavam de ajuda, percebemos a facilidade que encontravam quando tinham onde se apoiar e buscar conhecimentos, priorizando o trabalho e, mais que isso, apresentando grande satisfação ao realizá-lo.

A classe foi dividida em três grandes grupos, que escolheram para quem escreveriam a carta. Um grupo escolheu a diretora, o outro, a vice-diretora e o terceiro, a coordenadora.

As cartas foram entregues por um membro de cada grupo, que eles mesmos escolheram por votação.

Para a escrita da carta para diretora, vice-diretora e coordenadora, houve também a preparação da obra-prima, como vemos na Figura 5.

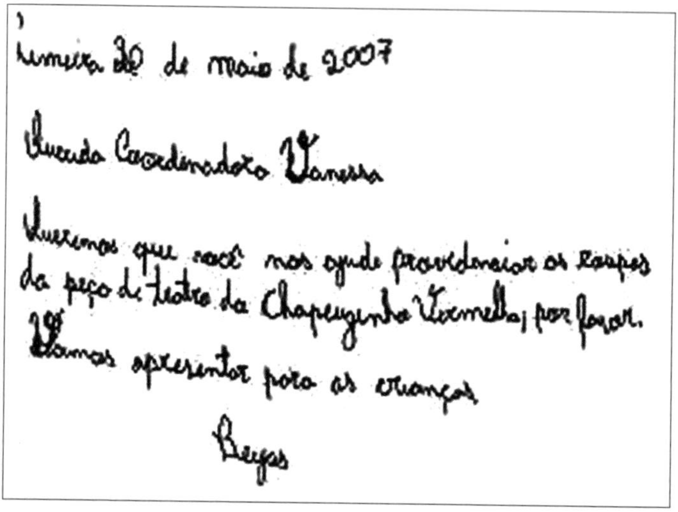

Figura 5 – Escrita de carta para a coordenadora – agosto de 2007.

A coordenadora respondeu dizendo que iria providenciar o figurino. Os alunos analisaram a silhueta da carta com a resposta da coordenadora, comparando com o que eles sabiam sobre a escrita desse tipo de texto, seguindo-se o seguinte diálogo:

> Professora: Vamos observar a silhueta da carta resposta da coordenadora?
> Aluno: Nossa, que carta bonita.
> Aluno: Agora vamos ficar importantes.
> Aluno: A silhueta, professora, é igual à do cartaz.

Aproveitamos para observar também uma carta do livro didático e atividades referentes, contemplando o planejamento anual da escola, bem como todo conteúdo que pudesse ser desenvolvido.

Houve a necessidade de marcarmos a apresentação da peça escrita pelas crianças. Para isso utilizamos o cartaz do contrato do projeto, apresentado no Quadro 4.

Tarefas	Responsáveis	Material	**Calendário/datas** Grupo/ Data/ Série
Apresentação da peça "Chapeuzinho Vermelho"	Grupos 1, 2, 3, 4, 5, 6	Preparação de texto para peça Figurinos Cenários Microfone e mesa de som	1 – 10/08 – 1ª série 6 – 13/08 – 2ª série 4 – 14/08 – 3ª série 2 – 16/08 – 4ª série 3 – 17/08 – funcionários 5 – 20/08 – direção/secretaria (escola) 11/08 – Apresentação especial Festa do Dia dos Pais

Quadro 4 – Contrato do projeto – agosto de 2007.

Quando os figurinos chegaram, foi uma alegria muito grande. Ensaiamos com as roupas.

Socialização

Agora faltavam os convites, e as crianças disseram a estrutura para montarmos a silhueta. Isso só foi possível, devido ao trabalho com cartas.

A ilustração do convite foi feita por um aluno – ficamos muito felizes com a iniciativa e espontaneidade. Reproduzimos o material e todos escreveram os dizeres. Antes, porém, decidiram coletivamente quais seriam esses dizeres, a fim de padronizar essa etapa, conforme observamos na Figura 6.

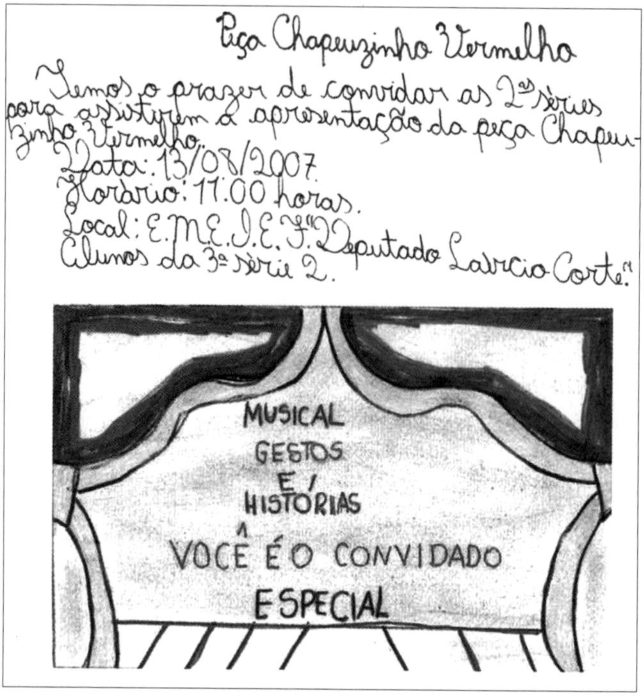

Figura 6 – Convite para a apresentação teatral.

Tudo marcado, os convites foram entregues para as apresentações que seriam uma atividade interna. Mas uma aluna, comentando o evento com sua mãe, pediu que as crianças apresentassem a peça no Dia dos Pais, para os pais que queriam muito assistir à representação. As crianças insistiram e argumentaram. Uma delas disse: "Professora, meu pai só fica em casa sábado e domingo, ele quer me ver". Outra observou: "Minha mãe é meu pai e minha mãe, ela trabalha e quer me ver também."

Como a maioria estava disposta a se apresentar, marcamos o espetáculo para o Dia dos Pais. As famílias compareceram em peso. Os pais ficaram orgulhosos com o trabalho das crianças.

Para as crianças, a apresentação foi muito interessante. Por se tratar de uma escola, situada na periferia da cidade, muitas não têm acesso ao teatro. Assim, os alunos foram respeitados como verdadeiros artistas.

Os grupos empenharam-se ao máximo para respeitar e preservar a apresentação dos demais. Fizeram silêncio e observaram a atuação dos colegas, fazendo referências e apresentando sugestões de melhorias. O fator tempo também foi bem adequado, uma vez que se organizaram de maneira que todos teriam um tempo estabelecido para a apresentação. Não houve tumultos, nem confusões.

Também houve o envolvimento da escola, da comunidade como um todo, que participaram de uma forma bastante atuante – os alunos sentiram-se satisfeitos, a aprendizagem aconteceu de uma forma natural e o empenho por parte deles foi constante.

Avaliação

Com o objetivo de verificar as aprendizagens e os conhecimentos adquiridos, as crianças realizaram uma avaliação final do projeto, apresentada na Figura 7.

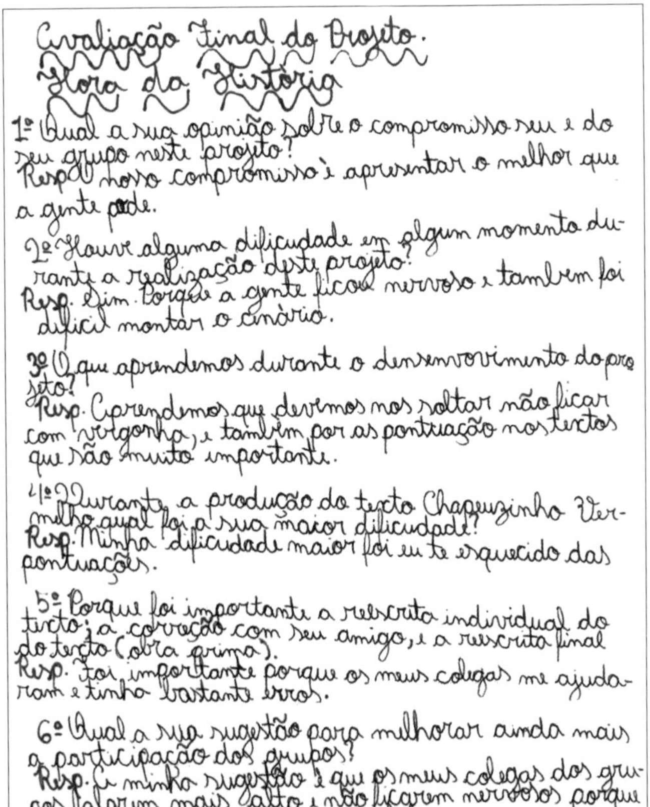
Avaliação Final do Projeto.
Hora da História

1º Qual a sua opinião sobre o compromisso seu e do seu grupo neste projeto?
Resp. Nosso compromisso é apresentar o melhor que a gente pode.

2º Houve alguma dificudade em algum momento durante a realização deste projeto?
Resp. Sim. Porque a gente ficou nervoso e tambem foi dificil montar o cinàrio.

3º O que aprendemos durante o desenvovimento do projeto?
Resp. Aprendemos que devemos nos soltar não ficar com vergonha, e tambem por as pontuação nos textos que são muito importante.

4º Durante a producão do texto Chapeuzinho Vermelho qual foi a sua maior dificudade?
Resp. Minha dificudade maior foi eu te esquecido das pontuações.

5º Porque foi importante a reescrita individual do texto; a correção com seu amigo, e a reescrita final do texto (obra prima).
Resp. Foi importante porque os meus colegas me ajudaram e tinha bastante erros.

6º Qual a sua sugestão para melhorar ainda mais a participação dos grupos?
Resp. A minha sugestão é que os meus colegas dos grupos falarem mais alto e não ficarem nervosos porque eles não sabem o que você vai falar.

Figura 7 – Avaliação final do projeto "Chapeuzinho Vermelho".

Todas as habilidades e conteúdos propostos pelo plano anual dentro desse período foram alcançados e, até mesmo, superados, os resultados das avaliações realizadas pela escola foram satisfatórios.

A produção de texto teve uma melhora muito grande e, como seres humanos, todos nós saímos ganhando, pois a pedagogia por projetos envolve os alunos como um todo, visando às várias áreas do conhecimento.

As regras práticas favoreceram em muito o desenvolvimento desse projeto, pois, quando as decisões são tomadas em conjunto, tudo contribui para que novos hábitos sejam estabelecidos e firmados. O comportamento em relação à disciplina mudou muito, as crianças não ficavam mais ociosas após terminarem suas atividades. Não se tratava simplesmente de "ficar quieto porque a professora pediu", mas de manter-se ocupado com aquilo que foi estabelecido pela maioria, mediante um acordo democrático e comprometido. É válido salientar que essas ações aconteceram depois de um trabalho de envolvimento mútuo, da abertura de espaços para questionamentos, expressão de opiniões, apresentação de ideias e argumentos, em um processo que privilegiava as ações coletivas, não o individualismo.

Avaliação final

Por meio desse projeto, houve o resgate da autoestima das crianças dentro de um contexto motivador que a pedagogia por projetos pôde propiciar.

Nesse contexto, o professor tem oportunidade para refletir sobre a sua condição de educador, e as mudanças começam a acontecer, pois, essa prática pedagógica abre novos horizontes para um trabalho consciente no qual professor e alunos crescem juntos.

Agora, refletimos muito mais, a fim de mediarmos o ensino, possibilitando aos alunos serem mais independentes e participativos, mostrando interesse no que fazem, pois reconhecem as suas necessidades e seu aprendizado e isso faz toda a diferença.

> Se quisermos que nossos alunos sejam personalidades ricas e solidárias, crianças com domínio da linguagem, não basta apenas atualizar atividades de aprendizagem propriamente ditas. A vivência tem nos mostrado que é necessário criar condições mais gerais que permitam tornar essas personalidades e estimular essas aprendizagens. (Jolibert, 2006: 23)

A pedagogia por projetos, nesse caso, veio contribuir para que houvesse um desenvolvimento da leitura e da escrita.

Bibliografia

JOLIBERT, J.; JACOB, J. et al. *Além dos muros da escola*: *a* escrita como ponte entre aluno e comunidade. Porto Alegre: Artmed, 2006.

_________ et al. *Formando crianças produtoras de textos*. Porto Alegre: Artmed, 1994.

_________. CABRERA, I.; INOSTROZA, G., RIVEROS, X. et al. *Transformando a formação docente*. Porto Alegre: Artmed, 2007.

MICOTTI, M.C.O. (org.) *Alfabetização*: a produção de saberes. Rio Claro: Instituto de Biociências – Unesp, 2003.

_________. Alfabetização: entre o dizer e o fazer. *Alfabetização*: o ensinar e o aprender. Rio Claro: Instituto de Biociências – Unesp, 2001.

Escrevendo cartas "para valer"

Sônia Lopes Lanzoni

Resumo

Este relato descreve trabalho com produção textual no âmbito de um projeto de realização de campeonato de queimada desenvolvido em escola pública, por duas professoras de 4ª série, envolvendo seus 70 alunos. Esse projeto viabilizou o aprendizado de: cooperação, negociação, participação em debates, elaboração de regras, autoavaliação, escrita de cartas e a melhora da capacidade de expressão escrita. O trabalho com os jogos possibilitou o desenvolvimento de atitudes positivas de relacionamento entre os alunos.

Projeto "Chapeuzinho Vermelho"

Atualmente, o trabalho docente reveste-se de grande complexidade: implica que o professor tenha iniciativa, solucione problemas de forma inovadora, mobilize os recursos necessários, entre eles a busca e a aceitação de parcerias, para atender as novas demandas sociais feitas à escola.

A abertura das escolas às camadas da população antes afastadas do sistema de ensino implica acolher a todos e trabalhar de tal forma que os alunos consigam sair vencedores, apesar das diferenças entre eles. Mas essa não é uma tarefa simples.

O professor tem que decidir entre a hierarquização das turmas, os grupos de níveis dentro da turma, ou aceitar o desafio pedagógico de trabalhar com a heterogeneidade dos alunos, aumentada a partir da luta contra a reprovação escolar imposta pelas políticas públicas. A introdução do construtivismo, como proposta pedagógica para orientar o trabalho nas escolas públicas, recomenda ser o aluno sujeito de sua aprendizagem, o que implica seu envolvimento com o trabalho escolar como uma atividade intelectual e desafia o ensino.

Para o aluno mobilizar-se intelectualmente, é necessário que a situação de aprendizagem tenha sentido para ele (Charlot, 2005: 54). Assim, coloca-se para a prática pedagógica a necessidade de possibilitar a correspondência entre o sentido que a escola atribui ao próprio trabalho e o sentido que o aluno atribui à sua participação nesse trabalho.

Muitas dificuldades vividas pela escola atual, entre elas a indisciplina, poderiam ser resolvidas com mudanças significativas envolvendo a comunidade escolar.

Uma vez que as transformações pedagógicas vêm sendo levadas a efeito muito lentamente e a escola não consegue desenvolver ações que viabilizem tais propostas e fazer do aluno o construtor de seu conhecimento, acentua-se o sentimento de que se tornou quase impossível ensinar seguindo as propostas das recentes pesquisas, como também da maneira tradicional, pois ela não consegue mobilizar os estudantes a produzir seu saber.

Outra dificuldade é a determinação da abertura da escola à comunidade e o incentivo a parcerias com a sociedade, ações complexas de serem postas em prática de forma adequada, somando-se ao já difícil gerenciamento da escola.

Professores e gestores escolares, muitas vezes, não se sentem preparados para gerenciar ações tão intricadas. A abertura da escola a novos parceiros implica ações variadas e complexas que em geral não são postas em prática de forma adequada, criando novos obstáculos e nem sempre contribuindo para amenizar ou resolver a questão central do ensino, que é a apropriação do saber pelos alunos.

Atualmente, apesar de todas as dificuldades já especificadas, mudanças na realidade social e escolar reclamam do ensino a reorientação do enfoque dos conteúdos do saber e das práticas escolares; exigem intervenção educativa que atenue as atitudes de incivilidade no ambiente escolar e, ao mesmo tempo, favoreça a construção de um clima positivo que viabilize o atendimento, dentro do possível, das necessidades acadêmicas dos alunos.

Nesse contexto, duas professoras de classes de 4ª série de uma escola pública de ensino fundamental optaram por fazer um trabalho em colaboração, de acordo com a pedagogia por projetos, segundo a proposta de Jolibert e colaboradores (1994a, b). Como essa pedagogia envolve negociação com os alunos, bem como cooperação, interpretação, avaliação, entre outros procedimentos, foi considerada adequada para fundamentar a realização do trabalho. Além de contribuir para a aprendizagem da escrita, ela poderia ajudar a desconstruir os atos de incivilidade existentes entre os alunos, auxiliando na prevenção do aparecimento da violência. Vale lembrar que uma das turmas agrupava os alunos considerados "difíceis" ou, no linguajar corrente na escola, "violentos". É esse trabalho que relatamos aqui.

A primeira versão deste texto data de 1999 (Micotti, 1999). A atual é resultado de revisão daquela primeira redação, em decorrência de novas reflexões que desenvolvemos sobre a nossa prática, ressignificando-a.

Desse trabalho participaram, além das duas professoras, 70 alunos com idade entre 9 e 12 anos de idade. A equipe gestora da escola manteve-se informada, mas não participou do projeto, assim como os demais professores da escola. A situação não era confortável, pois assumir uma inovação sem que a escola, como um todo, estivesse envolvida com os processos de mudança da prática pedagógica, dificultava a execução do projeto. Segundo Hernándes (1998: 10), o trabalho com projetos na escola requer que os professores tenham vontade de mudar sua atitude profissional e assumam riscos.

A grande maioria das 35 crianças de nossa turma, cuja idade variava entre 9 e 12 anos, não apresentava o rendimento escolar correspondente ao esperado, rendendo menos que a expectativa para alunos de 4ª série do ensino fundamental, embora fossem crianças intelectualmente competentes. Demonstravam muita dificuldade em colocar seus pensamentos de forma coerente na escrita e tinham muitas dificuldades ortográficas. Apesar de sua evidente capacidade intelectual, elas apresentavam atitudes de displicência quanto à organização de cadernos, trabalhos confusos, incorretos, incompletos.

Embora, oralmente, os alunos se expressassem com coerência, a produção escrita da maioria caracterizava-se por apresentar ideias incompletas, fragmentadas, utilizando o vocabulário de maneira empobrecida e incorreta, o que indicava a necessidade de realização de atividades para sistematizar os conhecimentos linguísticos – organização textual, utilização de tempos verbais, emprego das letras maiúsculas, a apresentação correta dos parágrafos e da pontuação.

A convivência entre os alunos era difícil, marcada por agressividade durante as atividades cotidianas. Eles tinham ciência do nível de sua atuação acadêmica, constantemente lembrada pelos professores e pela equipe gestora, o que os deixava ainda mais inseguros e amedrontados quando estimulados a escrever. Muitas vezes não apresentavam entendimento dos textos escolhidos para leitura e interpretação, o que os levava à desmobilização, dificultando o gerenciamento da aula.

Para transformar a situação exposta, decidimos desenvolver um trabalho empregando ações diferentes das que vinham sendo utilizadas com pouco sucesso, há tempos, com aqueles alunos, do qual este texto é a memória.

Como fio condutor para a atuação docente, foi pensado um trabalho que partisse de tema de interesse dos alunos; um tema escolhido por eles e que levasse, conforme Jolibert (1994b: 33-35), a uma pedagogia por projetos desenvolvidos por crianças ativas, dos quais elas participariam do gerenciamento das ações, com a supervisão docente. Com base nessa proposta, trabalhamos diferentes tipos de textos: relatórios, cartas, cartazes e requerimentos.

A produção de relatório foi levada a efeito após visita feita pela turma à exposição de canários e pinturas no Centro Cultural da cidade. As crianças relataram fatos e eventos de forma coordenada e, aproveitando a situação favorável (um passeio), prestaram contas, claramente, por escrito, do que viram – utilizando anotações feitas durante a visita – e cotejaram as suas produções. Habituando-se a comparar os seus escritos e com o confronto dos trabalhos, foram realizando a autoavaliação.

Em seguida, foi desenvolvida a escrita de cartas "para valer" – aqui relatada.

Projeto "Escrevendo cartas 'para valer'"

Elaboração do projeto com as crianças

Aprender a escrever carta é uma das exigências do currículo da 4ª série, anualmente ensinada pelas professoras. Os alunos, na sua maioria, sem maiores problemas compreendem a carta como um texto que tem finalidade própria e modo de escrever específico.

Sempre há alunos que encontram maior dificuldade, seja em descobrir assuntos para a carta, seja na sua organização específica ("silhueta") ou na elaboração da sequência do grupo de assuntos, ou ao sobrescritar o envelope. Essas dificuldades provavelmente ocorrem porque a escrita solicitada não costuma ser "para valer".

Em conversa com uma professora da escola, responsável por outra turma de 4ª série, concluímos que seria vantajoso, considerando os estudos de

Jolibert (1994a, b), realizar uma troca de correspondência entre as classes. Com a escrita de cartas que seriam permutadas entre crianças, pretendia-se que elas construíssem e compreendessem a função social e a organização textual das cartas.

As crianças com frequência manifestavam em suas conversas, ou ao fazerem planos para brincadeiras no recreio, o desejo de realizar jogos de queimada. Esse desejo aflorou-se por ocasião da escolha dos projetos que a turma gostaria de desenvolver. Propusemos, então, a realização de um torneio de queimada.[1] Os alunos da 4ª série B convidariam, por carta, alunos da outra classe, a 4ª série C, que responderiam ao convite, dando início à troca de uma série de cartas. A proposta foi bem aceita e eles perceberam a necessidade de escrever bem, pois a carta seria lida pelos colegas. O interesse de jogar com outra turma deixou todos felizes.

No decorrer de conversas sobre um possível campeonato esportivo na escola, as crianças apontaram a necessidade de comunicação com os alunos de outras classes para a organização do torneio. Foi então que se observou a necessidade de escrever cartas, dando origem ao projeto "Escrevendo cartas 'para valer'", desenvolvido mediante correspondência entre alunos de duas classes de 4ª série.

▪ Objetivos

Dois objetivos, em especial, foram levados em conta no planejamento efetuado por professores e alunos: o aprendizado da escrita de cartas e consequente melhora da capacidade de expressão escrita; e o que incomodava e inquietava no momento a escola: os atos de incivilidade e indisciplina reinante nas duas turmas.

Quanto à escrita de cartas, pretendia-se que todas as crianças:

- construíssem a noção de destinatário e remetente, apropriando-se da estrutura específica da silhueta da carta e sendo capazes de argumentar por escrito e empregar corretamente pontuação e maiúscula;
- aprendessem a trabalhar e conviver com um grupo de pares, gerindo e chegando ao final de um projeto, o Torneio de Queimada;
- fossem capazes de identificar no envelope e numa carta o remetente, o destinatário, lugar de origem, data, indicando qual é o conteúdo (seu objeto) e de produzir uma carta com a resposta adequada;

- conseguissem localizar a superestrutura, isolando e marcando os blocos de texto que a compõem. A partir disso, realizar um esquema silhueta da carta e nomear os diferentes blocos de texto e sua função;
- aprendessem a situar de maneira adequada os diversos blocos de texto de uma carta que o professor recortou. Afastar o intruso, isto é, o trecho de um texto diferente, propondo uma ordem pertinente para os parágrafos do corpo de uma carta que foram "espalhados";
- transformassem um endereço datilografado numa só linha e sem maiúsculas, em blocos corretos de endereço, no envelope, com as alíneas e maiúsculas apropriadas.

▪ **Atividades que compõem o projeto**

A realização de um torneio de queimada implica:

- convidar as crianças de outra classe para participar do torneio;
- elaborar regras para o torneio e para os jogos.

▪ **Textos necessários para a realização do projeto:**

- cartas;
- escrita de envelopes;
- regras do jogo para o torneio.

▪ **Desenvolvimento das atividades de leitura e escrita**

A opção pela escrita de cartas para a organização do torneio foi bem recebida pelas crianças por permitir a comunicação, a troca de ideias e o registro do que foi combinado pelas turmas, bem como possibilitar receber respostas e dar sequência ao planejamento do torneio e de cada jogo.

Durante a troca de cartas, as crianças, animadas com a participação em intercâmbios escritos com a outra turma, foram construindo regras de convívio para jogar com espírito esportivo.

A organização das atividades didáticas

Para orientar a escrita das cartas foi elaborado um inventário de competências necessárias para sua produção, foram definidos os objetivos de aprendizagem e os critérios de avaliação das produções. A professora elaborou uma "trama de preparação" conforme orientações de Jolibert (1994b: 18-20), apresentada no Quadro 1.

Carta	
Destinatários	35 crianças da 4ª série B
Remetentes	35 crianças da 4ª série C
Objetivos	Realizar um torneio de queimada gerenciado pelas crianças.
Intenções	Aprender a escrever carta e sobrescritar envelope. Conseguir convidar colegas e participar com eles de um torneio de queimada e elaborar regras de convívio e regras de jogo.
Justificativa da escolha deste tipo de texto	Entre os textos possíveis, a carta permite fazer argumentação refletida e eficaz, construir a noção de destinatário, formular e argumentar uma necessidade, certificar-se de que a mensagem chegará ao destinatário e obter uma resposta.
Aspecto geral do texto	Carta com uma "silhueta" específica, apresentando as diversas partes e assuntos organizados em diferentes blocos.
Escolha do material	Material escolar e esportivo de uso diário das crianças
Instrumentos de escrita	Lápis/caneta
Custo financeiro	Sem custo financeiro
Linguística do texto	
Funções dominantes organizadoras da linguagem	Informativa e argumentativa
Escolhas pertinentes para o tipo de texto	"eu" ou "nós"
Enunciação (pessoas, espaço/tempo)	Presente /futuro
Léxico	Vocabulário próprio para escrita de carta e fórmulas de polidez.
Coerência a buscar: marcas de enunciação, advérbios, tempos verbais, substitutos, conectivos.	Sensibilizar as crianças quanto à necessidade de buscar coerência das ideias a serem escritas ou faladas. Sistematização: desenvolvimento de atividades paralelas com tempos verbais, uso da maiúscula, de pontuação, uso de substitutos e conectivos.

Quadro 1 – Trama de preparação da professora.

A partir da definição dos conhecimentos necessários para a produção da carta pelos alunos, os professores puderam detalhar algumas ações e perceber com mais propriedade o trabalho a ser executado.

O projeto em ação

As crianças precisaram empenhar-se na elaboração e na reelaboração de regras. Eram ainda inexperientes na organização de eventos e na participação em debates. Para a escalação de 20 jogadores, reservas, juiz, organizadores e participantes da torcida, chegaram a um consenso com dificuldade.

Determinar quem devia tomar as providências quanto à bola, ao apito, aos cartões amarelo e vermelho, foi um trabalho tumultuado. No processo de construção da autonomia, as crianças se expressaram, escolheram, viveram e assumiram conflitos.

A coletividade formada pelas duas turmas de 4ª série tinha um objetivo preciso: realizar um torneio de queimada.

Atividades de leitura e escrita – escrevendo cartas "para valer"

Partimos das experiências que os alunos já possuíam sobre a carta. Após cada um escrever o seu texto, os alunos confrontaram suas produções, lendo a carta escrita por seus pares para a escolha da melhor. Foi feita a "silhueta", representando a superestrutura da carta com seus blocos de texto diferenciados e sua organização espacial: parte de cima com data, nome de quem escreve e de onde, as maiúsculas, os blocos de assuntos da carta e a assinatura.

Entre elas, foi escolhida uma, que foi escrita na lousa para ser discutida e reelaborada com a participação do grande grupo, e, posteriormente, copiada com caneta por todos (Figura 1).

> *Rio Claro, 18 de junho de 1998.*
>
> *Colega*
>
> *Eu gostaria de convidar você para um Torneio de Queimada lá na quadra da nossa escola.*
> *Gostaria que você aceitasse este convite.*
> *O Torneio vai ser amistoso e vai ter torcida para animar, mas não pode haver vaias.*
> *O time que ganhar vai ser aplaudido e o time que não ganhar também será aplaudido.*
> *Se você e sua classe aceitarem este convite, a gente vai ser educada com vocês e esperamos que vocês também sejam educados com a minha classe.*
> *Obrigado, espero você lá.*
>
> *Anderson*

Figura 1 – Anderson (9 anos) – "última escrita".

Entregamos para cada criança o nome de um colega da outra classe para que ela pudesse sobrescritar o envelope com nome e endereço do destinatário e, para essa finalidade, as crianças receberam a orientação das professoras, que desenharam envelopes na lousa e ensinaram a colocar cada item necessário no lugar apropriado (Figura 2).

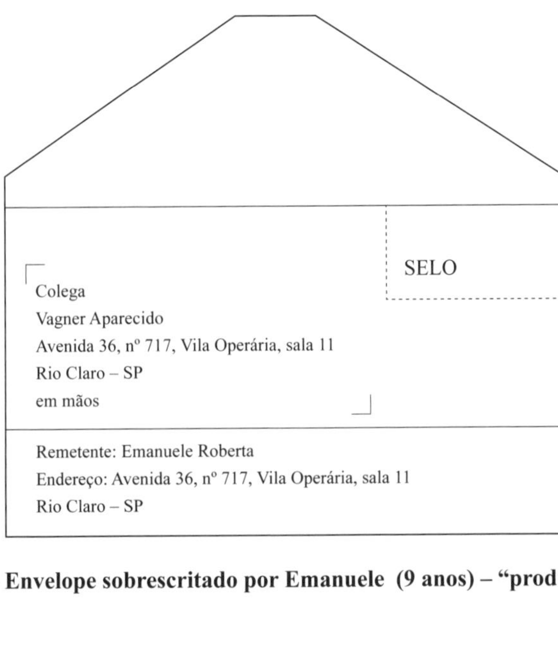

Figura 2 – Envelope sobrescritado por Emanuele (9 anos) – "produção final".

Um aluno, escolhido pelos demais para ser o "carteiro", foi entregar as cartas na outra classe, feliz e vaidoso por ter sido indicado para essa função também pelos companheiros maiores e mais velhos da turma, que constituíam o grupo que comandava os menores.

O mesmo trabalho foi desenvolvido na 4ª série B e, quando recebemos as cartas envelopadas (Figura 3), o "carteiro" fez a entrega a cada um dos destinatários.

Os alunos empenharam-se em escrever com coerência, observando blocos de assunto, "silhueta" da carta e correção ortográfica, como pode ser observado na Figura 3.

> *Rio Claro, 18 de junho de 1998.*
>
> *Vagner*
>
> *Tudo bem, sou uma das alunas da sua classe vizinha, a 4ª série B.*
> *Pelo nome da amizade, quero convidá-los para um Torneio de Queimada. Não só pela diversão que passaremos juntos, mas sim pela amizade, que hoje em dia está extinta.*
> *O torneio poderá ter 20 jogadores, do jeito que acharem melhor, alguns jogadores ficarão de reserva, caso haja acidentes imprevisíveis. O jogo poderá ter dois tempos para descanso, dois juízes e algumas outras regras.*
> *Se algum dos dois times ganhar, não fiquemos com aquele ato de rivalidade. O que vale é a participação e o prazer de brincar.*
> *Espero sua resposta com muito carinho.*
>
> *Emanuelle.*

Figura 3 – Carta-resposta de Emanuele – incluída na pasta de trabalho.

As crianças ficaram felizes ao verem seus nomes nos envelopes, interpretaram a carta e depois, com lápis colorido, pesquisaram e delinearam sua estrutura, descobrindo a existência e a ausência de blocos de assunto na escrita dos colegas da outra turma, o que reforçou o entendimento da "silhueta" requerida para aquela modalidade de texto.

A organização do torneio

As professoras solicitaram que, durante as atividades de recreação, as crianças escolhessem os jogadores que representariam as classes, bem como três colegas para discutirem as regras.

Três alunos de cada classe, após o recreio, reuniram-se no refeitório durante uma hora e meia, munidos de caneta e papel. Depois de muita conversa, acabaram elaborando 15 regras orientadoras do jogo e do convívio (Figura 4), que foram entregues às professoras.

22-6

Regras do jogo de queimada

1. *20 jogadores.*
2. *10 na torcida.*
3. *Não vale bola violenta nas partes íntimas.*
4. *Grito de guerra*
5. *25 minutos para cada tempo.*
6. *5 jogadores na reserva.*
7. *10 minutos de descanso.*
8. *Só pode quatro substituições.*
9. *Mão e pé são frios.*
10. *Não vale passar das linhas vermelhas.*
11. *O que vale é aonde bate primeiro.*
12. *Não vale agredir o juiz.*
13. *A pessoa do cemitério não pode queimar.*
14. *A pessoa que for queimada vai para o cemitério.*
15. *Só a pessoa que estiver primeiro no cemitério pode pegar a bola.*

Figura 4 – Regras do jogo de queimada elaboradas pelas crianças representantes das classes.

Na classe, após discussão no grande grupo e o entendimento das regras, estas foram escritas na lousa. As regras serviram de roteiro para a escrita de nova carta, que seria redigida com a finalidade de acertar com a outra turma a aceitação e obediência conforme o combinado. Na discussão, alguns alunos exploraram, com admirável propriedade e competência, as ideias em debate. Outros acompanharam com menor dinamismo, embora apoiando as questões.

As cartas foram escritas, trocadas para leitura, escolhidas as melhores, reescritas na lousa, copiadas e novamente encaminhadas. A carta-resposta foi recebida com alegria e novamente estudada, considerando a estrutura do conjunto e a pertinência do enunciado.

Paralelamente, executamos outras atividades, que funcionaram como ferramentas para o desenvolvimento do trabalho de sistematização:

a) Procurar em casa, na conta de água ou telefone, o próprio endereço, incluindo CEP, que deveria ser memorizado, por ser considerando um conhecimento útil para a sobrevivência.

b) Transformar um endereço (escrito sem maiúsculas numa só linha), escrevendo-o em envelope considerando as alíneas e maiúsculas apropriadas.

c) Ler uma carta extraída do Material Alfa 1 (Poppovic, 1984: 32). Essa carta fora transformada em "quebra-cabeça", no qual fora inserido parágrafo intruso. Recortar e reorganizar, colar corretamente, separando o trecho que estava a mais na carta.

Após o jogo de queimada, que ocorreu como combinado, houve reelaboração de regras. As novas regras foram escritas na lousa pelas crianças, orientando a grafia de outra carta, agora executada em duplas. Foi procedida a autoavaliação da escrita a partir da "silhueta", também em duplas.

O torneio de queimada – o primeiro jogo

O jogo entre a 4ª série B e 4ª série C foi realizado em uma quinta-feira às 8h30 no campo esportivo anexo à escola. As crianças já haviam combinado as regras do jogo e do convívio.

As regras elaboradas pelos representantes já haviam sido discutidas nas classes: seriam 20 jogadores (já determinados) em cada time. Dez alunos fariam a torcida por sua classe e cinco seriam reservas. Cada tempo de jogo teria duração de 25 minutos. Entre o primeiro e o segundo tempo haveria 10 minutos reservados para descanso.

Segundo o combinado, mãos e pés seriam "frios" (não podiam ser "queimados"); não valeria bolas violentas, passar das linhas, nem agredir o juiz.

A criança queimada deveria ir para o "cemitério", não poderia mais "queimar" ninguém. Como essa regra (combinada pelos representantes de cada classe) gerou protesto por parte da maioria, o assunto foi rediscutido sendo resolvido em um último "combinado" que as do "cemitério" poderiam ser queimadas. Assim, foi realizada a escolha de juízes, um de cada classe.

Depois do jogo

Na aula seguinte, fizemos a avaliação dos pontos positivos e negativos no grande grupo. As crianças conseguiram elaborar as ideias e conversar a respeito dos acontecimentos no decorrer do jogo de queimada, chegando a conclusões bem importantes como o quanto alguns meninos haviam respeitado os colegas e como haviam levado a sério as regras estabelecidas para o jogo. Comentamos com elas como estavam se desenvolvendo – aliás, muito bem – como grupo de trabalho organizado, ordeiro, respeitador de regras com objetivos comuns e vontade de chegar a bom termo quanto ao proposto.

Na discussão, surgiram, além das desavenças pessoais que foram deixadas virem à tona para catarse, a solução para os problemas com a reorganização de algumas regras que novamente foram discutidas, agora no âmbito da classe, escritas e encaminhadas para os alunos da 4ª série B (Figura 5), que também fizeram a mesma discussão e chegaram ao mesmo acordo.

06-07-98

Regras do jogo de queimada

1. *Juízes: Cristiano e Thiago.*
2. *O juiz é obedecido*
3. *Todos os que quiserem jogar, poderão.*
4. *Os do cemitério podem queimar.*
5. *Cada criança que for queimada sabe muito bem disto e vai para o cemitério sem ninguém mandar.*
6. *As professoras assistirão ao jogo que será administrado pelas crianças.*
7. *Não haverá torcida organizada, pois todos serão jogadores.*
8. *O grito de guerra será falado pela classe toda, concentrada no meio do campo.*
9. *Continuam valendo as demais regras.*

Figura 5 – Regras do jogo de queimada, reelaboradas pelas crianças

Foram escritas novas cartas ponderando sobre as novas regras reformuladas objetivando outro jogo. A tônica dessa atividade seria a gestão do jogo e de todas as ações que o envolviam pelas próprias crianças, sendo que as professoras, convidadas para assistir, teriam como único trabalho a marcação do tempo.

O segundo jogo

As atividades escolares cessaram, pois tivemos em julho dez dias de férias. O segundo jogo foi realizado numa quinta-feira, depois das férias.

As crianças estavam muito interessadas no compromisso com as novas regras, dessa vez elaboradas no grande grupo, composto por todos os alunos. Queriam mostrar que eram capazes de gerenciar um empreendimento porque já não eram mais crianças pequenas que necessitassem da assistência das professoras.

Dessa vez, embora as regras anteriores ainda valessem, houve modificações: o juiz seria obedecido, todos poderiam queimar e ser queimados, inclusive os do "cemitério", as professoras não se envolveriam e todas as crianças que quisessem poderiam ser jogadores.

Socialização

O jogo transcorreu muito bem. Como esperado, o egocentrismo permeou as discussões. Os juízes não foram levados em consideração e, por vezes, a professora da 4ª série B interferiu, reunindo as crianças e fazendo com que se explicassem, para que elas entendessem e gerissem a vida coletiva partilhada – se autoavaliassem confrontando suas falhas.

O tempo regulamentar transcorreu com as duas equipes jogando de forma bem homogênea com pequena vantagem para uma delas, mas, momentos antes do final, prevendo consequências maiores e negativas, as professoras encerraram a competição. Novamente foi lembrado o caráter amistoso e o significado do espírito esportivo, não muito bem aceitos. Sentaram-se todos no chão da quadra e, depois de muita discussão, resolveram declarar o jogo empatado, com a expectativa de uma "revanche". Entre as professoras havia uma grande cumplicidade quanto aos passos do desenrolar do jogo e à discussão das regras de convívio. As crianças se contiveram ao máximo com referência às vaias e às brigas, pois estavam decididas a provar para elas mesmas e para as professoras que já eram grandes e sabiam organizar uma disputa esportiva.

Retornamos para a sala de aula e deixamos a avaliação para o dia seguinte, já que o estado emocional não permitiria a sensatez e o entendimento.

O segundo jogo foi especial. Não houve discussão, o juiz foi obedecido (e aplaudido no final da disputa) e as professoras não precisaram interferir.

A 4ª série C sagrou-se campeã. As crianças se cumprimentaram e uma classe agradeceu à outra, no melhor estilo esportivo.

Na classe foi realizada avaliação no grande grupo, observados pequenos deslizes e exaltados o bom desempenho e ótimo comportamento.

Avaliação

Na pedagogia por projetos, as atividades desenvolvidas não são fragmentadas nem artificiais; a escrita é funcional e favorável às aprendizagens.

A produção escrita deixa de ser apenas um exercício escolar. A criança não escreve para um ser imaginário. A escrita é necessária para realizar um objetivo real de vida; na comunicação por cartas, as crianças recebem respostas. Elas percebem que estão se apropriando do mundo da linguagem e adquirindo competências como produtoras de textos. Aprendem ao avaliar suas produções e as de seus colegas, em situações com sentido.

O estudo da carta, apoiado em atividades da vida real, numa prática de trabalho "de verdade", permite à criança decidir e se engajar numa atividade, planejar suas ações e sua aprendizagem, assumindo responsabilidade, produzindo algo com sentido e utilidade.

A avaliação – tanto da produção da carta, como da organização do Torneio de Queimada e de sua participação no evento – foi feita de maneira constante pelas crianças, que se descobriram escritoras de cartas e organizadoras de eventos, e pelas professoras, que observaram as crianças e as ouviram discutir, questionar, propor coletivamente a escrita do texto e a realização do torneio. No decorrer dos trabalhos e jogos, as crianças foram se autoavaliando e confrontando suas avaliações com as do professor.

As professoras foram se avaliando e delineando suas competências, ao contemplarem a turma como uma coletividade e cada aluno, em particular. Foram medindo a eficácia e a pertinência dos seus trabalhos com a finalidade de organizar as sequências de atividades, escolhendo os procedimentos mais adequados e necessários para a execução do projeto.

Quando o projeto de trabalho atende aos interesses dos alunos, eles participam ativamente. É uma participação que contagia a todos e influi positivamente no alcance dos objetivos, o que pode ser observado pela mobilização dos alunos daquelas 4ª séries. Não apenas com relação ao esforço em aprender a elaborar e respeitar regras, acatar colegas e conviver em harmonia dentro da escola, culminado com o gerenciamento do Torneio de Queimada pelas crianças, mas também no empenho demonstrado com relação ao trabalho de escrita e reescrita de cartas "para valer".

Aprender a gerenciar o torneio, além do sucesso obtido pela escrita e reescrita das "cartas para valer" com seu rápido retorno positivo, manteve professoras e crianças envolvidas e entusiasmadas, pois, quando os resultados da participação são imediatos, eles se realimentam.

O diálogo resultante das discussões, muitas vezes efetuados com dificuldade, mobilizando muita paciência das professoras, teve a função educativa de melhorar a capacidade dos alunos de ouvir os companheiros, aprender a falar na sua vez e a colocar-se no lugar do outro, de compreender e respeitar pontos de vista diferentes do seu, partilhar experiência e chegar a um consenso.

Com relação aos objetivos priorizados – aprendizagem da expressão escrita e intervenção nos atos de incivilidade – foi observada sensível melhora, em especial porque os alunos continuaram envolvidos em outros projetos de seu interesse: jogos de futebol em "campo de verdade", ou seja, "campo gramado"; visita à exposição de canários e à biblioteca municipal; participação em grupo de dança folclórica. Esses diferentes projetos mantiveram os alunos mobilizados com suas aprendizagens, ao mesmo tempo em que propiciaram desenvolver sentimentos positivos de amizade e carinho entre eles e a professora, só possível pela perseverança nas ações educativas e disponibilidade de tempo para sua efetivação.

O estabelecimento de um clima escolar positivo possibilitou que eles aprendessem outros temas acadêmicos necessários para suas vidas práticas como, por exemplo, as quatro operações, que, embora fossem estudantes da 4ª série, ainda não dominavam.

Desdobramentos do projeto

Os alunos foram, ao mesmo tempo, incentivados pela professora e pelo pai de uma aluna, proprietário de Escola de Futebol Infantil, a se organizarem para a realização de um campeonato de futebol feminino e masculino com as outras classes, em "campo de verdade".

A realização do campeonato de futebol exigia algumas providências – a comunicação com um senhor desconhecido – que envolvia uma nova modalidade de texto, o requerimento, que seria escrito e reescrito e depois encaminhado ao destinatário. Outras atividades também foram realizadas, como a confecção de cartazes, convidando para a Festa do Folclore da escola, para serem afixados nas lojas e bares da vizinhança.

Considerações sobre o trabalho com projetos

O desejo e a necessidade de mudança na ação pedagógica levaram duas professoras a tentar realizar ações diferenciadas e a assumir riscos. No decorrer do desenvolvimento dos projetos, o bom resultado, que podia ser comprovado a todo instante, reforçou o propósito, pois ambas haviam internalizado o conceito, segundo o qual, quem ensina é quem deve mudar sua visão profissional, sua forma de relacionar-se com turma de alunos, com conteúdos, com a informação, para transformá-los em saber compartilhado.

Existem problemas que são parte da escola e, pela sua visibilidade, tratados com mais veemência, chegando a repercutir dentro e fora dela, muitas vezes se constituindo em temas frequentemente abordados pela mídia.

Respondem a esse padrão as questões que se referem ao fracasso escolar, à suposta má qualidade do ensino, à indisciplina e mesmo a violência nos centros escolares, entre outros.

Conflitos fazem parte do cotidiano escolar e não podem ser impedimento para o trabalho docente. Os alunos frequentemente se sentem constrangidos ao enfrentamento físico para resolver suas dificuldades de relacionamento. Criar climas favoráveis à resolução de conflitos a partir da discussão e negociação, nos quais o aluno encontre apoio e se sinta aceito pelos colegas e professores, é trabalho que exige empenho e obstinação, tarefa inerente aos afazeres do professor e da escola coletivamente.

Quando a classe manifesta, constantemente, comportamentos que envolvem incivilidade e indisciplina, a qualidade do ensino está comprometida. Comportar-se de maneira construtiva e solidária nos espaços de convívio é resultado de aprendizado, portanto, a ser efetivado por ações pedagógicas. É atributo da profissão docente, propiciar condições para que os alunos aprendam a organizar-se enquanto grupo de companheiros e de trabalho, o que constitui requisito para poder ensinar e aprender.

Prevenir os problemas decorrentes de incivilidade e indisciplina dos alunos no âmbito escolar é função da escola, a partir do desenvolvimento de ações que assegurem um adequado clima de convivência entre adultos e crianças dentro dos centros escolares.

Uma forma muito positiva de trabalhar essas questões é centrar a intervenção nos processos educativos, nas ações pedagógicas desenvolvidas por professores, fundamentalmente, sem precisar recorrer a pais ou solicitar ajuda de terapeutas. Partilhando responsabilidades, as crianças aprendem a escutar os outros, vão acatando opiniões dos colegas e aprendendo a respeitar as decisões tomadas em conjunto, os "combinados".

A presença de procedimentos de intervenção mediante processos educativos, desenvolvidos por professores, distantes dos encaminhamentos de alunos a atendimentos clínicos ou de aplicação de penalidades, demonstra a capacidade de a escola solucionar problemas aparentemente sem solução. São questões próprias para serem tratadas nas Reuniões Pedagógicas e nas Horas de Trabalho Pedagógico Coletivo, em busca de ações conjuntas de entendimento, atendimento e solução para os problemas.

Essas discussões substituiriam aquelas que ocupam os momentos preciosos em que os professores estão reunidos e deveriam se ater aos imperativos da escola, mas são dissipados com assuntos burocráticos.

A execução do projeto aqui relatado foi proporcionada, de um lado, pela impossibilidade de trabalho pedagógico no estilo habitual, devido a peculiaridades da classe como um todo: alunos competentes intelectualmente rendendo abaixo do esperado, fato agravado pela dificuldade de convivência entre eles, devido à falta de competência para elaboração e atendimento a regras de convívio. Por outro lado, o estudo de produção científica de Jolibert e colaboradores (1994a, b) sobre projetos, lançou uma provocação à nossa prática pedagógica ao propor um trabalho "com crianças ativas num meio que elas gerenciam" (Jolibert, 1994a: 12). Ativas aquelas crianças eram, até demais, mas pensei: como elas conseguiriam gerenciar seu próprio trabalho, considerando, principalmente, seu excesso de "atividade"?

Mobilizei-me, então, para resolver diversos problemas demandados pelos alunos e a partir do estudo que estava sendo proposto no Curso de Especialização Alfabetização, decidi propor a outra professora da 4ª série um trabalho conjunto, aplicando o que poderia ser considerado inovações para nossa prática e para o currículo daquela escola. Aceitei, portanto, o desafio da autora e que foi acolhido pela colega.

Alunos que não desenvolveram maneiras positivas de relacionar-se com seus pares e professores costumam provocar sua atenção, ao comportar-se em desacordo com as regras de convívio.

Rótulos negativos destinados a uma turma de alunos de forma não criteriosa pela coletividade escolar podem destruir sua motivação, desenvolver sentimento de rejeição, distorcer valores pessoais e esperanças, ampliar sentimento de insegurança. Implicam sérios danos para o aluno e se refletem no cotidiano escolar.

Por outro lado, sentir-se mobilizado para participar de um projeto, como aconteceu às 4ª séries, levou as turmas a participarem ativamente.

A professora que desenvolveu comigo esse projeto era antiga na organização escolar, tinha interesse em transformá-la, porém, encontrava dificuldade por sentir-se sozinha em seu propósito e não saber o que fazer para conquistar as crianças de forma que elas se interessassem pelas atividades escolares. Essas eram características que fizeram dela a companheira de trabalho ideal.

A pedagogia por projetos nos ajudou a conseguir êxito, mas isso não pode ser entendido como resposta única ou definitiva aos problemas. Busca-se com este relato compartilhar com outros educadores diversas ações que se mostraram adequadas naquela ocasião, que foram bem-sucedidas e a partir das quais eles possam selecionar ações educativas para suas turmas.

Apesar da falta de engajamento e estímulo por parte dos demais atores escolares e a impressão de que a escola perdeu o ensejo de atualizar suas ações pedagógicas e aproximar-se do mundo infantil, sinto-me privilegiada pela oportunidade e pelos resultados do empreendimento.

Na minha observação, além do aprendizado da escrita de cartas, o trabalho com os jogos possibilitou o desenvolvimento de atitudes positivas de relacionamento interindividual, pouco existente anteriormente entre os alunos da 4ª série C. Com grande satisfação acompanhei o desenvolvimento de convivência positiva entre as crianças, especialmente entre 12 alunos mais velhos da classe que ainda valorizavam e levavam em conta unicamente seus pontos de vista.

Nota

1 O jogo de queimada consiste na disputa entre dois times colocados frente a frente em dois campos adversários. A partir da posse de uma bola, os jogadores fazem tentativas de "queimar" colegas do time concorrente, isto é, fazer com que a bola esbarre no jogador. O colega "queimado" tem que se retirar e ficar atrás do time contrário, local chamado de "cemitério". Nessa nova posição, vai pegar a bola que for atirada por colegas do seu próprio time, na tentativa de "queimar" os adversários e, por sua vez, devolver a bola. Ao fazê-lo, tentará "queimar" algum colega do outro time, que, neste caso, está entre o "cemitério" e os colegas de seu time que ainda não foram queimados. O movimento de "queimada" passa a ser realizado com quatro comandos (um em cada campo e um em cada cemitério) até que os dois times completos passem para o "cemitério"; o time ao qual pertence o último jogador que não foi queimado é o vencedor.

Bibliografia

CHARLOT, B. *Relação com o saber, formação dos professores e globalização*: questões para a educação hoje. Porto Alegre: Artmed, 2005.

HERNÁNDEZ, F.; VENTURA, M. *A organização do currículo por projetos de trabalho:* conhecimento é um caleidoscópio. 5. ed. Porto Alegre: Artmed, 1998.

JOLLBERT, J. *Formando crianças leitoras.* Porto Alegre: Artmed, 1994a, v.1.

________. *Formando crianças produtoras de textos.* Porto Alegre: Artmed, 1994b, v.2.

MICOTTI, M. C. O. (org.) *Alfabetização*: aspectos teóricos e práticos. Rio Claro: Instituto de Biociências, 1999.

POPPOVIC, A. M. (coord). *Programa Alfa Três.* Eu escrevo 1, São Paulo: Abril, 1984.

A formação continuada de professores

Maria Cecília de Oliveira Micotti

Resumo

Diante da importância do estabelecimento das relações entre fazeres e saberes teóricos e práticos na docência, são apresentadas aqui reflexões sobre os depoimentos das participantes deste livro a respeito dos caminhos que as conduziram à pedagogia por projetos – suas intenções, as impressões iniciais, o contexto em que ensinavam, suas práticas com essa pedagogia. O exame do desenvolvimento de conhecimentos teóricos e das transformações das práticas pedagógicas revela que o enfoque dessas relações coloca-se como alternativa a ser mais acentuada nas políticas públicas para a formação dos professores.

Em nosso país, a formação continuada de professores tem sido objeto de políticas públicas que visam à melhoria do ensino. Essas políticas concretizam-se, sobretudo, com o oferecimento aos professores de palestras ou cursos, ministrados por pesquisadores, sobre as inovações pedagógicas que acentuam o papel do aluno na construção de seus saberes. Em contraposição a essas propostas, ocorrem intervenções cada vez mais diretas no trabalho docente, gerando resistências e protestos do professorado. Os procedimentos utilizados nessas intervenções, geralmente, compõem-se de orientações correspondentes ao ensino padronizado.

No primeiro caso, perspectivas teóricas são apresentadas sem que haja oportunidades ou apoio aos responsáveis pelo ensino para a elaboração dos conhecimentos teóricos e das práticas pertinentes, e no outro, predominam procedimentos tradicionais. A situação se complica, entre outros motivos, porque as oportunidades oferecidas aos integrantes do magistério para se graduarem no ensino superior consistem em cursos aligeirados.

Sobre a formação dos professores, em diferentes países, Zeichner (2003: 43-44) assinala a tendência de as propostas acentuarem o preparo de educadores reflexivos e o distanciamento existente entre as propostas e as práticas que se desenvolvem segundo o modelo tecnocrático de treinamento. Critica o uso da designação "professor reflexivo" para iniciativas vinculadas à racionalidade técnica, contrárias à reflexão e à emancipação docente; critica também a tendência de os estudos teóricos e seu desenvolvimento ficarem ao encargo das universidades e as práticas, ao encargo das escolas fundamentais e médias, desconsiderando-se os vínculos entre as teorias e as práticas.Em suas reflexões, insere o significado das reformas destinadas à melhoria e à democratização da educação com o ensino centrado no aluno, nos esforços para eliminar as desigualdades sociais.

Na educação, a separação entre fazeres e saberes teóricos e práticos na qual se enraiza a divisão de trabalhos entre os profissionais e a tendência de as políticas públicas reproduzirem esse enfoque, reduzindo o espaço de atuação docente, sugerem questionamentos sobre o enfoque dado pelos professores às teorias e às práticas pedagógicas.

Relações entre teorias e práticas pedagógicas na formação docente

Micotti (2004), estudando as descrições, feitas por professoras de seu próprio desempenho como alfabetizadoras e do processo de elaboração de seus conhecimentos no início do magistério e por ocasião da instituição do construtivismo como orientação pedagógica nas escolas públicas paulistas, verificou a ocorrência de relações entre as práticas e os conhecimentos de origens diversas implícitos nesse processo, como assinala Tardif (2005). As professoras acentuam que no início de suas experiências no magistério, após um período inicial de reprodução de práticas alheias, modificam o seu modo de ensinar. Os resultados da pesquisa mostram que as mencionadas mudanças variam com a complexidade das reflexões feitas pela professora sobre o ensino, nas quais interveem: os efeitos das práticas junto aos alunos; o estabelecimento de relação do aprendizado das crianças com o seu trabalho; a consciência dos limites das próprias práticas e a busca de aportes teóricos para desenvolvê-las. Quanto à aplicação do construtivismo, a princípio, algumas práticas, vistas nos meios escolares como inovadoras, são justapostas às práticas tradicionais. Depois, algumas professoras conseguem reestruturar os seus conhecimentos e as suas práticas pedagógicas. A distinção (raramente feita) das concepções epistemológicas subjacentes às práticas acorre quando a docente realiza estudos e reflexões teóricas, extrapolando o ideário pedagógico comum nos meios escolares.

A contribuição das teorias e das práticas pedagógicas para a atuação docente e as possibilidades de estabelecimento de vínculos entre elas têm sido objeto de estudos.

Charlot (2005: 89-99), ao analisar as relações entre ensino e formação, considera ser a lógica da formação, a lógica das práticas, diferente da lógica do ensino, da lógica dos saberes constituídos em sistemas e discursos coerentes, mas reconhece que a formação envolve saberes. Assim, na formação, estabelecem-se tensões entre essas lógicas que são heterogêneas, o que não significa que elas sejam isoladas, pois são mediadas pela prática dos sabereres e pelos conhecimentos da prática. Isso propõe que a formação de professores inclua o trabalho com os saberes constituídos, as práticas, a identificação dos pontos de articulação das respectivas lógicas e, também, a administração das tensões entre essas lógicas e a construção das mediações entre elas.

A distinção feita por Charlot (2005) entre a lógica dos saberes constituídos e a lógica das práticas pedagógicas, sobretudo a articulação entre elas, suscita reflexões sobre o desenvolvimento desses processos por parte de professores que têm acesso à lógica dos saberes e se encontram envolvidos com as práticas pedagógicas.

Em uma proposta para transformar a formação inicial de docentes do ensino da língua materna, Jolibert, Cabrera e Inostroza (2004) propõem novo enfoque para a relação entre teoria e prática. As autoras e seus companheiros de realização dessa obra coletiva destacam as práticas pedagógicas, realizadas na formação inicial, buscando a articulação dessas práticas, mediante as produções de diferentes áreas do conhecimento, isto é, mediante abordagem interdisciplinar, de modo que seja realizada a autossocioconstrução de aprendizagens significativas e pertinentes por todos os envolvidos no processo.

A relação dialética entre conhecimentos teóricos e práticos constitui um dos focos do trabalho realizado pelos participantes do Projeto Raios de Sol, desenvolvido em Rio Claro, vinculado à *RED Latinoamericana para la melhoria de la enseñanza de la lengua materna*. Criada em 1994, sob os auspícios da Unesco, e com a coordenação de Josette Jolibert, a RED busca promover o diálogo entre os professores que têm por objetivo a construção de propostas pedagógicas para o ensino da linguagem. O trabalho envolve a elaboração de um projeto com a participação de todos. Com o propósito de repensar as relações entre teorias e práticas pedagógicas, são feitas reflexões sobre as ações realizadas e sobre a pedagogia por projetos. Trata-se de um processo de construção social e individual desenvolvido com intercâmbios de produções teóricas e práticas.

A leitura dos relatos dos trabalhos pedagógicos que compõem o presente livro e que foram realizados por participantes do projeto, suscita reflexões sobre as mudanças didáticas e as relações que as professoras estabelecem entre as práticas desenvolvidas com seus alunos e os saberes referentes à pedagogia por projetos. Do ponto de vista do ensino, proporcionado à população escolar, essas reflexões colocam em destaque o papel que as mudanças podem representar para a solução dos graves problemas que marcam a educação escolar na atualidade e reclamam modificações do ensino.

A pedagogia por projetos e a concepção de aprendizado da leitura e da escrita

Em nosso país, muitos problemas que desafiam a educação escolar têm raízes no ensino e no aprendizado da leitura e da escrita. As dificuldades referentes à alfabetização podem ser observadas desde o início do ensino fundamental, manifestando-se com: a falta de aprendizado dos conhecimentos básicos sobre a escrita; o baixo nível de compreensão da leitura que muitas vezes, quando ocorre, resume-se na decifração; o acesso insuficiente à escrita convencional e à organização textual. As dificuldades consolidam-se com as tensões que acompanham os insucessos escolares e marcam aqueles que chegam ao término do ensino fundamental sem saber ler e escrever. Em tal contexto, as mudanças pedagógicas, referentes à aquisição e ao desenvolvimento da escrita, podem contribuir para o acesso desses jovens ao mundo letrado e para a democratização educacional.

Pesquisas revelam a complexidade do fazer docente e dos processos pelos quais as práticas pedagógicas são modificadas. A implantação da pedagogia por projetos envolve mudanças radicais no ensino. A proposta de Jolibert e colaboradores (1994a, b; 2006; 2008) fundamenta-se em concepções de ensino e aprendizado, de leitura e escrita e de sua apropriação, de criança e suas possibilidades, muito distantes das que embasam os trabalhos mais comuns no cotidiano de nossas escolas.

Jolibert (2004: 186) afirma:

> Ler não consiste em combinar letras e sílabas: agora se sabe que para ler não se trata de primeiro "fotografar" e memorizar formas (letras, sílabas) para combiná-las e depois entender o que se está lendo. Ler é buscar ativamente o significado de um texto, em relação com as próprias necessidades, interesses e projetos.

O enfoque de leitura como busca do significado dos textos, mediante diferentes indícios, além das letras, difere do enfoque de leitura como decifração. Assim como o desenvolvimento do comportamento leitor, entendido como o aprender a construir o significado de textos completos em situações reais de comunicação, opõe-se ao enfoque da aprendizagem da leitura pelo estudo de sílabas à utilização de cartilhas. Fundamentando-se na conceituação de leitura como processo de compreensão e na da escrita como produção textual, cuja apropriação envolve a vivência da produção de textos para um ou mais destinatários reais, a proposta em pauta prevê o aprendizado da escrita mediante a prática real do "aprender a ler, lendo e a escrever, escrevendo; também, a ler, escrevendo e escrever, lendo" – o texto constitui a unidade de funcionamento da linguagem escrita. A utilização dos textos autênticos, completos e adequados às situações reais de comunicação em que se inserem, contrapõe-se ao trabalho com textos escolares descontextualizados, sem sentido para os alunos.

Quanto ao ensino, Jolibert (2006, 2008) acentua a importância de ambientes acolhedores e estimulantes em que situações de aprendizagem, repletas de vida, sejam plenas de sentido para as crianças. Os projetos, ao expressarem decisões tomadas em conjunto sobre as atividades que serão realizadas por professores e alunos, ajudam a prover de sentido a leitura e a escrita, contextualizando-as e informando sobre a razão de serem realizadas. A inserção dessas atividades em projetos não esgota o trabalho docente; a concretização do aprendizado pelas crianças pressupõe, também, apoio didático com metodologia rigorosamente organizada.

O exposto, registrado em Jolibert et al. (2006: 177-181), evidencia a mudança do eixo do trabalho pedagógico; o ensino passa a ser centrado nas atividades dos alunos, em lugar de ser centrado nas atividades do professor, como ocorre na didática tradicional.

As várias diferenças entre a pedagogia por projetos e a didática da alfabetização, predominante nas escolas de ensino fundamental, permitem identificar as mudanças pedagógicas, realizadas pelas professoras, registradas nos relatos apresentados neste livro, e aspectos do processo de apropriação dessa pedagogia.

No conjunto dos relatos sobre os trabalhos desenvolvidos mediante a pedagogia por projetos, destacam-se as atuações docentes em vários segmentos da escolaridade, desde a educação infantil até a 4ª série.

Entre os docentes, a disposição para assumir qualquer compromisso com modificações pedagógicas é pouco comum e bastante variável e, por esse motivo, a introdução da pedagogia por projetos nas práticas docentes diferencia-se das outras situações de mudanças do ensino: a adesão da professora à nova pedagogia é espontânea, constituindo projeto de realização de suas próprias intenções.

A apropriação do conceito e das estratégias de uma pedagogia por projetos

As reflexões sobre as práticas pedagógicas relatadas propõem indagações que, basicamente, se resumem em duas questões: Como se dá a apropriação da pedagogia por projetos pelas professoras e como elas avaliam os resultados de seus esforços?

A busca de respostas para essas questões, que, aliás, se inter-relacionam, nos conduz aos percursos pelos quais as professoras se aproximam da pedagogia por projetos, dela se apropriam, e avaliam seus resultados. Para identificar essas interações, recorremos aos depoimentos individuais sobre esse processo; recorremos, também, a alguns dados complementares, destacados dos relatos dos trabalhos práticos. O presente texto tem por objeto o enfoque de algumas dessas informações que consideramos significativas para a compreensão do desenvolvimento dos saberes docentes.

No estudo do desenrolar da apropriação da pedagogia por projetos, alguns aspectos merecem destaque: os caminhos pelos quais a professora conheceu a proposta, como ocorreram as interações iniciais, as intenções que moveram as iniciativas de adesão à proposta e as práticas empreendidas.

Os caminhos iniciais

Os caminhos pelos quais as professoras se aproximam da pedagogia por projetos variam. Segundo depoimentos individuais e vivências pedagógicas relatadas, fatores diversos atuam no processo; entre esses, encontram-se os valores que fazem parte das diretrizes da pedagogia – a cooperação entre todos os participantes, o respeito entre as pessoas, os próprios compromissos docentes, pedagógicos e sociais etc. A professora M, por exemplo, assinala:

> [...] buscava cada vez mais elementos que proporcionassem a organização da vida, de tal forma que houvesse mais cooperação entre as pessoas. Pretendia que as ações individuais e coletivas não fossem caracterizadas por gestos mecânicos, mas que tivessem sentido para mim e para aqueles com os quais eu me relacionava. A pedagogia por projetos veio ao encontro de minhas buscas e pretensões.

A correspondência entre a proposta e os valores já adotados pela professora em sua filosofia de vida é enunciada por ela. Mas, além da questão dos valores expressos na proposta, outros fatores atuam nessa aproximação.

As respostas, como a acima apresentada, se fazem acompanhar de outros argumentos, contendo situações solicitadoras de decisões que podem envolver a disposição para vivenciar tais valores no cotidiano escolar, o que, também, constitui um modo de ensiná-los.

Algumas professoras focalizam o saber docente em relação ao ensino. Uma professora que vincula o conhecimento inicial dessa pedagogia aos relatos de uma colega que havia começado a trabalhar com a proposta assim se manifesta:

> [...] a apropriação do saber docente e a construção de uma prática pedagógica que esteja em consonância com as reais necessidades de aprendizagens dos educandos é para mim um grande desafio. A formação inicial (Magistério e Pedagogia) não foi o suficiente para superar o contato com a complexidade da realidade cotidiana da sala de aula. (M. H.)

Aqui, a menção à percepção da necessidade de empreender um modo de ensinar que conduza ao aprendizado por parte dos alunos – o desenvolvimento dos saberes da prática – contrapõe-se à insuficiência da própria formação inicial – saberes constituídos – ou à falta de articulação entre esses saberes, para realizar essa tarefa.

Sobre formação continuada, L, professora de educação infantil, diretora da escola colocou à disposição do corpo docente um livro dedicado à pedagogia por projetos, sugerindo a sua leitura em reuniões. A leitura ocasionou diferentes manifestações:

> [...] Algumas professoras se entusiasmaram, mas acharam "muito trabalhoso" esse modo de ensinar, por se tratar de crianças pequenas. Outras desconfiaram da eficácia das atividades, e outras, ainda, aceitaram sem questionar, alegando que "é sempre bom ouvir algo diferente".

As manifestações podem ser interpretadas como resultantes dos olhares da proposta segundo a ótica dos conhecimentos da prática – "é muito trabalhoso" e se desconfia da eficácia da proposta; a precaução que se manifesta com o não envolvimento –, sendo sempre bom ouvir algo diferente... De sua parte, L confirma sua opção pela proposta, busca os conhecimentos constituídos, realizando leituras e cursos.

Outras professoras também vinculam a sua aproximação da proposta à realização de cursos e à participação em reuniões de grupos de estudos. Em suas manifestações, explicam que o conhecimento da proposta desencadeou o processo de adesão. Em casos como esses, observa-se a tendência de as professoras encaminharem-se do conhecimento teórico para a prática em sala de aula. No entender de L:

> A apropriação da teoria constituiu-se em elemento desencadeador da ampliação da capacidade de renovação e reconstrução de uma nova prática, adequada à sua nova realidade.

O saber teórico é visto pela professora como elemento que viabiliza a revisão de seus saberes da prática, mediante a prática de saberes – apropriação da teoria.

O papel dos conhecimentos teóricos (saberes constituídos) na atuação docente e na formação continuada de professores, para transformar o acesso à escola em acesso aos saberes por parte das crianças, é também acentuado em outras manifestações. A professora S insere a sua adesão à pedagogia por projetos nos contextos mais amplos da educação escolar e da formação dos docentes, ao afirmar que:

> Para atender adequadamente a nova população de alunos que têm acesso à escola pública, fazem-se necessárias mudanças nas concepções do modo de ensinar e de aprender. Esta afirmação é conhecida dos professores. Menos conhecida é a maneira de realizá-la.

Nesse discurso, são feitas referências à necessidade, imposta por problemas reais, de outras práticas correspondentes a saberes teóricos diferentes dos encontrados no cotidiano escolar e, por outro lado, à falta de saberes da prática que deem conta desses problemas que desafiam os professores em situações reais de ensino.

A professora S acrescenta que a sua própria busca de novas estratégias de trabalho realizou-se em cursos e leituras. Algumas professoras indicam que a aproximação da pedagogia por projetos se dá na vivência de situações de ensino que "exigem mais do professor" e os saberes da prática são insuficientes para equacionar essas situações.

Ao descrever o seu distanciamento da didática tradicional, R. A. conta que acompanhava como mãe, adotando uma postura crítica no acompanhamento, as práticas de uma professora que abandonara a silabação; discordando dos procedimentos inovadores dessa professora, começou a estudar para desenvolver seus conhecimentos sobre a abordagem construtivista, para criticá-la. Esses conhecimentos foram, depois, considerados úteis; R. A. recorreu a eles quando, pela primeira vez, assumiu a responsabilidade de alfabetizar uma classe de 1ª série do ensino fundamental, composta de alunos com 6 anos e alguns meses de idade.

Enfim, algumas professoras descrevem um percurso que parte dos estudos teóricos em direção às práticas pedagógicas, outras descrevem tensões nas situações práticas indutoras da busca de outros saberes; em ambos os casos, a questão das articulações entre saberes teóricos e práticos se manifesta. Em ambos os casos, os estudos teóricos – leituras, cursos – são indicados como parte integrante do movimento inicial de deixar um modelo de atuação docente, para assumir outro modo de ensinar, mas os fatores desse movimento são vinculados a situações práticas, sobretudo àquelas que refletem a problemática do ensino na atualidade.

As interações iniciais das professoras com a proposta da pedagogia por projetos

As professoras consideram o conceito de projeto como fator decisivo de suas atitudes relativas a essa pedagogia; em seus enunciados destacam a contraposição entre os diferentes conceitos:[1]

Logo começaram a surgir as interpretações equivocadas sobre o que seriam esses "projetos": é o que já se faz ou aquilo que vem sempre "pronto"? As discussões se acaloraram, *pensou-se até em abandonar as leituras*, porém a diretora tranquilizou as docentes, dizendo que "quem quisesse, poderia se aventurar". L.

Comecei a perceber que o *conceito de projeto* era totalmente diferente de meu conceito inicial. No primeiro momento, as reuniões não me causaram grandes expectativas, pois meu conceito de projeto baseava-se naquilo que algumas pessoas definem como sinônimo de atividades prontas sobre determinado assunto, o qual somos orientadas a desenvolver, mandar relatórios das propostas realizadas, feitos em uma data pré-fixada, ou seja, são atividades e conteúdos impostos, independentemente daquilo que estejamos trabalhando em sala de aula naquele dia ou na semana. Tudo é suspenso, até que se conclua o projeto. R.

[...] Foi lecionando pela primeira vez em uma classe de 1ª série que pude me conscientizar da legitimidade do trabalho a partir das necessidades reais dos alunos, em um ambiente de participação e cooperação, nas diferentes fases de um projeto. Foi aí que *entendi que se tratava de projetar ações e intenções*. M. H.

Nosso primeiro contato com a pedagogia por projetos foi através de um curso de extensão na Unesp de Rio Claro. No princípio pensávamos que se tratava de uma série de projetos que teríamos que desenvolver na escola, como sempre fizemos, algo que viria pronto e determinado. Mas, para nossa surpresa, não foi isso que aconteceu.

No início do curso tivemos um choque, não havia nada pronto, era pedido sempre algo que deveríamos construir juntos, debatíamos opiniões, até chegarmos a um consenso, tudo era muito bem explicado, mas nada vinha pronto. Achei tudo muito complicado. E na minha cabeça, todos os dias de curso eu queria algo pronto, respostas imediatas, que não vinham, e não vieram, até que chegássemos a *compreensão que a pedagogia por projetos é a construção dos projetos.*

[...] Muitas *vezes pensamos e indagamos: se o que os nossos alunos queriam poderia contribuir para alguma coisa.* Será que eles teriam capacidade para dizer ao certo o que poderíamos desenvolver, uma vez que nunca lhes foram dadas essas oportunidades?

[...] a proposta da *pedagogia por projetos iria muito além*, porque o aluno torna-se parte integrante dos acontecimentos em sala de aula, uma vez que os projetos são propostos pelos mesmos [...]. R. O.

As professoras diferenciam os conceitos de projeto – o conceito que fundamenta a proposta daquele com o qual estão habituadas no cotidiano escolar. Assim, as unidades didáticas que já vêm prontas para o professor apenas executar, também chamadas projetos nas escolas, são explícita ou implicitamente comparadas ao projeto com o ensino centrado no aluno e ênfase na previsão de atividades para concretizar intenções etc.

As declarações apresentadas deixam bem claro que, dependendo do professor, o conceito de projeto pode incentivar a prática da pedagogia por projetos ou, ao contrário, a sua rejeição – como diz a professora L: "pensou-se até em abandonar as leituras [...]".

A oposição entre as práticas habituais e as concepções pedagógicas, contidas em um texto, pode fazer com que os professores desistam da sua leitura. Diante do episódio em que a diretora tranquilizou as docentes e disse que "quem quisesse, poderia se aventurar", fica evidente a força da previsão das dificuldades para articular teorias e práticas pedagógicas, bem como o papel decisivo dos docentes na aceitação ou rejeição de proposições pedagógicas. Em outras manifestações, é destacada busca de soluções para problemas no processo de ensino e aprendizado ou nas tensões, quando o professor relata um percurso inverso da sua aproximação da proposta.

O processo de mudança no ensino é complexo, mesmo entre os docentes que optam pela mudança pedagógica, destacando-se, sobretudo, a percepção de que a pedagogia por projetos envolve uma construção por parte dos participantes, não a recepção de respostas prontas, e um olhar diferenciado em relação às crianças.

As intenções que conduzem à prática da proposta

Os depoimentos revelam que, ao adotarem a pedagogia por projetos, as professoras empreendem buscas para a realização de diversas intenções. Muitas das intenções referem-se a aspectos do processo educacional, mas as referências variam; algumas se detêm em aspectos específicos do ensino e do aprendizado, outras adotam um enfoque mais amplo, mais fundamentado em perspectivas teóricas.

Segundo S:

> Esperávamos, com isso, proporcionar situações pedagógicas que viabilizassem aos alunos o desenvolvimento de atitudes de responsabilidade, autoconhecimento e superação de dificuldades no decorrer dos processos de aprendizagem.

Evidencia-se, nas afirmações, a intencionalidade de formação do ser humano. A professora A situa esse processo na apropriação do objeto de aprendizado pelo aluno. Ao focalizar a pedagogia por projetos de um ponto de vista epistemológico, encontra o suporte para o desenvolvimento do processo pedagógico com tal finalidade.

> As dificuldades encontradas para alfabetizar estavam relacionadas às carências socioeconômicas e afetivas dos alunos. Diante disso foi preciso fundamentar a prática pedagógica em pressupostos teóricos que possibilitam aos alunos experienciar e apropriar-se daquilo que aprendem (o que não ocorre no método tradicional). A.

O contato direto das crianças com o objeto de conhecimento – a escrita – no contexto dos projetos, conduzido como realização de intenções da professora e dos alunos, constitui o ponto em que a professora apoia-se em suas afirmações, justificadas pela diferença desse trabalho com o efetuado no ensino tradicional, geralmente desprovido de sentido para os alunos.

Há professoras que buscam na pedagogia por projetos meios para solucionar problemas práticos, tais como: alunos que avançam na escolaridade sem saber ler e escrever; questões de disciplina; questões de aprendizado insuficiente da leitura e da escrita. Como, em sala de aula, esses problemas interagem, a combinação de alguns deles é apontada nos depoimentos das professoras.

> As dificuldades evidenciadas por meus alunos me fizeram procurar ajuda, haja vista que diante de tal situação, não poderia me omitir ou ignorá-la. [...] Meus alunos não sabem ler e escrever na 2ª série. R.

Em nossas escolas, a situação apresentada por R como fator que desencadeia as mudanças de suas práticas não é incomum, vincula-se à interpretação do ensino em ciclos como regime seriado. Os insucessos na alfabetização marcam a educação escolar brasileira ao longo do tempo, como mostram dados apresentados por Texeira (1957). A diferença em relação ao passado é que hoje esses alunos vão para a série seguinte, não são reprovados, nem abandonam a escola.

A professora M (3ª série) comenta:

> Nas atividades da leitura, utilizamos o texto "O uso da terra nas comunidades indígenas". Logo na leitura do título os alunos não levaram em consideração o acento tônico na antepenúltima sílaba da palavra "indígenas" e liam "indigenas".

Não saber ler e escrever dificulta a participação nas aulas. Ao não conseguirem fazer as atividades, as crianças procuram distrações, ocasionando os chamados problemas de disciplina que interferem no trabalho de todos. A situação é grave, entre outros motivos, porque muitas dessas crianças começam a acreditar que são incapazes e desistem de aprender, apesar de terem capacidade para isso. Essa capacidade é reconhecida por algumas professoras.

> Apesar da evidente capacidade dos alunos para aprender, sempre apresentavam trabalhos incoerentes, confusos, difíceis de serem entendidos, não gostavam de ler, recusavam-se a participar de atividades que envolvessem leitura e escrita e a maioria da turma lia decodificando, sem compreensão. (Â, 2ª série)

Aqui, diante da falta de sentido dos trabalhos solicitados, destaca-se o desinteresse das crianças pela leitura sem compreensão e pela produção textual decorrentes de aprendizados não realizados, dificuldades que acabam gerando os chamados problemas de disciplina.

Essa visão mais crítica sobre o ensino, como possível gerador de dificuldades para as crianças, encontra-se em algumas falas:

> [...] grande parte dos alunos era oriunda de uma alfabetização de prática tradicional, apresentando dificuldades na elaboração de ideias e estruturação de textos. Não reconheciam a função social dos diferentes gêneros textuais e, dificilmente, percebiam os diversos portadores de textos que os rodeavam. Apesar de conhecerem as letras do alfabeto e lerem silabando, não compreendiam os textos lidos oralmente, ignoravam a necessidade de considerar o leitor na realização da produção de um escrito. R. O.

Ao descreverem situações vivenciadas no cotidiano escolar, algumas professoras mencionam, além das questões de desempenhos em leitura e escrita, as relativas à conduta dos alunos no convívio escolar. A professora M, após dizer que o seu trabalho visava a solucionar problemas referentes à leitura e à escrita na 3ª série, acrescenta:

> Quanto ao comportamento das crianças em sala de aula, era perceptível que todas falavam bastante e alto, inclusive palavras de baixo calão. Além disso, elas mudavam constantemente de lugar e demonstravam hostilidade e agressividade, sendo recorrentes as ameaças de "pegar" (agredir) o colega na rua. Os alunos manifestavam, ainda, desinteresse pelos estudos e perguntavam insistentemente pelo sinal (aviso) do recreio.
>
> Apesar de escreverem palavras corretamente, apresentavam grande dificuldade na produção de textos, na convivência em sala de aula, em compartilhar textos, atividades e, até mesmo, brincadeiras. (É válido lembrar que, ao recebermos esses alunos verificamos a necessidade de explorar a escrita de textos, aliada à leitura, pois apresentavam dificuldades nessas atividades). Nas discussões em grupo, os alunos se dispersavam com muita facilidade. Somente nos momentos de cópia de texto eles se mantinham em silêncio.

O silêncio que acompanha a cópia, mencionado por M, é significativo. Sugere ser a cópia prática habitual nas aulas.[2]

A professora S observa a respeito de seus alunos de 4ª série:

> A grande maioria dessas 35 crianças (com idade entre 9 e 12 anos) não apresentava o rendimento escolar correspondente ao esperado, rendendo menos que a expectativa para alunos de 4ª série do ensino fundamental, embora fossem crianças intelectualmente competentes.
>
> [...]
>
> A convivência entre os alunos era difícil, marcada por agressividade durante as atividades cotidianas. Tinham ciência de sua má atuação acadêmica, constantemente lembrada por professores e equipe gestora, o que os deixava ainda mais inseguros e amedrontados quando estimulados a escrever. Muitas vezes não entendiam os textos escolhidos para leitura e interpretação, o que os levava à desmobilização, dificultando o gerenciamento da aula. [...]
>
> A produção escrita para a quase totalidade dos alunos caracterizava-se por apresentar ideias incompletas, fragmentadas, utilização de vocabulário de maneira empobrecida e incorreta, apesar de se expressarem oralmente com coerência, o que implicou o desenvolvimento de atividades paralelas para sistematização de tempos verbais, emprego da maiúscula, dos parágrafos, da pontuação.

Várias intenções compõem o quadro da mobilização das professoras rumo à pedagogia por projetos. Tais intenções são geradas, sobretudo, em situações em que os saberes da prática mostram-se insuficientes para a realização do trabalho pedagógico. A procura por orientações que viabilizem a solução de problemas da aquisição da leitura e da escrita crônicos é acrescentada a outras tensões do ensino. Os objetos que constituem os focos geradores da intenção de mudança são recortados das situações vividas na prática e a eles se vinculam os aspectos da pedagogia aos quais as professoras recorrem ao modificarem seu modo de trabalhar.

O trabalho realizado segundo a pedagogia por projetos: as avaliações feitas pelas professoras

Ao tratarem dos resultados obtidos com a prática da pedagogia por projetos, as professoras prendem-se a diferentes aspectos do trabalho ou de seu envolvimento com a proposta.

A professora R.O. valoriza em suas reflexões diversos aspectos do processo educacional favorecidos pela pedagogia por projetos – o interesse dos alunos, a vivência de conceitos em situações reais, o aprendizado para vida, a ressignificação dos conceitos :

> Os conteúdos foram contemplados, mas a forma como se deu esta aprendizagem foi o diferencial. Alunos motivados aprendem muito mais, e aliado a isso se trabalha a educação como um todo interligado, porque os alunos aprendem para a vida Novos conceitos necessários para construir a aprendizagem são colocados em prática, conceitos já vistos, mas que agora fazem parte dos acontecimentos vivenciados em sala de aula: desenvolver trabalhos em grupos, respeitar o próximo, ter opinião própria e expandir seus conhecimentos de uma forma muito mais ampla e agradável [...].

A articulação de saberes escolares com situações vividas pelas crianças, o que também favorece o aprendizado desses saberes, é acentuada pela professora, que menciona também que o estudo dos conteúdos não foi prejudicado. A preocupação com a "racionalidade técnica" cobrada dos docentes reaparece quando focalizam os resultados obtidos em seu trabalho.

A professora L, ao tratar dos resultados que obteve com a pedagogia por projetos na educação infantil, destaca vários aspectos do aprendizado vinculados à utilização da leitura e da escrita em situações de comunicação.

> Eu apostei nisso e os resultados são visíveis: crianças interessadas em ler e escrever, participativas, que observam e imitam os adultos em atividades de leitura e escrita, que leem bilhetes aos pais, elaboram poesias, conhecem o teor de textos informativos, promovem intercâmbio com alunos da escola e de outras escolas, solicitam coisas, e que até refletem sobre suas produções, mesmo sendo tão pequenas.

> Agindo como escritores, os alunos perceberam a importância da coerência na elaboração de um escrito, uma vez que outras pessoas leriam o que eles produziam. Isso se evidenciou no momento de elaborar os convites coletivos para os pais, de produzir histórias e bilhetes.
>
> O trabalho também propiciou que a maioria dos alunos conseguisse fazer uma distinção entre os mais variados tipos de textos existentes (a receita, porque tinha o "modo de fazer"; o cartaz, porque "as letras eram maiores e tinha mais figuras"; a história, porque "as letras estavam de forma diferente da receita" etc.).

Nessa avaliação, os resultados mencionados referem-se a condutas que não são desenvolvidas com a aplicação da didática tradicional na educação infantil, cujas atividades se prendem à combinação de letras em sílabas e à correspondência entre sons e grafias, não aos aspectos do aprendizado das práticas socioculturais de leitura e escrita mencionadas.

Além disso, sobre a aprendizagem inicial da leitura e da escrita mediante a pedagogia por projetos, ocorrem algumas revelações. Inicialmente, sobressai a preocupação relativa à aquisição da leitura e da escrita mediante o aprender a ler, lendo e o aprender a escrever, escrevendo textos Mas os resultados conseguidos por alunos antes de completaram 7 anos de idade confirmam que a leitura como construção do sentido do texto, com base no contexto e nos indícios disponíveis, constitui recurso passível de ser utilizado com crianças menores. No início do ano letivo, 92,1% dos alunos da professora R.A. apresentavam escrita arbitrária e, no final do mesmo ano, 86,5% da turma utilizavam a escrita convencional.

Resultados semelhantes são apresentados pela classe da professora K, composta de 20 alunos cuja idade, no início do ano letivo, variava de 6 anos e 2 meses a 7 anos e 1 mês. No início do ano letivo, apenas 15% das crianças escreviam de modo convencional; no final do ano letivo, essa porcentagem subiu para 75%. Sobre os demais, a professora K observa:

> No final do ano letivo, foi de extrema importância o ganho qualitativo referente à formação do autoconceito na construção da escrita de todos os alunos, pois apesar de 25% deles não terem aprendido a escrita convencional, continuarão o processo com autoestima, autoconfiança e sem "medo" de se arriscar a ler e a escrever. O processo continua, afinal, são crianças de 7 anos de idade! Um aluno com necessidades especiais esteve presente em todas as etapas do trabalho. Não foi possível obter produções orais nem escritas: ele se manifestava com sorrisos e sinais de aprovação e contentamento diante das diversas situações de leitura e escrita "para valer".

> [...] os resultados são muito positivos: em relação às crianças, elas são mais participativas e alegres [...]. Um ponto importante a destacar são as opiniões dos pais dos alunos: eles ficam muito satisfeitos com a "motivação" que os filhos apresentam para aprender, para ir à escola, para realizar os "intercâmbios". Com frequência, os alunos relatam espontaneamente para os pais as vivências escolares.

Após comentar sobre a participação dos alunos nas aulas, a professora R observa:

> Mais que isso, comecei a perceber que essa pedagogia realmente dava resultado. Os alunos podiam participar, expor seus pensamentos, suas ideias, opiniões, dúvidas e ansiedades. Podiam falar, e quanto mais falavam mais aprendiam. Esse era o grande diferencial.

A professora R.O. observa:

> Os resultados mais visíveis estão ligados à produção de textos, porque a pedagogia por projeto propícia isto, desenvolvemos de início um projeto sobre teatro, mas além do texto sobre a peça em si, as crianças aprenderam e desenvolveram outros textos, levando consigo o que aprenderam. A verdadeira aprendizagem acontece quando os alunos conseguem transpor seus conhecimentos, levá-los consigo e aplicá-los em outros lugares significa que a aprendizagem aconteceu realmente, e isso a pedagogia por projetos proporciona.

A professora M assinala:

> Isso me deixou muito feliz, pois percebi que é possível inovar e revolucionar o ensino, proporcionando meios para que os alunos, individual e coletivamente, cooperem uns com os outros, gerenciem e construam conhecimentos.

A professora S comenta:

> Sentiram-se mobilizados não apenas para o lúdico que o "torneio de queimada" envolvia, mas também com as questões de aprendizado, ao demonstrarem tenacidade para o entendimento e execução das atividades de sistematização de conteúdos, solicitada pelo currículo escolar [...].
>
> O trabalho com projetos, por suas características que envolvem negociação, cooperação, interpretação, avaliação, entre outras, apresentou-se como o mais adequado para, além de contribuir com a aprendizagem da escrita, ajudar a desconstruir os atos de incivilidade existentes entre os alunos, auxiliando na prevenção do aparecimento da violência.

As avaliações positivas dos trabalhos realizados destacam-se nesses enunciados. Ênfase é dada aos vários aspectos que representam conquistas dos alunos – o aprendizado da leitura e da escrita, o desenvolvimento da autoestima, o desenvolvimento da cooperação entre as crianças, a melhoria do convívio entre elas na sala de aula e na escola, o interesse e a dedicação dos alunos às atividades, a produção escrita de textos e a maior participação nas aulas.

A pedagogia por projetos e o desenvolvimento dos saberes docentes

As transformações das práticas pedagógicas, aqui apresentadas, interessam ao estudo da formação inicial e continuada dos professores. Na base dessas transformações encontra-se o desenvolvimento de seus saberes pedagógicos. Ao longo do processo, as relações que eles estabelecem entre teorias e práticas desempenham papel relevante.

Os trabalhos aqui relatados integram o Projeto Raios de Sol, que se pauta, sobretudo, pelos intercâmbios, feitos pelos participantes, envolvendo análises e reflexões sobre as práticas e proposições teóricas para o ensino centrado no aluno, distante do predominante nas escolas.

Para identificar o processo de interação das professoras com a pedagogia por projetos, utilizamos os depoimentos que fizeram sobre seu trabalho com essa pedagogia e alguns dados complementares, destacados dos relatos dos trabalhos práticos apresentados. Inicialmente, nos detivemos na apropriação da proposta pelas professoras, depois, na avaliação que fazem dos resultados de seu trabalho.

Quanto à apropriação da proposta, destacamos os percursos pelos quais as professoras se aproximam dessa pedagogia, as interações iniciais, as intenções que conduzem à transformação da proposta em práticas efetivamente desenvolvidas com os alunos.

No movimento realizado pelas professoras, de aproximação da proposta, colocam-se a consciência dos limites das próprias práticas e a busca de outros aportes teóricos para dar conta dos empecilhos encontrados no ensino. As participantes mencionam a ocorrência de algumas tensões nos contatos iniciais com a proposta, mas, superam essas tensões diante dos objetivos que se propõem, por exemplo, a busca de elementos para resolver impasses no ensino e das interações sociais em sala de aula.

Nos diversos momentos da apropriação da proposta, as professoras manifestam a percepção das diferenças entre as práticas correspondentes a teorias diversas, sobretudo, nas interações iniciais, com as menções reiteradas das discrepâncias entre os conceitos de projeto e suas decorrências práticas.

A indicação das diferenças entre os conceitos de projeto e suas implicações práticas coloca em destaque, também, a diferença entre a abordagem tecnocrática e a abordagem da construção de saberes por todos os participantes na formação continuada. A apropriação da diversidade de referenciais teóricos que atuam no ensino de modo implícito, ou explícito, abre novas perspectivas que permitem aos professores identificar o papel a eles reservado e aos seus alunos no encaminhamento do trabalho.

O efeito do estabelecimento de relações, por parte dos professores, entre os conhecimentos teóricos e práticos manifesta-se nas transformações das suas práticas pedagógicas. Os relatos indicam de modo muito claro a identificação que os docentes fazem dos efeitos dessas práticas nas condutas e no aprendizado dos alunos. A relação do aprendizado das crianças com o trabalho feito nas aulas, uma vez estabelecida, manifesta-se em vários momentos, sobretudo quando os professores avaliam os resultados que obtiveram com as transformações que empreenderam.

Em consonância com desenvolvimento das reflexões e transformações, há a reestruturação dos conhecimentos e das relações entre eles e as práticas pedagógicas. A distinção das concepções epistemológicas subjacentes às práticas pedagógicas, é enunciada em diversos momentos, seja com referência ao trabalho docente, seja com referência aos alunos.

Considerando-se a melhoria do ensino ministrado à população, essas reflexões conduzem ao papel que as mudanças podem desempenhar na solução dos graves problemas que marcam a educação escolar na atualidade e reclamam modificações do ensino.

Os depoimentos das professoras, ao revelarem que a transformação das práticas e o desenvolvimento de saberes pedagógicos, apoiam-se em relação recíproca, indicam que a apropriação de conhecimentos teóricos em sintonia com as transformações das práticas pedagógicas coloca-se como alternativa a ser mais acentuada nas políticas públicas para a formação dos professores.

Notas

[1] Grifos da autora.

[2] Em nossas reuniões com professores ou em palestras, dizemos que a solicitação abusiva de cópias, feitas mecanicamente, muitas vezes sem que a criança saiba o que está copiando, é perversa. As cópias iludem as crianças, que acreditam estar escrevendo e, muitas vezes, os pais, que veem as páginas dos cadernos repletas. Há professores que perguntam por que algumas crianças escrevem, mas não leem. Conversando melhor, explicam tratar-se de escrita feita em cópia. Saber copiar não é o mesmo que saber escrever.

Bibliografia

CHARLOT, B. *Relação com o saber, formação dos professores e globalização*: questões para a educação hoje. Porto Alegre: Artmed, 2005.

JOLIBERT, J. *Formando crianças leitoras*. Trad. Bruno C. Magne. Porto Alegre: Artmed, 1994a.

JOLIBERT, J. *Formando crianças produtoras de textos*. Trad. Walkiria Setteneri e Bruno C. Magne. Porto Alegre: Artmed, 1994b.

________ et al. *Além dos muros da escola*. Porto Alegre: Artmed, 2006.

________. CABRERA, I.; INOSTROZA, G. *Transformar la formación docente inicial*: propuesta en didáctica de lengua materna. Bogotá: Magisterio, 2004.

________. CHRISTINE, S. Caminhos para aprender a ler e escrever. São Paulo: Contexto, 2008.

MICOTTI, M. C. O. Alfabetização: o aprendizado do ensino. *Alfabetização:* os caminhos da prática e a formação de professores. Rio Claro: Instituto de Biociências – Unesp, 2004.

TARDIF, M.; LESSARD, C. *O trabalho docente*: elementos para uma teoria da docência como profissão de interações humanas. Petrópolis: Vozes, 2005.

TEXEIRA, A. *A educação não é privilégio*. Rio de Janeiro: José Olympio, 1957.

ZEICHNER, K. M. Formando professores reflexivos para a educação centrada no aluno: possibilidades e contradições. In: BARBOSA, R. L. L. *Formação de educadores*: desafios e perspectivas. São Paulo: Editora Unesp, 2003.

As autoras

Maria Cecília de Oliveira Micotti (organizadora)

Professora Titular do Departamento de Educação do Instituto de Biociências de Rio Claro – Universidade Estadual Paulista (Unesp). Professora do Programa de Pós-graduação em Educação do Departamento de Educação do Instituto de Biociências de Rio Claro da Unesp. Coordenadora do Grupo de pesquisa Alfabetização e do Projeto Raios de Sol, vinculado à *RED Latinoamericana para la Transformación de la Formación Docente en Lenguaje.*

Adriana Aparecida Barnabé Possatti

Professora da rede municipal de Rio Claro, integrante do Projeto Raios de Sol – *RED Latinoamericana para la Transformación de la Formación Docente en Lenguaje.* Concluinte do curso de Especialização "Alfabetização" do Instituto de Biociências de Rio Claro – Unesp.

Ângela Druzian da Silva

Professora da rede municipal de Limeira, integrante do Projeto Raios de Sol – *RED Latinoamericana para la Transformación de la Formación Docente en Lenguaje.*

Josette Jolibert

Professora-pesquisadora em didática da língua materna, sobretudo em aprendizagem da leitura e da escrita, na França e na América Latina. Autora de vários livros, produzidos com a participação de seus colaboradores. Pela Contexto, publicou *Caminhos para aprender a ler e escrever* em coautoria com Christine Sraïki (2008).

Karin Casarin

Mestre pelo Programa de Pós-graduação em Educação do Instituto de Biociências de Rio Claro da Unesp, integrante do Projeto Raios de Sol – RED *Latinoamericana para la Transformación de la Formación Docente en Lenguaje*. Professora de ensino fundamental.

Lígia Sciarra Bissoli

Mestre em Educação pela Universidade Estadual Paulista (Unesp), integrante do Projeto Raios de Sol – RED *Latinoamericana para la Transformación de la Formación Docente en Lenguaje*. Concluinte do curso de Especialização "Alfabetização" junto ao Instituto de Biociências de Rio Claro – Unesp. Professora de Educação Infantil de Rio Claro.

Márcia Schuveter

Mestranda do Programa de Pós-graduação em Educação do Departamento de Educação em Rio Claro da Unesp, integrante do Projeto Raios de Sol – RED *Latinoamericana para la Transformación de la Formación Docente en Lenguaje*. Concluinte do curso de Especialização "Alfabetização" no Instituto de Biociências de Rio Claro – Unesp.

Maria Augusta H. W. Ribeiro

Professora do Programa de Pós-graduação em Educação do Departamento de Educação do Instituto de Biociências de Rio Claro da Unesp, integrante do Projeto Raios de Sol – RED *Latinoamericana para la Transformación de la Formación Docente em Lenguaje*.

Maria Helena Schuveter

Mestre pelo Programa de Pós-graduação em Educação do Instituto de Biociências de Rio Claro da Unesp. Integrante do Projeto Raios de Sol – RED *Latinoamericana para la Transformación de la Formación Docente em Lenguaje*.

Rosana Torquato da Silva

Professora da rede municipal de Limeira, integrante do Projeto Raios de Sol – RED *Latinoamericana para la Transformación de la Formación Docente en Lenguaje*.

Rosemary Ap. Vaz Gonçalves
Professora da rede municipal de Limeira, integrante do Projeto Raios de Sol – RED *Latinoamericana para la Transformación de la Formación Docente en Lenguaje*.

Rosemeire Ribeiro Archangelo
Mestranda do Programa de Pós-graduação em Educação do Departamento de Educação na Unesp de Rio Claro, integrante do Projeto Raios de Sol – *RED Latinoamericana para la Transformación de la Formación Docente em Lenguaje*. Professora da rede municipal de Rio Claro.

Sônia Lopes Lanzoni
Professora da rede municipal de Rio Claro, integrante do Projeto Raios de Sol – *RED Latinoamericana para la Transformación de la Formación Docente en Lenguaje*. Concluinte do curso de Especialização "Alfabetização" no Instituto de Biociências de Rio Claro (Unesp).

Vanessa Bueno Arnosti
Professora da rede municipal de Limeira, integrante do Projeto Raios de Sol – RED *Latinoamericana para la Transformación de la Formación Docente en Lenguaje*.